U1014106

乡镇（街道）社工站实务丛书

# 社工站
# 老年社会工作
# 怎么做

蒋国庆 等 / 编著

中国社会出版社
国家一级出版社 · 全国百佳图书出版单位

**图书在版编目（CIP）数据**

社工站老年社会工作怎么做 / 蒋国庆等编著 . 北京 ：中国社会出版社，2024. 7. --（乡镇（街道）社工站实务丛书 / 李焱林主编）. -- ISBN 978-7-5087-7023-9

Ⅰ . D669.6

中国国家版本馆 CIP 数据核字第 20241U6L66 号

**社工站老年社会工作怎么做**

**出 版 人**：程 伟
**丛书策划**：王 前 李焱林
**终 审 人**：王 前
**责任编辑**：马潇潇
**装帧设计**：尹 帅
**出版发行**：中国社会出版社
（北京市西城区二龙路甲 33 号 邮编 100032）
**印刷装订**：河北鑫兆源印刷有限公司
**版 次**：2024 年 7 月第 1 版
**印 次**：2024 年 7 月第 1 次印刷
**开 本**：170mm × 240mm 1/16
**字 数**：260 千字
**印 张**：18.25
**定 价**：55.00 元

---

**版权所有·侵权必究（法律顾问：北京玺泽律师事务所）**

凡购本书，如有缺页、倒页、脱页，由营销中心调换。

客服热线：（010）58124852 投稿热线：（010）58124812 盗版举报：（010）58124808

购书热线：（010）58124841；58124842；58124845；58124848；58124849

# 本书各章编者

第 1 章：车　卉　陈娜娜　蒋国庆

第 2 章：欧阳珊　张珊珊　蒋国庆

第 3 章：李　成　李小莹　蒋国庆

第 4 章：姚　晓　张家惠

第 5 章：蓝嘉明　王晓仪　周晓凤　黄宇静　曾思敏　徐楚钧

第 6 章：蒋国庆　周欣然　韩伟伟　曹艳芳

第 7 章：伍　娟　毕文强

第 8 章：周真莉　谭文妮　喻　海　蒋　意　毕文强

# 编者简介

蒋国庆　长沙民政职业技术学院教师、长沙市雨花区温心家园社会工作服务中心理事长

毕文强　湖南省社会工作协会秘书长、怀化市乐仁社会工作服务中心负责人

欧阳珊　湖南劳动人事职业学院专任教师

车　卉　湖南劳动人事职业学院专任教师

张珊珊　长沙商贸旅游职业技术学院专任教师

陈娜娜　湖南劳动人事职业学院专任教师

李　成　湖南劳动人事职业学院专任教师

李小莹　湖南劳动人事职业学院专任教师

姚　晓　湖南劳动人事职业学院专任教师

张家惠　湖南劳动人事职业学院专任教师

王晓仪　广州市北斗星社会工作服务中心服务总监

周晓凤　广州新华学院社工系专任教师

徐楚钧　广州市北斗星社会工作服务中心副总干事

黄宇静　广州市北斗星社会工作服务中心服务总监

曾思敏　广州市北斗星社会工作服务中心项目主任

蓝嘉明　广东省惠诚社会工作服务与评估中心项目督导

韩伟伟　长沙市雨花区温心家园社会工作服务中心主任

周欣然　长沙民政职业技术学院专任教师

曹艳芳　长沙仁与公益组织发展与研究中心项目主任

伍　娟　怀化学院专任教师

周真莉　长沙市第一社会福利院社工部副部长

谭文妮　长沙市第一社会福利院社工部部长

喻　海　长沙市第一社会福利院社工

蒋　意　长沙市第一社会福利院社工

# 丛书前言

2006 年 10 月，党的十六届六中全会首次对构建社会主义和谐社会作出全面部署。党的十八大以来，以习近平同志为核心的党中央从党和人民事业发展的角度出发，进一步对社会建设作出了一系列重要论述和重大部署，将社会建设提到了前所未有的高度。社会建设工作是直接服务群众的工作，与群众冷暖息息相关，是我们党人民立场、人民情怀的集中体现。社会建设应坚持服务为先，以保障和改善民生为重点，着力解决人民最关心、最直接、最现实的利益问题。其中，加强和创新社会治理是社会建设的时代课题，是国家治理体系和治理能力现代化的重要内容。

民政部门履行基本民生保障、基层社会治理、基本社会服务等职责。民政工作关系民生、连着民心，是社会建设的兜底性、基础性工作，是国家治理体系和治理能力建设的重要基石。随着社会建设水平的不断提高，民政服务领域不断拓展、民政服务对象持续增加、民政服务诉求日益多元，民政部门迫切需要一支强有力的基层民政服务力量来回应民政服务对象日益增长的美好生活需要。然而，不同于教育、卫健等部门已在基层设立了专门的服务机构、配备了专业技术人员，民政部门长期缺乏专门的基层民政服务专业技术人才和机构。

1987 年，民政部在北京马甸举办“中国社会工作教育发展论证会”（学界称“马甸会议”），邀请原国家教育委员会、原人事部、原劳动部等政府部门，以及社会学与社会工作的专家、学者参与讨论，明确将社会工作专业作为民政工作的学科支撑。随后，民政部大力支持北京大学等高校恢复社会工作专业，并陆续出台社会工作者职业水平评价办法、民政事业单位社会工作专业技术岗位设置办法等系列政策文件，推动社会工作专业力量成为民政工作的专业技术人才。但受限于政府机构改革背景下机构编制和人员编制只减不增的红线，在体制内增设社会工作服务机构和社会工作专业技术岗位的尝试步履维艰。

2017 年初，为着力破解基层服务能力不足这一长期制约民政事业高质量发展的痼疾，民政部将加强基层民政工作作为贯穿全年的重点任务，通过抓住和“解剖”乡镇这个“点”，查找乡镇民政工作存在的薄弱环节和突出问题，总结各地在实际工作中创造出的好经验好做法，探索可做到、可推广和可持续的长效机制。为深入贯彻落实民政部关于加强基层民政服务能力的工作部署，广东、湖南等地先后通过政府直聘社会工作者、政府购买社会工作服务等方式，开展乡镇（街道）社工站建设，配备一支专业社会工作人才队伍扎根基层一线提供服务，有力地充实了基层民政服务力量，提升了基层民政服务水平，使基层民政力量薄弱这一老大难问题得到了根本性缓解，为各地提供了示范和参考。

2020 年 10 月，民政部在湖南长沙召开“加强乡镇（街道）社会工作人才队伍建设推进会”。会上，时任民政部党组书记、部长李纪恒高度肯定了广东、湖南等地通过建设乡镇（街道）社工站加强基层民政能力建设的做法，要求各地因地制宜、分类推进，全面开展乡镇（街道）社工站建设。2021 年 4 月，民政部办公厅印发《关于加快乡镇（街道）社工站建设的通知》（民办函〔2021〕20 号），进一步要求各地加紧制定政策，将乡镇（街道）社工站建设纳入民政重点工作；加强资金保障，统筹社会救助、养老服务、儿童福利、社区建设、社会事务等领域政府购买服务资金及彩票公益金中用于老年人、残疾人、儿童和社会公益等支出资金，优先用于购买乡镇（街道）社会工作服务；把握推进步骤，抓紧制定时间表和路线图，争取“十四五”期间实现乡镇（街道）社工站全覆盖。在民政部的统一部署下，各地社工站建设全面推进。截至 2023 年 1 月，全国已建成社工站 2.9 万个，7 万名社会工作者驻站开展服务，总覆盖率达 78%，其中 8 个省份已实现全覆盖，16 个省份覆盖率超 80%。

乡镇（街道）社工站迅速成为中央和地方各级各部门推进社会建设的重要抓手。党中央、国务院先后在基层治理、乡村振兴等多项国家发展规划中对社工站建设进行了部署，民政部将社工站建设纳入兜底民生和民政事业改革统筹安排，地方政府将社工站建设纳入党委政府民生实事重点工程。乡镇（街道）社工站建设的重要意义包括但不限于以下三个方面：首先，它为民政部门配备了一支与本部门专业对口、由本部门业务管理的基层社会工作专业技术人才队伍。这支队伍不论在数量上，还是在年龄、学历、综合能力、专业素养和工作热情上，都具备较大的优势，为基层民政服务奠定了坚实的组织和人才基础，为民政事业的转型升级和高质量发展提供了人才支撑。其次，它搭建了一个民生服务综合平台。乡镇（街道）社工站从乡镇（街道）层面对辖区内已有服务阵地进行整合和盘活，对村居的兼职民政工作人员、村医、村小教师等已有服务力量进行增能培力，并通过链接各级民政部门、其他各级政府部门资源以及社会慈善力量，因地制宜推动民生服务系统化、专业化发展。最后，乡镇（街道）社工站以服务特定困难人群为切入点，通过联动各方服务特定困难人群的这一过程，撬动社区内外各类资源，调动社区内外各方力量，激发基层社会治理活力，激活社区内生动力，逐渐形成一套社区自我服务机制，创新和完善了基层治理体系。

实践表明，乡镇（街道）社工站建设是一个从调研论证，到顶层设计、项目动员、政府采购、启动实施、项目监管、专业支持及经验成效总结，循环往复发展的过程。这一过程不仅需要省、市、县、乡四级民政部门上下联动、密切配合，也离不开各级财政、人社、组织、审计等相关部门的通力合作、无缝对接，离不开省级项目办、市级指导中心、县市区社工总站的鼎力协助、专业支持，尤其离不开项目承接机构和站点一线社工的积极投身、倾力建设。建设过程延续，建设主体多元，建设内容多样，加之这是一项创新性的工作，各建设主体的参与意识、能力和经验不一，建设成效参差不齐。从各地实际来看，乡镇（街道）社工站建设中普遍存在体制机制不完善、项目承接机构行政和服务管理经验缺乏、站点一线社工专业知识和技能不足等问题，严重制约着乡镇（街道）社工站作用的进一步发挥。

为此，中国社会出版社组织高校社会工作学者和资深社会工作实务工作者，编写了“乡镇（街道）社工站实务丛书”，以期为乡镇（街道）社工站各建设主体持续深入推进社工站建设提供实操指引。本丛书以先行先试地区的经验和案例为蓝本，从乡镇（街道）社工站建设的宏观、中观和微观层面展开详细论述。其中，宏观层面讨论了如何建立健全乡镇（街道）社工站的体制机制，中观层面讨论了如何开展乡镇（街道）社工站的人才培养、督导支持、项目设计、运营管理，微观层面讨论了乡镇（街道）社工站（点）如何提供社区、社会救助、儿童和老年人社会工作服务。

2023 年 3 月，党和国家机构改革，组建中央社会工作部，负责统筹推进党建引领基层治理，指导社会工作人才队伍建设。2024 年 7 月，党的二十届三中全会审议通过的《中共中央关于进一步全面深化改革 推进中国式现代化的决定》进一步作出部署，要“健全社会工作体制机制，加强党建引领基层治理，加强社会工作者队伍建设”。当前，乡镇（街道）社工站已然成为社会建设的重要抓手，丛书的出版既是对本土社会工作实务经验的阶段性总结，也为进一步做好乡镇（街道）社工站建设提供了指引。丛书在编写过程中得到了各分册撰写团队的大力支持，很多专家、学者及社会工作者对丛书的编写提出了宝贵建议，在此表示衷心感谢。乡镇（街道）社工站建设是一项正处于快速发展过程之中的开创性工作，限于编写人员的能力与水平，书中难免会有一些阐述不到位、不准确的地方，还请各位读者多多批评指正并提出宝贵建议。期待在大家的指导和帮助下，共同助力乡镇（街道）社工站更好更快地建设和发展。

# 目 录

CONTENTS

# 第1章

# 认识老年人和社工站老年社会工作

老年人群体是社会人口的重要组成部分。“十四五”时期，我国人口老龄化程度将进一步加深，进入中度老龄化社会，从而引发巨大的老年社会服务需求。社工站是统筹社会服务、为居民提供社会工作专业服务的场所，应充分认识老年人生理、心理、家庭、社会等方面的特点，按需提供服务，实现老有所养、老有所医、老有所乐、老有所为，充分发挥社工站在老年人服务中的专业作用。本章将重点就如何认识老年人和社工站，以及开展哪些老年社会工作服务进行详细介绍。

## 第一节 认识老年人——“四要”

中国人常说“家有一老，如有一宝”，如何善待老年人、让老年人度过一个幸福安康的晚年是值得全社会关注的问题。个体进入老年后，其身体机能开始出现不同程度的老化，人生体验和社会角色等也进入一个特殊的新阶段。社会工作者只有深入认识老年人生理、心理、社会等方面的特征，才能在服务过程中充分理解老年人的感受和需求，从而更好地为他们提供服务。

**拓展阅读**

### 老年人与人口老龄化

《中华人民共和国老年人权益保障法》将老年人的年龄起点界定为 60 周岁。当一个国家或地区 60 岁以上老年人口占总人口 10%，或 65 岁以上老年人口占总人口7%，即进入老龄化社会。我国第七次全国人口普查数据显示，60岁及以上人口达2.64亿人，占总人口的18.7%，人口老龄化程度不断加深。

## 一、要关注老年人生理健康需要

老年人的生理功能会随着年龄的增长不断退化，而生理健康决定着老年人的社会生活状态。因此，老年社会工作要特别关注老年人的生理健康状况（见表1-1）。

在对老年人开展基础性评估时，老年社会工作者可留意收集老年人的基本健康状况信息。如通过观察老年人的非语言行为、所处环境，或者通过面谈等，直接或间接了解老年人有无病史、是否规律服药、是否有后遗症等；还可以通过查阅相关报告、研究文献等，为老年人建立个人健康档案。通过综合分析，可以对老年人的健康状况、感官能力、自我照顾、活动能力等进行评估，为后续有针对性地开展服务提供依据。通常情况下，老年社会工作者可以为老年人提供与生理健康相关的生活照料、家务助理、出行协助、事务管理等方面的服务。

表1-1　老年人生理变化

| 生理系统 | 变化内容 |
| --- | --- |
| 皮肤、毛发与指甲 | 1. 皮下脂肪开始减少，皮肤的皮脂腺分泌不旺盛，皮肤褶皱增多、容易干裂。日常暴露的身体部分，如前臂、手背和面部容易因色素沉着或减少而形成老年斑、脱色斑。<br>2. 头发开始变脆，因色素脱失而变白，且容易脱落。<br>3. 指甲和趾甲变脆变薄，有的还出现畸形和变色 |
| 神经系统、心血管系统 | 1. 脑细胞萎缩、数量减少，脑的重量下降6%~11%，脑血流量减少约16%，导致记忆力下降，容易感到疲劳、注意力不集中，睡眠时间减少。<br>2. 神经传导速度减慢15%~30%，导致对外界事物反应迟钝，肢体协调能力下降。<br>3. 心肌细胞会萎缩，供应心脏血液的冠状动脉有不同程度的粥样硬化，容易患冠心病。<br>4. 血管弹性纤维发生改变，导致血管弹性减退，容易引发动脉粥样硬化，进而发生高血压和血管破裂。同时，血细胞、白细胞和淋巴细胞减少，容易发生贫血，抵抗力下降 |

续表

| 生理系统 | 变化内容 |
| --- | --- |
| 肌肉骨骼系统 | 1. 肌肉弹性降低、力量减弱，容易产生疲劳感。随着年龄的增长，肌腱韧带逐渐萎缩，肌腱周围发生钙化、僵硬，动作反应逐渐迟缓。<br>2. 骨骼中的有机物如骨胶质、矿物成分如碳酸钙等减少，使老年人骨质疏松、骨质变脆，易发生骨折，部分老年人会出现脊柱变形 |
| 胃肠道系统、呼吸系统 | 1. 牙齿咬合面的牙釉质和牙本质逐渐磨损，牙髓腔缩小，牙龈也开始退化、萎缩，造成老年人牙齿容易脱落，咀嚼消化能力下降。<br>2. 胃肠道黏膜和平滑肌萎缩，分泌消化液和消化酶的能力下降，造成胃酸偏低或缺乏，加上胃肠蠕动力减弱，使老年人易发生消化不良或便秘。<br>3. 肺和胸腔老化，肺活量逐渐减低，经肺运送氧气到身体各组织的能力降低。由于气管黏膜毛细胞的退化，分泌出来的痰不容易排除，滞留在肺部易发炎，引发肺气肿 |
| 泌尿系统、内分泌与生殖系统 | 1. 膀胱肌、括约肌萎缩，膀胱容量减少，容易出现多尿，甚至尿失禁。<br>2. 甲状腺、胰岛素、肾上腺及性腺均容易发生老化，造成身体基础代谢率降低，出现糖尿病，甚至丧失生殖能力 |
| 感觉系统 | 进入老年，人的视觉、听觉、味觉、嗅觉、痛觉、冷热觉都发生了老化。<br>1. 视觉上，近视能力明显减退，出现远视（老花眼）。此外，由于眼球晶体的退化，容易出现白内障等眼部疾病。<br>2. 听觉上，听神经活力逐渐减弱，听力减退，严重者甚至耳聋。<br>3. 味觉上，味蕾逐渐减少，味觉功能减退，容易使老年人食欲不振。<br>4. 嗅觉上，会出现减退，约有 10% 的老年人会丧失嗅觉。<br>5. 部分老年人会有痛觉、冷热觉的减退，因而在受到伤害性刺激时，反应较迟钝 |

## 知识链接

**表 1-2　老年人常见疾病及特征**

| 疾病 | 特　征 |
| --- | --- |
| 糖尿病 | 糖尿病是一种常见的老年疾病，肥胖、遗传、精神紧张、体力活动少等都可能成为其诱发因素。患上糖尿病一般会有多尿、多饮、多食、疲乏、消瘦、尿糖等表现，且伴随一些并发症。糖尿病作为一种慢性疾病，老年人一旦患上就需要终生服药，接受治疗。在此过程中，要定期监测血糖，科学控制饮食，劳逸结合，保持心情舒畅 |
| 高血压 | 高血压在60岁以上人群中发病率较高，先天遗传因素和后天不良生活习惯都会成为诱因。老年人如果患上高血压，需要改变原有生活方式，如减少盐的摄入、减轻体重、增强运动等，并遵照医嘱接受治疗，防止病情进一步发展 |
| 骨质疏松症 | 随着年龄的增长，老年人身体中的微量元素流失加速，容易引起骨质疏松和骨关节疾病。因此，老年人需要多吃高钙食品，合理锻炼，从而延缓和减轻这一老化过程给身体带来的不适 |
| 冠心病 | 冠心病是一种心血管疾病，主要是因为冠状血管的脂质沉积和硬化，多发于老年人群。老年人由于身体代谢能力降低，肠胃功能变弱，应避免油腻、辛辣、生冷食物，积极防治与冠心病关系密切的慢性疾病，如高血压、高血脂、糖尿病等 |
| 白内障 | 白内障发病率会随着年龄增长而提高。老年人因代谢缓慢，眼部组织容易发生退行性病变。老年人患上白内障会导致视力下降，视物模糊，严重者会失去光明。目前白内障可以通过手术进行治疗，老年人如发现眼部视物模糊要及时就医，尽早干预 |
| 慢性支气管炎 | 老年人由于呼吸系统、免疫系统衰退，容易患上慢性支气管炎，反复咳嗽；急性发作时常伴有气喘、咳痰，严重者会有肺气肿、肺炎等并发症。老年人平时应注意保暖，饮食要营养丰富，保持呼吸道通畅 |
| 阿尔茨海默病 | 阿尔茨海默病是由老年人中枢神经退行性病变引起的，它会导致老年人的记忆、理解、自我控制等能力逐渐退化，甚至完全失智，是目前对老年人健康威胁较大的一类疾病。目前该疾病不能治愈，只能通过药物减缓病程。因此，老年人在有条件的情况下，要定期参加体检，早发现早治疗，保持心情舒畅 |

案例分享

### 脑海中的橡皮擦

苏爷爷今年 75 岁，是一名退休工人，老伴儿于 10 年前去世，目前独自居住。刚退休时，苏爷爷身体健康，经常参加社区活动，喜欢与小区的老人下棋、聊天。最近 5 年，苏爷爷经常会把钥匙放到冰箱上而到处找钥匙，出去买东西却忘了要买什么东西，对平时疼爱有加的小孙子也会忍不住乱发脾气。苏爷爷的家人认为老人一个人居住太孤独了，才导致性格和脾气发生变化，于是商量着接老人到各家轮流居住，想让老人换个热闹环境。但是子女们与老父亲生活后发现，老人变得不爱说话、不爱出门，半夜经常起床看电视，喜怒无常。子女们认为是老人不适应陌生的环境，于是经常带老人在居住的小区转悠，与邻居一起聊天、打牌。一段时间后，子女发现老人并没有好转，而是变得越来越糊涂了，有时下楼散步后，迟迟也没回来。家人下楼去寻找，发现老人在楼下不停转悠。当儿女问他为何不回家时，他说不知道自己住几层楼。这时，子女们才意识到问题的严重性，连忙带老人到医院就诊。经医生诊断，苏爷爷患上了阿尔茨海默病，也就是俗称的老年痴呆症。

像苏爷爷这样的认知、行为变化，是阿尔茨海默病的典型表现。老人起初表现为近期记忆的丧失和情绪的改变，随着病症的不断加重开始出现远记忆力丧失、对时间和空间感到混淆、性格和行为发生改变等情况。老年社会工作者在为苏爷爷开展服务时，首先要运用有效方法评估老人认知障碍的程度，然后向老人和家属提供相应的护理经验和技巧，并与家属一起制订、评估和实施相应照顾计划，尽可能为苏爷爷整合周边资源以提供更好的服务。

## 二、要满足老年人心理健康需要

老年人除了生理老化，还会因为生活环境、健康状况的变化等，出现心理上的变化（见表 1-3）。老年人的心理健康水平不仅直接影响着他们的生活质量和身体健康，还会影响家庭关系、邻里和睦，对于建设和谐社会也具有重要影响。老年社会工作者要关注老年人心理健康，帮助老年人降低“情绪问题躯体化”带来的不良影响。

老年社会工作者可以从认知、情绪、自我形象、生活满意度等几个维度，运用观察法、访谈法、问卷法等评估老年人的心理健康状态。为了更加客观地获取相关信息，对于老年人认知情况的评估，有时需要增加科学的智力测验、心理测验来帮助了解老年人的智力程度和记忆能力；对于老年人严重的抑郁、焦虑等情绪状态的评估，需要专业医生进行诊断，以防错误评估老年人的心理健康水平。在具体服务中，老年社会工作者要注意老年人对待服务介入的态度，观察老年人是否有抵触情绪。在开展服务时，要重点帮助老年人消除产生不良情绪问题的因素，改变其认知，帮助其建立正向思维和正向心理。

**表 1–3　老年人心理变化**

| 心理因素 | 变化内容 |
|---|---|
| 智力与认知 | 步入老年之后，智力水平会出现不同程度的降低，60 岁之后人的智力会下降 20%左右，到 70 岁便会下降 30%左右。老年性智力衰退主要表现在直观力减退、记忆障碍、思维固执、注意力难以集中、持久性差等方面，但是这些衰退现象并不影响老年人本身具有的知识、经验和领悟能力。因此，我们要重视老年人本身所具有的价值，注意发掘其潜力。同时，通过加强学习、有意识的锻炼，降低智力和认知衰退对老年人的影响 |
| 记忆力与学习 | 人的记忆力会随着年龄的增长而下降，瞬时记忆衰减，即对新接触的事物遗忘较快。心理学家指出，60 岁以上老年人的记忆定位分值在 65 分以下。因此，记忆力减退是老年人的心理特点之一。记忆能力的衰退会导致老年人的学习能力降低，在同等条件下，老年人比年轻人学习掌握的内容少，而一旦学会后，和年轻人有同样的保持能力。大量研究表明，老年人可以通过增加身体锻炼、有意识地加强脑力活动、多与他人交流互动，来延缓记忆力衰退的速度 |
| 性格与情绪 | 随着年龄的增长，老年人在生理、心理、社会等各方面都会发生变化，这在一定程度上会对老年人的性格和情绪造成影响。这个阶段的老年人会变得多疑、固执、偏执等，这与老年人的身体健康状况、文化水平、经济状况等均有一定的关系。一般来说，身体较为健康、生活环境较好的老年人性格较为稳定，会表现出一种积极的情绪状态；而身体健康状况较差、生活比较拮据的老年人可能会有烦躁、郁闷等心理，容易对生活产生悲观情绪 |

## 知识链接

**表 1-4 老年人常见心理健康问题**

| 心理健康问题 | 内 容 |
|---|---|
| 抑郁症——“活着没有意思” | 1. 如何识别老年人的抑郁症？一是老年人出现睡眠障碍，可能比平时睡得更多，或者睡得更少，甚至无法入睡；二是食欲突然增加或者大幅减少，出现排便困难、腹胀等症状；三是出现莫名的躯体疼痛，如头痛、关节痛等，服药无效；四是对自己的个人形象不再关心，开始不注意自身和生活环境的干净、整洁；五是对自己的爱好失去兴趣，变得郁郁寡欢、忧心忡忡，甚至会对生活产生悲观失望情绪；六是思维变得迟缓，说话少、语速慢，严重者无法交流等。<br>2. 如何预防和应对老年人的抑郁症？第一，要鼓励他们多参与社会活动，避免孤独，如拜访朋友、参加社区活动等；第二，如出现睡眠问题应及时进行自我调整，增加日常活动，保持轻松愉悦的心情；第三，注意营养均衡，健康饮食，禁忌烟酒；第四，如出现严重的抑郁倾向，应及时就医接受药物治疗，必要时进行心理治疗，如认知疗法、问题解决疗法等 |
| 焦虑症——“明天我会怎样” | 1. 如何识别老年人的焦虑症？老年焦虑症的患者，轻者表现为恐慌不安、心烦意乱，严重者多伴有心慌手抖、呼吸困难等躯体症状。按照发病缓急，可以分为急性焦虑症与慢性焦虑症。急性老年焦虑症患者常突然感到内心焦灼、紧张、惊恐、激动，或有一种不舒适的感觉，从而产生妄想和幻觉。急性焦虑发作一般可以持续几分钟或几小时，然后逐渐趋于缓解。慢性老年焦虑症一般表现为平时比较敏感、易激怒，这种焦虑情绪会持续较长时间，有时会因为一些小事就烦躁不安，忍不住发脾气。患有焦虑症的老年人需要家人给予关心和支持，同时也需要及时接受心理治疗，避免更加严重的情况发生。<br>2. 如何预防和应对老年人的焦虑症？第一，子女或者亲属要多陪伴老人，多与老年人进行沟通交流，让他们能积极、乐观地面对生活中的难题；第二，通过定期体检，帮助老年人改善或者消除过度担心疾病危害生命健康的顾虑；第三，在必要时通过心理疏导，如情绪宣泄或是自我放松疗法等方法，帮助老年人预防焦虑症；第四，鼓励老年人多参加户外活动舒缓身心，如晨练、广场舞、健步走等 |

续表

| 心理健康问题 | 内　容 |
| --- | --- |
| 失智症——“谁偷了我的东西” | 1. 如何识别老年人失智症？老年人失智症是中枢神经发生退行性病变导致的，比较典型的失智症就是阿尔茨海默病，也就是俗称的老年痴呆症。老年失智会使老年人的记忆、认知、判断等出现异常，严重者会出现幻觉、妄想等症状，导致生活无法自理。失智症的发展是有一个过程的。在症状较轻的早期阶段，记忆力轻度丧失，比如会忘记钥匙放在哪里，忘记前几天去过哪里，这时需要家人监督老人的生活。到了中度症状阶段，记忆力和认知能力明显衰退，如果身边没有人照护，会无法应对日常生活。随着病程的发展，会到重症阶段，记忆力和理解能力丧失，无法与他人交流，会出现不知饥饱、大小便失禁的情况，丧失自我照料能力。等到发展到极度严重的阶段，老年人已完全失智，记忆力、判断力完全丧失，需要家人和护理人员全天照护。<br>2. 如何预防和应对老年人失智症？一是在日常生活中注意饮食和作息，少食辛辣、油腻食物，保证充足睡眠；二是多动脑、勤思考，保持锻炼，保证身心舒畅，让大脑和身体处在良好健康的状态；三是维持社交，多与他人交谈、玩耍，减少孤独；四是定期体检，早发现早治疗 |

## 案例分享

### 奇怪的“病”

邹奶奶是一名退休教师，65岁，老伴儿于两年前因肺癌去世，一儿一女都在外地工作，节假日会来看望老人。最近一年，邹奶奶开始变得入睡困难，精神紧张，胸口发闷。她常常会念叨老伴儿还在的日子：可以一起做饭，一起料理家务，一起运动、看电视、遛弯儿。但是现在老伴儿不在了，子女也不在身边，邹奶奶生怕有急事没人照应。

3个月前，邹奶奶在公园遛弯儿的时候突然感觉自己心慌气短、头晕无力，慢慢地开始呼吸困难，大汗淋漓。在她的奋力呼救下，路人拨打了120急救电话将她送往附近医院。但是刚到医院不久，邹奶奶的症状开始自行好转。子女们这时打来电话，在得知情况后，希望医院给邹奶奶做一个全身检查。检查结果显示，其身体健康，并未发现明显异常。但是最近1个月邹奶奶还是时常发病，她开始害怕一个人出门，担心发病时无人发现，也越来越担心自己的身体，开始怀疑自己得了怪病。儿子由于担心，特意请假回家照看老母亲。邹奶奶的病症即使不送医院，也能逐渐缓解，她到底得了什么病？其实邹奶奶的情况是典型的急性焦虑发作的表现，发作时伴有头晕、心悸、呼吸困难、出汗、惊恐、震颤等躯体症状，症状持续几分钟或者几小时。

老年社会工作者在开展服务时，一是要厘清邹奶奶焦虑的症结所在，对症下药；二是通过理性情绪疗法、增权理论等帮助其消除独居带来的恐惧感，多与朋辈群体交流，增强自我效能感，从而降低心理焦虑水平；三是运用结构家庭治疗，让邹奶奶能与子女沟通，让她认识到子女对她的关心和爱护。

## 三、要回应老年人社会关系需要

随着年龄的增长，家庭是老年人主要的活动场所，家庭关系也是老年人最重要的关系纽带之一。进入老年，老年人更加需要亲人的陪伴，其婚姻、家庭关系的好坏决定了老年人是否可以安享晚年。因此，老年社会工作者要协助老年人处理好与子女的关系，推进老年人与子女间的相互理解与尊重，并调适老年夫妻间的一些摩擦与冲突，以改善老年人的生活环境，发挥家庭的正常功能。

**知识链接**

**表 1-5　老年人家庭结构状态**

| 状态 | 内　容 |
| --- | --- |
| “子女远走高飞”——空巢期 | 1. 如何识别空巢期老年问题？空巢期是家庭生命周期中的一个阶段，是指子女脱离父母并留下老年父母独自生活的阶段。“空巢老人”面临以下几个方面的问题：一是子女离家后，感到精神空虚，无所事事，容易产生烦闷、焦虑的情绪；二是社会交往和经济来源变少，陷入无趣、无望、无助的状态，严重者会悲观、厌世；三是出现失眠、多梦、食欲不振、心慌气短等躯体症状。<br>2. 如何预防和应对空巢期老年问题？一是鼓励“空巢老人”多与朋辈群体交流，建立友谊，积极参加老年社会活动，充实老年生活；二是鼓励子女常回家看看，积极履行赡养老人的义务，必要时要给予老人经济支持；三是在社区开展针对“空巢老人”的精神支持和照护支持活动，转移老人的寂寞、孤独情绪，提高其生活质量 |

续表

| 状态 | 内 容 |
| --- | --- |
| "老伴儿先我离开"——孤独期 | 1. 如何识别孤独期老年问题？孤独期又称为鳏寡期，是老年夫妻一方离世直至双方去世的时期，也是家庭生命周期的末期。由于女性的平均寿命长于男性，所以女性老年人的丧偶率高于男性。丧偶容易导致悲伤、抑郁，对女性的影响尤为明显。老伴儿离世，会对老年人的生活和心理产生很大的影响，老年人丧偶后短期内的死亡率升高。一是本来相互扶持的夫妻双方只剩一人，原来两个人可以共同完成的事情，现在都需要一人完成，特别是一些需要老伴儿照护的老年人，会增加生活的困难；二是部分老年人难以走出丧偶的哀伤情绪，再加上一个人形单影只，容易感到孤独、无助，甚至患上抑郁症、焦虑症。<br>2. 如何预防和应对孤独期老年问题？孤独期的老年人更需要被关注、关爱。一方面，可以鼓励孤独期的老年人勇敢追寻自己的晚年幸福，子女应给予支持；另一方面，社区、政府和社会应完善社区老年社会工作体系和制度建设，发动社会力量给予这一部分老年人帮扶和照顾 |

**表 1-6 老年人婚姻状况**

| 婚姻状况 | 内 容 |
| --- | --- |
| "我想离婚" | 晚年离婚，是多重因素作用的结果。有研究表明，老年人的收入、职业、文化程度、社会生活参与等会对其婚姻稳定性产生影响。除此之外，还有以下几点原因：一是老年夫妻在子女成年后不愿意将就，想要追寻自己的幸福；二是长期生活的矛盾积累无法消解，或是性格不合、更年期无法适应等，双方不愿意再包容彼此，权衡再三还是选择离婚；三是虽然婚外情现象在老年群体中不多，但是一旦发生，就会导致婚姻破裂 |
| "我想再婚" | 老年人在经历老伴儿走了或者离婚之后，依然会有建立亲密关系的需求。即使子女能够陪伴在身边，也无法替代老伴儿给予的精神支持、生活照顾与关心。老年人再婚可以减少他们内心的孤独感，有利于老年人的身心健康，同时两个人可以相互照应，生活上有一定的保障。但是老年人再婚也存在一些障碍。一是容易产生财产纠纷，老年人再婚后很难在财产上作出承诺，其中最大的矛盾点就是双方子女的财产继承问题；二是双方感情基础不深，老年人再婚可能只是希望能有一个"老来伴"，难以建立深厚的夫妻感情，一旦产生家庭矛盾，往往不能信任彼此；三是夫妻感情容易受到双方子女的影响，如果相处不够融洽，就会使再婚关系破裂 |

案例分享

### “黄昏恋”还是“黄昏散”

伍大爷是上海人，72 岁，老伴儿去世多年，在一次外出旅游时认识了 60 岁的黎大妈。黎大妈是湖南人，在 50 岁时老公去世，现在在上海帮助女儿带外孙。两位老人在没有告知儿女的情况下，在接触了 5 个月左右后，双方都觉得彼此适合相伴晚年，并最终决定结婚。

伍大爷的 3 个儿子对父亲的夕阳恋都持反对态度，他们认为黎大妈的目的并不单纯。据伍大爷的二儿子估算，在和黎大妈交往期间，伍大爷已花费 5 万余元。伍大爷每月有 4000 元退休金，一个人生活时够用，自从和黎大妈交往后，不仅退休金不够花，还经常找 3 个儿子索要生活费，甚至要求 3 个儿子返还相应的教育经费。不仅如此，黎大妈还要求伍大爷在结婚前为其在老家购置一套 60 平方米的小型住房，并让伍大爷承诺将婚前的 10 万元存款转至黎大妈个人账户。3 个儿子表示，母亲因病去世，治疗费已耗尽家中积蓄，父亲根本没有这个经济能力，到头来还是要他们出钱。儿子们认为父亲的这段感情完全是以金钱维系的，丝毫没有感情可言，认定黎大妈就是一个感情骗子。同时，父亲过度索要钱财的行为已经威胁到了他们 3 人的家庭利益。他们强烈反对两人继续交往，在劝说无果之后，他们通过上门威胁的方式，让黎大妈归还两人恋爱期间的部分花费，然后两人和平分手。对此，黎大妈感到十分委屈。

黎大妈与伍大爷所面对的是老年人再婚不可避免的问题，经济纠纷、子女反对常常会让想要再婚的老年人无所适从。老年社会工作者在开展服务时，第一要明确服务对象的需求，本案例中的事件双方都有情绪疏导和有效沟通的需求，黎大妈和伍大爷有婚恋的需求。第二要鼓励服务对象积极表达自己的想法和意见，并促使服务对象与家人开展有效沟通。

## 四、要保护老年人社会参与需要

开展老年社会工作要重视老年人社会参与的需要，积极为老年人开展各种文体娱乐活动，鼓励老年人走出家庭，增加老年人之间的社会交往，寻找老年人自己的生活乐趣，以丰富老年人的日常生活，实现老年人老有所乐、老有所为，让老年人以愉悦的心情安度晚年。老年人社会参与的内容见表 1-7。

拓展阅读

## 积极老龄化

2020 年，我国正式把积极应对老龄化确定为国家战略。战略中提出，“要促进老年人社会参与”，“鼓励老年人继续发挥作用”，重视老年人参与社会生活实践，充分体现老年人是社会财富的积极老龄化思想。“积极老龄化”是健康老龄化的更高层次，不仅强调老年人应该身体健康，更应该保有乐观的心态。

**表 1-7　老年人社会参与的内容**

| 社会参与 | 内　容 |
| --- | --- |
| “社会角色进行曲”——继续社会化 | 随着社会不断发展，科技日新月异，社会生活发生了较大变化。老年人需要通过继续社会化，获得新的知识与技能，改善社会关系，实现自我价值，更好地实现社会参与。其一，要转变观念，老年人退休后要积极融入社会生活，子女也要支持老年人重新踏入社会，利用已有的知识和经验发挥余热。其二，要建立多层次、多形式的老年教育体系，为不同的老年人提供有针对性的教育服务，开设各类挖掘老年人潜能、提升社会参与技能的课程，比如智能手机和电脑操作课程、低龄老年人再就业技能培训课程等。其三，扩充老年人继续社会化的途径，鼓励老年人通过参与社会事务、公益活动、再就业等，实现继续社会化和自我价值 |
| “发挥余热有平台”——参与社区治理 | 社区治理是指以社区为基本范围，以与社区公民生活直接有关的公共政策制定和公共服务提供为治理对象，依靠社区内政府、企业组织和公民组织建立社会网络，通过社区居民直接广泛地参与而形成的基本治理模式。社区是老年人主要的生活场所，也是老年人发挥余热的重要平台。老年人有丰富的社会经验，有空闲的时间，让老年人参与社区公共事务，可以激发老年人的社会责任感和主人翁意识，实现老年人的公民权利，帮助老年人重新建立社会角色，为老年人增权赋能 |

案例分享

### 银发“三宝”亦先锋

76 岁的退休干部李书记、74 岁的党员谭爷爷和 66 岁的万爷爷，被称为社区“三宝”。作为社区志愿者，他们天天准时到社区上班，最后一个下班离岗，像青年人打了“鸡血”一样，忙着管理社区老年学校、文明服务岗、关心下一代、矛盾调解、爱心冰箱、党史宣讲等，社区居民都笑称他们为“编外干部”。

走访困难群众时，他们是充满爱心的大叔；调解矛盾纠纷时，他们是苦口婆心的“和事佬”；参与夜间巡逻时，他们是精神抖擞的“红袖章”；举办文艺活动时，他们是多才多艺的“好演员”；整治环境卫生时，他们是不知疲惫的“环卫工”。只要群众有需要，他们就愿意做“‘永不下班’的志愿者”。

为了挖掘支部党员的特长，发挥老同志的余热，“三宝”爷爷们还组织开办了剪纸班，由支部党员、剪纸协会会长手把手教小朋友们剪纸；在寒暑假期间，他们利用社区的社会实践活动平台，举办“垃圾分类，美化生活”“爱心冰箱”“关爱母亲河”等一系列活动，引导未成年人关爱他人、爱护环境，增强他们的爱心和社会职责感；并多次举办了“关爱儿童，共建温暖家园”活动，募集爱心款送给困境留守儿童，发动爱心企业捐资助学，既让贫困学生感受关爱、感受温暖，也让他们的家庭树立信心，有效地缓解贫困学生家庭经济压力。“三宝”爷爷们作为老党员，利用他们几十年工作积累的经验，努力为居民发挥着自己的余热，谱写了一曲壮丽的夕阳之歌。

## 第二节　认识社工站老年社会工作

当前，老年人的需求呈现多层次、多样化、个性化等特点，对基层服务工作提出了更高的要求，老年社会工作逐渐由兜底保障转向更为精细化、专业化的服务。社工站老年社会工作是指社会工作者在专业价值理念的指导下，以老年人及其家庭为主要服务对象，维持或改善老年人的社会功能，提高老年人的生活、生命质量的服务。

拓展阅读

**乡镇（街道）社工站“禾计划”项目**

2018 年 5 月，湖南省民政厅印发《湖南省乡镇（街道）社会工作服务站项目实施方案（试行）》，在全省范围内开展“禾计划”项目。该项目以政府购买服务的方式建设全覆盖的乡镇（街道）社会工作服务站，提升基层民政服务能力。2020 年 10 月，民政部在湖南长沙召开加强乡镇（街道）社会工作人才队伍建设推进会，推广湖南等地将社会工作与基层民政建设紧密结合，通过建立乡镇（街道）社工站，打通为民服务的“最后一米”，重点开展社会救助、为老养老、儿童关爱保护、社区治理等方面的服务。

2021 年 4 月，民政部办公厅印发《关于加快乡镇（街道）社工站建设的通知》，统筹加快推进乡镇（街道）社工站建设进度，抓紧制定政策，将社工站建设纳入民政重点工作。要求建设条件好的地方，力争 2021 年中前启动建设，2023 年底前完成建设任务；建设条件不完备的地方，力争 2021 年启动试点建设，2025 年底前完成建设任务。2021 年 8 月，湖南省民政厅印发《湖南省基层社会工作服务站项目三年行动方案（2021—2023 年）》，旨在实现社工站建设“提质增效”的目标，到 2023 年末，建成覆盖全省的四级社会工作服务体系，包括市级服务指导中心、县级社工总站、乡镇（街道）社工服务站和部分村（居）社工室；建立一支专业人才队伍，包括一线社工、专业督导和领军人才；建成一批覆盖各类特殊群体和民政业务的星级社工站。

## 一、社工站老年社会工作方法——“对症下药”

社工站开展老年社会工作要满足老年人的需求，注意老年人群体的复杂性和特殊性。服务介入之前，要进行充分调研，掌握服务区域内老年人的年龄构成、身体状况、家庭状况等，这是开展优质服务的前提条件。同时，老年社会工作不同于儿童青少年等领域的工作，社会工作者与老年人建立关系需要一定的时间，所以老年社会工作者要多进行社区走访，以取得老年人的了解、熟悉、信任。开展服务前，要查阅老年人以往的服务资料，结合老年人的特点和需求设计服务，使服务具有吸引力和成效。社工站应做到地区融入，开展具有普适性的文娱康乐类服务，如手工、舞蹈、歌唱等老年人喜闻乐见的活动，初步建立专业关系；在活动过程中，注意收集老年人的具体情况，把握区域内老年人的不同需求。

知识链接

表 1-8　老年社会工作三大方法

| 工作方法 | 工作形式及内容 |
|---|---|
| 老年个案工作 | 社会工作者运用专业方法和技巧，以老年人及其家庭为服务对象，提供个别化服务，促进其身心健康，使其过上正常生活。社会工作者要与老年人建立互相信任的关系，给予积极支持，相信老年人有改变的能力 |
| 老年小组工作 | 在社会工作者的协助和指导下，利用老年人群体中组员之间的互动和小组凝聚力，帮助老年人学习他人经验，增进小组成员的相互支持，恢复社会功能和促进自身成长，小组成员通常在 10 人左右。比如，老年人社交康乐小组，为老年人提供保持社会交往的平台，培养老年人兴趣爱好，丰富其日常生活；老年人支持小组，帮助有共同经历（如丧偶、患病、“空巢”等）的老年人形成互助关系；老年人治疗小组，帮助功能不良或功能失调（如抑郁、烟瘾等）的老年人解决问题或重建功能；老年人服务小组，协同老年人为有需要的人提供帮助，如老年人志愿服务；护老小组，帮助老年人的家庭成员发挥护老者的功能，减轻照顾者的压力 |
| 老年社区工作 | 社会工作者运用专业方法，促进老年人的社会参与，提高老年人自助与互助的能力，通过集体参与改善老年人生活质量 |

## 案例分享

### “因地制宜”——“一镇一品”的社工站工作模式

C县打造“一镇一品”的社工站工作模式，C县F镇社工站根据本镇老年人的情况，选择重点为特困供养老人开展服务，其中以Y村和镇敬老院为主要服务区域，分别对院舍照顾的特困老人和散居特困老人使用不同的服务方法，满足他们的不同需求。

F镇社工站主要通过个案工作、小组工作、社区工作、培育志愿者、链接资源等方式，缓解特困供养老人的生活困难，满足其精神文化需求。为回应特困供养老人多元化的服务需求，主要开展四个服务计划：“孤老不独”计划、“两点半课堂”计划、“银龄安居”计划、“关爱特困供养老人志愿者队伍培育”计划。“孤老不独”计划主要解决散居特困供养老人的心理问题。散居老人缺少陪伴、心灵孤独，社会支持网络薄弱，通过入户探访、建档服务、个案工作，可以给予散居特困老人心理支持，缓解其生活困难，促使老人愿意走出家门；同时，鼓励老人参与小组工作、社区活动，为老人们搭建社交平台、构建社会支持系统。“两点半课堂”计划主要帮助解决敬老院集中供养特困老人精神文化空虚、日常生活单一、人际关系不良等问题。通过每周组织一次兴趣类、教育类的小组活动，丰富老人的精神文化生活；开展支持类、成长类小组活动，促进老人们之间的人际交往，院舍内形成友爱互助的良好风尚。“银龄安居”计划主要帮助特困供养老人提升安全意识，活动覆盖百余位特困供养老人。不少农村特困供养老人文化水平不高、信息接收渠道有限，所以不了解安全隐患。社工站通过宣传安全知识，比如“安全知识来了，看小小志愿者现身说法”“食品安全大于天，实验教你来分辨”“集镇一盔一带宣传”“安全在我心，平安伴我行”等活动。一方面为老人提供交流的平台，增强老人的生活满意度和幸福感；另一方面加强老人对安全问题的认识，改变不良生活习惯，提高安全意识，珍爱生命。“关爱特困供养老人志愿者队伍培育”计划主要针对目前社工站人手不足、资源有限，但老人服务需求旺盛的情况，坚持培育关爱特困供养老人志愿者队伍，培养后备力量，为特困老人提供服务。

## 二、社工站老年社会工作的内容——“四有”服务

尊老敬老是我国延续千年的传统美德，“老有所养”则是社会文明进步的重要标志，是一个与千家万户息息相关的问题。根据马斯洛需求层次理论，“老有所养”是满足老年人的生理需要，“老有所医”是满足老年人的健康需要，“老有所乐”是满足老年人的爱与归属需要，“老有所为”则是满足老年人最高层次的两个需要——“尊重的需要”和“自我实现的需要”。

### （一）老有所养

“老有所养”是一切需要的前提和基础，“养”主要是指物质方面，即老年人的基本生活保障，包括衣、食、住、行，是其基本生理需求，也是人最低层次的需求。

社工站常见“老有所养”服务有：

一是托养、助餐、助浴、助行、助洁、助购等日常生活照料服务。

二是关怀探访、情绪疏导等精神慰藉服务。

三是家庭辅导。协助老年人处理家庭关系，如子女关系；调适老年夫妻间的摩擦与冲突，提供婚恋咨询和辅导等。

四是紧急救援、安全指导、法律咨询等其他服务。

**知识链接**

### “老有所养”的形式

“老有所养”的形式多种多样，包括社会机构养老、家庭养老、社区养老、自我养老、互助养老等。其中，家庭养老、社区养老是基础的传统养老模式，而老年人自我养老和互助养老的形式则更多地体现了老年人的

主观能动性，可缓解人口老龄化带来的巨大的养老压力，可以说是更高层次的养老形式。老年人可以通过“老有所为”来实现自我养老和互助养老。

困难老年人更需要“老有所养”。为让老年人生活在完善的社会政策和法律保护下，针对困难老年人的帮扶方式主要包括以下几个方面：(1) 最低生活保障。通过覆盖城乡的最低生活保障对经济困难的老年人给予生活救助，将家庭年人均收入低于当地低保标准的老年人纳入保障范围，应保尽保。考虑到贫困老年人在医疗、保健、照顾等方面的特殊需求，对低保家庭中的老年人采取“分类施保”政策，重点照顾。(2) 特困人员供养。对无劳动能力、无生活来源且无法定赡养、抚养、扶养义务人，或其法定赡养、抚养、扶养义务人无赡养、抚养、扶养能力的老年人、残疾人等群体，给予特困人员供养，为其提供基本生活条件，对生活不能自理的老年人给予照料服务，提供疾病治疗、办理丧葬事宜。(3) 住房救助。对符合标准的住房困难的最低生活保障家庭、分散供养特困人员，给予住房救助。住房救助通过配租公共租赁住房、发放住房租赁补贴、农村危房改造等方式实施。(4) 临时救助。对因意外事故、突发重大疾病等原因导致基本生活暂时出现严重困难的家庭，给予临时救助。《社会救助暂行办法》对流浪乞讨和遭受遗弃等生活无着的老年人作出了专门规定。

## 案例分享

### “爸妈食堂”开饭啦！

“开饭啦！”饭点一到，C县X街道S社区的“爸妈食堂”便热闹起来了，社区里的32位老人赶来有序领取爱心午餐，大家同吃同喝，相互交流，十分和睦。“这个食堂好，就跟家一样。”“解决了我们的吃饭难题，孩子们也放心了。”“下楼就能吃上热饭热菜，还能和大家一起聊天解闷儿，真的舒服。”三菜一汤、荤素搭配的饭菜热气腾腾，给予了社区老人莫大的温暖。饭后，老人们接过社工和志愿者递上的茶，坐在一起拉家常，说起这个“爸妈食堂”大家都赞不绝口。“我是第一批来这里吃饭的，也是一名志愿者，现在不少老年人把这儿当家，饭前来帮忙择菜，饭后帮忙洗碗。”65 岁的唐爷爷告诉记者，“‘爸妈食堂’刚建立的时候我就报名来帮忙，准备食材、打扫卫生、端茶倒水。现在来就餐的老年人越来越多，我在解决了吃饭问题的同时又做了一件有意义的事情，一举多得。只要我身体好，就要继续贡献自己的力量”。

“爸妈食堂”项目是县委宣传部（文明办）、县民政局、爱德基金会和阿里巴巴公益基金会支持的项目，S 社区党组织采用“社区+社工”协同运作的模式，联合基金会和公益组织，由 S 社区和 X 社会工作发展中心运作，以服务老人为宗旨，以“家”文化为核心，首办了这家“爸妈食堂”，服务老人近万人次。该项目以服务老年人为核心，提供公益午餐，为高龄、独居、失能、残障老人提供帮助，改善他们的生活质量。基金会和公益组织按每餐 10.8 元标准补助，老年人实际只需要花 3 元钱就能吃到健康营养的饭菜。项目的运行，不仅给老人们提供了一顿健康暖心的午餐，更便于大家关注来用餐的每一位老年人背后的困难和问题，提升社区为老服务的效率，让大家用专业、热心和耐心真诚服务老人们，为打造更加和谐美好的社区奠定了基础。

### （二）老有所医

每一位老年人都应该受到社会的关怀，特别是贫困、饥饿、患病的困难老人更应受到社会的重点照顾。老年社会工作者应该运用自身的专业知识去帮助有困难的老年人，改变他们的恶劣处境。当人们进入老年期以后，生理机能开始逐渐减退，疾病抵抗能力也大大减弱，为了减少疾病的折磨和痛苦，就要得到及时的救治。因此，就医是老年人生活中普遍关心的问题。所谓“老有所医”，是保障老年人治病的需求得以满足。解决老年人的就医问题，需要不断完善医疗保障制度，建立健全基层老年人医疗服务体系，让社区里的老年人方便地享受医疗、康复、护理等服务，从而达到真正的“老有所医”。

社工站常见“老有所医”服务有：

一是宣传普及老年健康知识；

二是为患病老年人链接就医资源；

三是为经济困难的患病老年人链接医疗救助资源；

四是协助基层卫生机构为老年人建立健康档案，提供基本诊疗、疾病护理、保健康复、健康咨询、心理疏导、上门随访等服务；

五是为居家患病老年人提供日常生活照料等服务；

六是组织患病老年人家属开展照护培训；

七是对“空巢老人”、特困老人开展陪诊服务；

八是政策倡导，强化医疗卫生和养老服务政策衔接。

在帮助老年人获取生理健康服务的同时，社工站应帮助老年人进行自我心理调适，缓解其内心压力，以对生活保持健康的心态，摆脱老年人常见的抑郁、焦虑、孤独感等心理问题；对有自杀倾向的老年人进行危机干预，及时处理可能危及生命安全的重要问题；开展老年临终关怀、生命教育，帮助老年人树立正确的生死观，协助医护人员做好临终老人的生活照料和疼痛管理，提供心理支持，完成老人未了的心愿，以及订立遗嘱、器官捐献等，帮助老人实现与家属、亲友的和解与告别，为老人家属提供哀伤辅导服务等。

知识链接

### 医疗救助

最低生活保障家庭成员、特困供养人员、县级以上人民政府规定的其他特殊困难人员可以申请医疗救助。政府对救助对象参加医保的个人缴费部分和自付医疗费用，给予一定的补助，救助标准由当地经济社会发展水平和医疗救助资金状况决定。

案例分享

## 筑牢疫情防线，守护长者健康

在新冠疫情常态化管理过程中，农村高龄空巢、留守老人的防控工作一直都是相对薄弱的环节。Z 社会工作服务中心在 C 县民政局、H 省中医药大学第二附属医院的支持下，及时对 J 镇的 36 户高龄空巢、留守老人进行疫情防控的深度摸排走访，将爱心防疫包送到每位老人手上，并告知他们如何使用；随行的医护人员为老人们进行血压测量和简单的健康检测，社会工作者则对老人们进行防疫知识宣讲。

在新冠疫情暴发期间，各镇街的敬老院一直在严把“封控”关。F 镇、L 镇、H 镇、G 镇社工站的社工作为疫情防控联络员，风雨无阻地在敬老院坚守，积极协助敬老院开展老人日常测温、核酸检测、场所消毒、登记进出人员信息和物资消杀等工作，保障敬老院的安全；联络安排老人就医、与家属对接等，平时通过“隔门”聊天的方式缓解老人的紧张情绪，掌握他们的身体状况，积极开展心理疏导。F 镇社工站社工说：“很多老人在敬老院疫情封闭期间情绪不稳定，不知道外界的情况，有点不知所措，这时候跟他们聊聊天，安抚他们的情绪，能够保障其安全度过特殊时期。”

### （三）老有所乐

在经济社会飞速发展的今天，老年人的物质需求不难得到满足，“老有所养”的诉求基本可以实现。退休之后，老年人的生活重心发生巨大改变，没有了精神寄托，离开了熟悉的社会环境，很容易因为找不到存在的价值而感到失落，对“老有所乐”的期望和追求也会逐渐增加。

社工站常见“老有所乐”服务有：

一是开展各类文娱活动，鼓励老年人挖掘兴趣爱好；

二是开展老年学习小组、教育活动、公益课堂；

三是组建兴趣小组、老年社团、老年大学；

四是链接社会资源，为老年人争取更多娱乐、学习的机会；

五是营造社区尊老、敬老、爱老的氛围，在全社会弘扬“活到老、学到老”的精神。

社工站应当充分挖掘老年人的兴趣爱好，开展各式各样愉悦老年人身心的文化娱乐活动，如手工剪纸、知识竞赛、摄影比赛、瑜伽、太极拳等，使其在身体条件允许的情况下积极参与各种活动，增强幸福感。并对参与的老年人给予适当的奖励或荣誉证书，鼓励老年人发展兴趣爱好。还可以根据老年人的兴趣和特长，组建歌舞队、绘画书法队、摄影队等，充分发挥老年人的能动性，丰富老年人精神文化生活。通过参加活动，老人们可以丰富生活、增添欢乐，增强体质、减少疾病，提高生活质量和生命质量，真正实现“老有所乐”。

老年人还可以通过学习获得快乐，如通过老年大学以及各种不同形式的社会活动，学习老年疾病预防知识、心理健康知识等。还可以根据生活需要和本人爱好，学习掌握一些新技能，既能陶冶情操、丰富精神文化生活，又能学到有益于社会的新本领。在服务过程中，社会工作者应当深刻认识老年人学习的重要性和必要性。当发现个别老年人抱有悲观的生活态度，认为自己年老且体弱多病、思维僵化时，应当鼓励老年人摒弃这种想法。社工站可以通过各种学习活动帮助老年人确立先进学习理念，让每个老年人坚持“学习、学习、再学习”“活到老、学到老”，争当学习型老人，不断以科学的生活态度武装自己的头脑。

## 案例分享

### 老年大学里的“时髦”课程

最近，J社区老年大学里经常会开设一些“时髦”的课程。比如，教老年人使用电子设备、智能产品，让老年人赶上年轻人的步伐，便利日常生活；开展“变美课堂”小组活动，通过美妆、服装搭配等课程，帮助老年人树立积极乐观的心态，让老年人紧跟时代脚步，融入现代生活；在新春到来之际，开展“属我最暖——迎新春长者手工小组”活动，让老人们感受手工制作的魅力，增强体验感和成就感。老人们纷纷表示，社工站的活动让他们走出了家门，在玩的过程中收获了快乐，也结交了新的朋友，既加强了邻里之间的互动交流，也营造了浓浓的节日气氛。

**（四）老有所为**

“老有所为”可以使老年人的社会价值得以延续，为社会创造更多的财富，获得精神和价值上的满足，改善其生活处境，是一种积极养老的形式。“老有所为”还可以在一定程度上改变一些老年人的精神状态。老年人退休后，身份转变，养生保健、休闲娱乐、照顾家庭往往只能帮助老年人打发时间，难以解决老年人离开工作岗位、原有社会环境后产生的孤独感和无用感，特别是一些低龄、健康的老年人，或者高技能水平、高文化层次的老年人，退休后的生活并不能满足他们对于尊重和自我实现的需要，如果能借助社工站搭建的平台，继续发光发热，运用自己的知识技能和经验阅历来为社会服务，将会最大限度地满足老年人的高层次需要。

社工站常见“老有所为”服务有：

一是组织开展老年人志愿服务；

二是培育社区治理中的老年骨干力量；

三是协助老年人筹建公益自组织；

四是营造互助互利的老年文化氛围，助力“老有所为”精神的可持续发展。

拓展阅读

**老年人的社会参与**

《中华人民共和国老年人权益保障法》指出：“国家和社会应当重视、珍惜老年人的知识、技能、经验和优良品德，发挥老年人的专长和作用，保障老年人参与经济、政治、文化和社会生活。”“国家为老年人参与社会发展创造条件。根据社会需要和可能，鼓励老年人在自愿和量力的情况下，从事下列活动：（一）对青少年和儿童进行社会主义、爱国主义、集体主义和艰苦奋斗等优良传统教育；（二）传授文化和科技知识；（三）提供咨询服务；（四）依法参与科技开发和应用；（五）依法从事经营和生产活动；（六）参加志愿服务、兴办社会公益事业；（七）参与维护社会治安、协助调解民间纠纷；（八）参加其他社会活动。”

## 案例分享

### 志愿服务，守望相助

C市K区L社区举行了“和乐邻里”党建服务项目启动仪式暨“飘香端午粽，和乐邻里情”主题活动，打造“邻里e家”阵地，提升老年人参与社区公共活动和事务的能力，丰富居民精神文化生活，建设红色文化引领的幸福和谐社区。该主题活动组建了“邻里和、邻里乐、邻里美、邻里学、邻里帮”五支志愿服务队，通过“社工+志愿者”融合服务的模式，以党建引领为核心，老年人互帮互助，共同参与社区志愿服务，如协助家庭纠纷调解、维护老年人的合法权益、组织各类文体活动、社区垃圾分类、日常巡逻值守等。

C县G镇社工站开展“喜迎新年，‘戏’笑颜开”老年人互助支持小组，组织高龄独居老人参加。活动期间，社工引导老人们分享儿时游戏，探讨现在与过往过春节的区别、家周边的变化等话题，为老人们搭建了互助交友的平台，大家在共同回忆中拉近彼此之间的距离，感恩现在的美好生活。并且通过开展老年人互助小组，让独居老人之间能够彼此照应，自发结成“生活共同体”，相互帮衬，持有对方家庭的钥匙，配备呼叫器，应对突发紧急情况。这种模式重点帮助空巢、高龄、残疾老人，通过结对子互助，社工站充分了解每个人的身体状况、特殊需求，对重点户进行定期巡查。

C县J镇社工站在镇敬老院开展了一场“情暖端午，关爱老人”主题慰问活动。由于新冠疫情，敬老院实行封闭式管理，老人们的娱乐活动也仅限于下棋打牌、看电视，非常单调。此次端午慰问活动，社工对接J镇老年舞蹈队、葫芦丝爱好者志愿队，发扬学雷锋志愿服务精神，精心组织文艺爱好者们编排了一台老年人喜欢的文艺会演。演出现场，敬老院上下欢呼雀跃，积极参与互动。在合唱环节，70多岁的志愿者王娭驰带领老人们一起唱花鼓戏，将整场活动推向了高潮，引起了老人们强烈的共鸣，大家深深被志愿者王娭驰积极乐观的精神面貌感染。活动结束后，大家一起聊天，给敬老院老人们捶背按摩、剪指甲、打扫卫生，并给老人们赠送节日贺卡，送上节日祝福。活动为敬老院老人们营造了温暖友爱的节日气氛，让老人们感受到了来自社会各界的关爱，其中老年志愿者们发挥了积极的作用。

## 三、社工站老年社会工作项目案例

### （一）项目背景

C市F区民政局按照民政部、省民政厅的统一部署和要求，立足建设集“社会组织孵化基地、社会组织党建指导基地、街道社工站培训督导基地”于一体的区社工总站，着力打造升级版特色街道社工站，全力服务辖区范围内的“一老一小”，让居民群众有了实实在在的获得感、幸福感和安全感。

街道社工站“一老一小”品牌服务项目，依托当地的为老服务平台，如社区日间照料中心、养老机构等，运用社会工作专业技术方法，开展老年人社会工作，为老年人提供日常生活照料、健康维护、精神慰藉、咨询服务、权益保障、临终关怀、危机干预、资源链接、社会支持网络建设、老年教育等专业化、个性化、持续化的社会工作服务。

### （二）具体做法

各街道社工站根据各片区老年人口的个性特征，重点凸显“老有所乐、老有所扶、老有所养、老有所为”四项特色亮点工作。

1. 老有所乐

该标段社工站联合社区公共服务中心、市花鼓戏保护传承中心举办“关爱老人，重温经典”花鼓戏老年专场活动。如今不少老年人感叹“想看一场好的花鼓戏，简直太难了，电视频道都没有”。为回应居民的切实需求，散发传统文化的独特魅力，特开展此次活动。社工与志愿者贴心接送长者来到场馆，随着灯光熄灭、舞台聚光，好戏上演，掌声雷动。年轻人也许无法理解老一辈对于花鼓戏的热爱与执着，当看到此刻看台上的每位老人都全神贯注、正襟危坐时，就知道活动举办得非常成功。

2. 老有所扶

该标段片区困境人群相对集中，社工站以困境老年人为重点群体，从专业社会工作视角，通过个案、小组、社区工作的方式，整合街道和其他社会资源，建立困境人群主动发现机制，开启街道社工站“主动发现”探索实践，为老人开展精神慰藉、心理疏导、帮扶助困等方面的工作，激发其自身潜能。为特困鳏寡孤独老人送去米、面、油等慰问品，了解老人家里的困难，让他们感受来自社会的关爱。

3. 老有所养

该标段社工站开展个案服务，为个人出行不便、家庭支持不足、日常生活陷入困境的老年人提供服务，协助其外出购药、陪同就医，建构支持网络。通过社区、街道查询了解相关救助政策，向社区民政专干了解办理低保的流程以及区监护奖励政策，协助老人进行申请。社工站还组建了各种老年人兴趣小组，丰富老年人的生活；组建老年人居家安全小组，提升社区老年人居家生活技能；开展“欢欢喜喜闹元宵，廉洁正气过佳节”节庆活动，邀请社区志愿者前往社区幼儿园和小朋友们一起包汤圆。

4. 老有所为

该标段社工站开展“军休百家齐欢聚，龙腾虎跃闹元宵”节日主题活动，与军休所全体离退休干部、家属一起欢度元宵佳节。社工站深入探索“党建引领文化惠民”发展路径，挖掘党员志愿者，吸纳一批文化层次高、知识技能强的先锋党员成立“先锋·爱”志愿服务团队，免费为辖区居民开设合唱、尤克里里、书法、老年人智能手机使用培训、青少年寒暑假实践等各类公益课堂服务；为辖区居民搭建多元化的学习阵地和文化平台，让老人们增强自我价值感。目前，常态化课程学习已成为居民们日常生活的重要组成部分，居民满足感、获得感、幸福感得到大幅提升。社工站还联合爱心企业为老年人送上“智慧定位手环”，推动“老年人”、“家庭子女”、“社区管理中心服务平台”、“社区志愿者”或“社区医院”四方联动，为特困老人提供精准服务。D 社区提炼出新党建品牌“星火驿”，在小区设立“枫龄驿站”，讲述新时代基层社会治理中的感人故事，体现精神文化传承，展现信仰力量，引导退休银发先锋老有所为、发光发热，社区的优秀“五老”志愿者在学校开学第一天为老人们送上开学寄语，希望大家在家庭和社会中都能成为良好家风的传承者。

**参考阅读：**

［1］全国社会工作标准化技术委员会．老年社会工作服务指南：MZ/T 064-2016［S］. 2016.

［2］中华人民共和国老年人权益保障法［EB/OL］. http：//www. npc. gov. cn/npc/c30834/201901/47231a5b9cf94527a4a995bd5ae827f0. shtml.

［3］梅陈玉婵，齐铱，徐永德．老年社会工作［M］．2 版．上海：格致出版社，2009.

［4］徐蕴，姜波，王瑞鸿，等．社工站建设之地方实践（三）：湖南“禾计划”：如何实现从 1. 0 到 3. 0 版本的进阶［J］．中国社会工作，2021（4）：14-16.

［5］卞国凤．老年社会工作方法与实务［M］. 2 版．北京：北京师范大学出版社，2021.

［6］刘战旗，史铁尔，赵兰，等．湖南乡镇社工站建设实践经验与启示［J］．中国社会工作，2021（9）：41-44.

［7］支春燕．乡村振兴战略背景下农村社区治理创新研究：以长沙市 C 县青年社工人才本土化培育为例［J］．青年发展论坛，2021，31（4）：78-87.

# 第2章

# 如何与老年人建立服务关系

与老年人建立服务关系是社会工作者做好老年社会工作的第一步，也是打好基础的一步。只有在第一次联系老人时给对方留下良好的印象，并维系好与老人的良好关系，才能让老人接受社会工作者，后续的工作才能得以顺利开展；只有正确分析老人的需求，后续的服务才能取得实际成效。本章将围绕与老年人初步接触的“五心”、保持关系的“四要”、分析需求的“两关注”三个方面，对应接案与预估两个环节，为社会工作者与老年人打交道和分析其需求提供指南。

## 第一节 初步接触的态度要求

由于老年人群体的声音感知能力下降，“语言识别率”和“语言理解能力”也随之下降，因此，与老年人第一次谈话时，应注意以下 9 个细节（见表 2-1）。

**表 2-1 与老年人第一次谈话时应注意的 9 个细节**

| 序号 | 内容 |
| --- | --- |
| 1 | 选择一个较安静的地方，便于老年人集中注意力 |
| 2 | 取得老年人的信任，让其心情轻松、愉快。选择情绪稳定时，避开抑郁、哭泣、失望或激动时进行谈话 |
| 3 | 说话时声音大一些，不要太快、太急 |
| 4 | 尽量使用简单的句子，一句话尽量简短一些，讲完一个内容再讲下一个内容，避免混淆 |
| 5 | 给老年人充分的时间去接收和回应，听完其讲话后再发表自己的观点，不要打断其讲话 |
| 6 | 用心体会老年人的“弦外之音”和语音语调，读懂其表达的真实内容 |

续表

| 序号 | 内 容 |
|---|---|
| 7 | 双手不要交叠在胸前或叉腰，这会让老年人以为社会工作者在生气或发怒 |
| 8 | 保持微笑，适当的时候可以用点头或是轻抚来表示对老年人的安慰，让其感到被关心 |
| 9 | 尽量正脸面对老年人，保持眼神交流，让其看到你的唇运动，补充其听力不足 |

## 一、老年人服务中的基本态度——“五心”

在实际工作中，与老年人第一次接触时，除了应注意以上9个细节外，社会工作者还应在精神层面做到“五心”：爱心、关心、同理心、耐心和恒心。所谓态度胜于技术，这“五心”就是社会工作者应有的态度。一颗真挚亲切的心是打开老年人心门的钥匙。同时，需要掌握与不同类型老年人沟通时的对应技巧。

### （一）爱心——发自内心的关怀与爱护

爱心是一种奉献精神，是关怀、爱护人的思想感情，是保护所有生命的一种精神。作为一名社会工作者，首先要热爱本职工作和关爱服务对象，每次与老年人接触时，都要将爱心的力量传递给他们，让他们感受到社会工作者的真挚感情，从而愿意与社会工作者接触。

### （二）关心——冷暖康健放心上

每个老年人都有自己特有的性格与爱好，社会工作者要主动关心老年人所在意的事情，主动了解他们的身体状况、家庭和兴趣爱好等，尽量多参加有老年人的活动，培养与他们相处的能力，融入他们的生活。同时，关心老年人的冷暖和感受。比如，患高血压的老年人，沟通时应关心他是否按时吃降压药，这样可以很好地拉近与老年人的距离；主动为老年人倒上一杯水、拉拉衣角、点头示意、送去一个微笑，或者为他们轻轻做做按摩、握握肩臂，都会给他们带来安慰，既能传递关心关爱的信息，又能在老年人心中留下良好的印象。

### （三）同理心——感受老年人的感受

同理心是指在与老年人交往过程中，社会工作者要学会换位思考，站在老年人的角度体会其情绪和想法、理解其立场和感受，体谅老年人的处境，接纳他们的唠叨、固执、反复无常和个性化的习惯。比如，老年人大都记性不好，有可能会不记得社会工作者，所以要避免问“您还记得我吗”，可以改说“我又来看您啦”。再如，每个老年人都渴望有人愿意听他们讲那些辉煌的往事，社会工作者要将自己带入故事的背景中，走入老年人的内心，并表示理解和认同。

**（四）耐心——不厌其烦**

耐心是建立信任的桥梁。由于老年人的听力、语言表达能力、理解能力、记忆力等功能衰退，在与老年人沟通时，社会工作者一定要有耐心，认真聆听、避免争辩。比如，有些老年人会有体力不支、动作缓慢、健忘等情况，在与他们沟通时，可能会存在“你说东、他说西”，或者老年人隔很久才回话等情形，这时社会工作者应设身处地地为老年人着想，体谅他们的难处，耐心地再说一遍或再做一次，避免失去耐心或者有挫败感，更不能放弃或直接走开。

**（五）恒心——坚持的力量**

对于突然走进自己生活中的社会工作者，部分老年人起初会产生抗拒心理，需要经过一段时间的相处或磨合才能真正接受社会工作者。因此，社会工作者要有足够的恒心，主动积极、坚持不懈，通过多次尝试打动他们，赢得信任与支持。

## 二、老年社会工作中的沟通技巧及案例

### （一）与患阿尔茨海默病老年人的沟通

**案例分享**

**结结巴巴的何奶奶**

何奶奶，已年过古稀，一个人独居，患有阿尔茨海默病，智力下降，记忆力、思考及行为等功能退步，常常无法理解别人说的事，也不能用语

言明确表达出自己的意思，因而易急躁、焦虑、沮丧和生气，说话变得结结巴巴，常会中断和不连贯。

在与何奶奶这样的患阿尔茨海默病的老年人沟通时，社会工作者应注意以下事项（见表2-2）。

表2-2　与患阿尔茨海默病的老年人沟通应注意事项

| 事项 | 内　容 |
|---|---|
| 采用亲切性语言 | 与老年人说话时要语调温和、语速缓慢，认真揣摩老年人话语中的意图，使之处在一种平静的语言环境中，增强其安全感 |
| 禁用忌讳性语言 | 患阿尔茨海默病的老年人同样拥有完整的情感，应该得到关注和尊重。社会工作者不得说老年人“傻、笨”之类的话，更不能辱骂老年人，这些都会伤害老年人的自尊 |
| 采用简单、正面、直接性语言 | 交流内容应简单、直接、正面，通俗易懂，不要拐弯抹角 |
| 表达时要多次重复 | 社会工作者如果要表达多项内容，应采取分段式表达：讲完一个意思后，给老年人足够的时间去理解，确认老年人明白后再表达另一个意思 |
| 多运用形象化语言 | 当老年人迟疑不解时，可以加上一些肢体语言来辅助老年人理解。比如，告诉老年人下午3点钟来入户探访，如果老年人没听懂，就可以指着手表或者手机上的时间帮助老年人听懂所要表达的内容 |
| 多鼓励老年人 | 比如，当老年人理解了社会工作者所想表达的意思时，可以向老年人竖起大拇指表示鼓励和表扬，帮助其建立自信，激发其积极主动配合社会工作者工作的正面情绪 |

知识链接

## 阿尔茨海默病患者的症状

阿尔茨海默病起病缓慢，病人及其家人常常说不清是何时发病的。该病多见于70岁以上的老年人（男性平均73岁，女性平均75岁），女性病患比男性少（男女比例约为3∶1），少数病人在躯体疾病、骨折或精神受到刺激后症状会迅速明朗化。主要表现为认知功能下降、出现精神症状和行为障碍、日常生活能力逐渐下降等。病程一般分为三个阶段：

第一阶段（1~3年）为轻度期。主要表现：记忆力减退，对近事遗忘突出；判断能力下降，不能对事件进行分析、思考、判断，难以处理复杂的问题；工作或家务劳动漫不经心，不能独立进行购物和处理经济事务等，社交困难；尽管仍可以做些熟悉的日常工作，但对新的事物却表现出茫然难解，情感淡漠，偶尔激惹，常有多疑；出现时间定向障碍，对所处的场所和人物能作出定向，但对所处的地理位置定向困难，复杂结构的视空间能力差；言语词汇少，命名困难。

第二阶段（2~10年）为中度期。主要表现：远近记忆严重受损，简单结构的视空间能力下降，时间、地点定向出现障碍；在处理问题、辨别事物的相似点和差异点方面有严重损害；不能独立进行室外活动，在穿衣、个人卫生，以及保持个人仪表方面需要帮助；计算功能退化，无法完成简单的加减法；出现各种神经症状，比如失语、失用和失认；情感由淡漠变为急躁不安，常走动不停，可见尿失禁。

第三阶段（8~12年）为重度期。主要表现：完全依赖照护者，记忆力严重丧失，仅存片段的记忆；日常生活不能自理，大小便失禁，呈现缄默、肢体僵直，查体可见锥体束征阳性，有强握、摸索和吸吮等原始反射。病人最终可能出现昏迷，甚至死于感染等并发症。

### （二）与视力障碍老年人的沟通

案例分享

#### 爱读书看报的蒋爷爷

蒋爷爷，81 岁，视力下降得很厉害，去医院就诊后恢复效果不理想，这让他感到很无助。蒋爷爷平时爱读书看报，由于视力下降，影响了正常阅读，并且给生活带来了诸多不便，这些都使他情绪非常急躁，经常莫名发脾气。

在与蒋爷爷这样的视力障碍老年人打交道时，社会工作者一方面要让老年人认识到视力下降是正常的生理现象；另一方面要积极回应老年人读书看报等需求，并注意以下细节（见表 2-3）。

表 2-3　与视力障碍老年人沟通应注意事项

| 事项 | 内　容 |
| --- | --- |
| 与视力障碍老年人的交谈 | 在距离有视力障碍的老年人一两米远时，应主动向他打招呼，让他知道你在附近，然后再进行交谈和帮助，并且语调应诚恳而平和。见到有视力障碍的老年人，切勿大声疾呼或突然与其握手或拥抱，以免对方受到惊吓。如果是和多位有视力障碍的老年人在一起，要告诉大家你是谁。在与其中一位有视力障碍的老年人交谈时，要使对方明确谈话指向，表明自己正在与谁说话。当要离开时，须告知与你说话的有视力障碍的老年人。与多位有视力障碍的老年人相遇时，不仅要与相识的老年人打招呼，与不相识的老年人也要主动打招呼，离开时向所有有视力障碍的老年人打招呼 |
| 与视力障碍老年人的握手 | 在握手前，应首先进行语言提示；有视力障碍的老年人伸出手时，应出手相迎；当两位有视力障碍的老年人需要握手时，要及时引导他们的手接触 |
| 引导视力障碍老年人入座 | 避免使用“您坐这儿、坐那儿”之类的语言，因为有视力障碍的老年人看不见，对方向、位置难以把握。引领他们就座时，要明确地告知是坐在你的左边或右边，还是前面或后面等。如果给有视力障碍的老年人让座，要把他的手轻轻地放在座椅的靠背或扶手上，让他能够确定座椅的位置 |

续表

| 事项 | 内 容 |
| --- | --- |
| 向低视力老年人提供及时帮助 | 虽然低视力的老年人有一些残存的视力，但是在光线昏暗的环境中，他们看不清楼梯的高度、地面的水、玻璃门等。这个时候，他们最需要工作人员给予及时的帮助。比如，下楼梯、出门口的时候应及时扶一把等 |

### （三）与听力障碍老年人的沟通

**案例分享**

#### 渴望听见、期待融入的黎奶奶

黎奶奶，81 岁，近年来感觉听力下降得非常明显，听不清别人说话，她儿子每次和她说话都要很大的声音。奶奶看电视的时候要把声音开得很大，因为电视声音的问题，她和儿子也吵了很多次。后经过与儿子商量，黎奶奶住进了镇养老院。进入养老院后，还是由于听力障碍问题，她听不见其他老人们在聊些什么，也插不上话，很难融入新的生活中，情绪十分低落。

与黎奶奶这样的听力障碍老年人沟通时，社会工作者一方面要理解老年人这一正常的生理现象；另一方面要通过音量、位置的调整尽量让老年人听清楚谈话的内容，并注意以下事项（见表 2-4）。

**表 2-4 与听力障碍老年人沟通应注意事项**

| 事项 | 内 容 |
| --- | --- |
| 尽量缩短谈话距离 | 与听力障碍老年人交谈时，最好是面对面，不要在另一个房间或听者看不见的地方讲话。尽量缩短谈话距离，使听力障碍老年人听得更清楚 |
| 让老年人清楚看见说话者的面部 | 表情及其他非语言信息能帮助对方了解谈话内容，所以与听力障碍老年人沟通时，要让老年人清楚地看见你的脸，不要背对着对方、用手或其他物体遮住脸、口里含着东西或不停地走动等 |

续表

| 事项 | 内　容 |
|---|---|
| 说话不要太快或东拉西扯 | 与听力障碍老年人沟通时，语速太快、东拉西扯、话题转换过快过多都会令老年人搞不清楚你要说什么内容。因此，在谈话时，语速要稍微慢下来，转换话题前要明确告知老年人，使其有心理准备 |
| 与听力障碍老年人沟通的小技巧 | 冗长而复杂的句子往往令人难以理解。最好运用简短、清晰的语句，或将一个复杂的句子简化成几个短句 |
| 重组句子 | 如果听者没听清你说的话，可以尝试换个方式表达。重组句子能提供额外的信息，听者能较容易地了解谈话内容。例如，“去散步吗？”或“我想去散步，你去吗？”<br>面对面谈话时，可以利用手势帮助表达数字；在电话中，则可以将数字简化成字，例如将“二百四十五”简化成“二四五”，或者每次只说一个字，请听者重复 |
| 随时注意听者是否明白你的信息 | 当听力障碍老年人听不清楚某些语句时，有时会假装听懂来避免尴尬。因此，应不时地注意老年人的反应，看他是否明白你说的话；遇到含糊的地方，只需重复说不清楚的字眼，不用整句重复 |
| 允许多些时间交谈 | 听力障碍老年人需要非常专注地聆听和充足的时间，才能完全理解谈话内容。因此，说话时应慢慢地表达清楚，不要将许多信息匆匆地在很短时间内表达 |

### （四）与性格孤僻老年人的沟通

**案例分享**

#### 我的爱搭不理，其实是情非得已

祝奶奶，74岁，儿子、儿媳去外地打工，已经3年没有回来与她一起过年了。加上最近她身体不如以前，听力下降，渐渐不爱与人交往了，别人说什么都不听。儿子每周打两次电话来问候，祝奶奶也不太搭理，说打电话也不知道说什么，不想接。

在与祝奶奶这样的性格孤僻老年人沟通时，社会工作者应注意以下事项（见表 2-5）。

表 2-5　与性格孤僻老年人沟通应注意事项

| 事项 | 内　容 |
|---|---|
| 态度 | 要和蔼可亲、平易近人，脸上常带微笑，让老年人能感受到你的亲切 |
| 位置 | 不要让老年人抬起头或远距离跟你说话，那样老年人会感觉你高高在上、难以亲近。应近距离弯下腰与老年人交谈，让老年人觉得与你是平等的，你重视他 |
| 用心交流 | 眼睛要注视对方的眼睛，视线不要游走不定，不要让老年人觉得你不关注他。同性之间，可以握着对方的手交谈 |
| 语言 | 说话的速度要相对慢些，语调要适中。有些老年人听力受损（弱听），则需稍微大声点，但还要看对方的表情和反应，以此判断对方的需要和心理状态 |
| 了解情况 | 要了解老年人的脾气、喜好，可以事先打听或在日后的相互接触中进一步细心观察了解 |
| 话题选择 | 要选择老年人喜爱的话题，如家乡、亲人、年轻时的事、电视节目等，避免提及老年人不感兴趣的话题；也可以先多介绍一下自己，让老年人信任你后再展开别的话题 |
| 有耐心 | 老年人一般都比较爱唠叨，一点点小事可以说很久。不要表现出任何的不耐烦，要耐心地倾听老年人的心声 |

### （五）与丧偶老年人的沟通

案例分享

### 老伴儿，对不起，没能守护你的生命

戚大爷，72 岁，1 个月前他的老伴儿在家突然倒地，神志不清，大小便失禁，喷射性呕吐。当时戚大爷外出散步，等他回来发现老伴儿已倒在地上时，马上打“120”急救。尽管经过多方抢救，但由于延误了抢救时间，一天后老伴儿还是去世了。自从老伴儿去世后，戚大爷整天痛悔、焦虑不安，吃不下、睡不着，原本开朗健谈的他变得很沉闷，一直不肯下

楼，而且出现自感极为痛悔而无法摆脱的自责现象。他不时自言自语地说："我错了，我错了，我怎么就不知道赶快送她去医院抢救呢？我太笨，我太笨……"

在与戚大爷这样的丧偶老年人沟通时，社会工作者应注意以下事项（见表2-6）。

**表2-6　与丧偶老年人沟通应注意事项**

| 事项 | 内　容 |
|---|---|
| 建立相互信赖的关系 | 对丧偶老年人所表现的任何情绪、想法都要表示理解，不抱怨、不评价，不要表现出不耐烦的情绪，要营造出一个让其自由倾诉的环境 |
| 有耐心、多鼓励、主动倾听 | 怀旧和回顾是目前国内外运用较多的老年社会工作的辅导技巧。怀旧是让老年人回顾他们过往生活中最重要、最难忘的事件或时刻，让老年人在回顾中重新体验快乐、成就、尊严等多种有利于身心健康的情绪，帮助老年人找回自尊和荣耀。另外，通过怀旧，老年人也可能再次体验过往岁月中不愉快的事，但对不愉快事件的追溯在一定程度上能缓解他们的自责和内疚，减轻焦虑不安的情绪。回顾是指通过生动缅怀过去成功或者失败的经历，让老年人重建完整的自我。与怀旧不同的是，回顾是对整个人生的回顾，不只是生命中最重要的时刻和事件 |
| 让老年人自我选择、自我决定 | 在帮助老年人逐步恢复积极的心态、最后制订计划时，虽然许多老年人会说"请你帮我拿个主意吧，我真不知道该怎么办了"，但是每个老年人对于自己能够作出决定还是会十分高兴的，这能让他们感受到自信和力量。因此，不仅要相信老年人有能力自己作出决定，而且应积极鼓励老年人主动参与计划的制订与策略的选择 |
| 帮助老年人重返社会生活 | 鼓励老年人多参加各种小组活动，提高老年人的精神活动水平，建立老年人之间的互助网络，转移老年人的注意力，构建一个新的社会交往模式，以便让轻松愉快的情绪取代丧偶后的孤独感，帮助他们摆脱孤独、寂寞，更好地实现新的社会化过程 |

### （六）与临终老年人的沟通

案例分享

**生命倒计时的绝望选择**

甘爷爷，82 岁，肝癌晚期，住院治疗了一段时间，效果不佳。知道疾病已危及生命后，甘爷爷就丧失了战胜疾病的信心，表现出惊恐不安、急躁，总是对家人及医护人员发脾气，有时还为难医护人员，拒绝治疗，甚至还产生了自杀的念头。有一次趁家人不在，甘爷爷甚至想跳楼，幸亏被同病房病友及时发现并制止。

在与甘爷爷这样的临终老年人和有自杀倾向的老年人沟通时，社会工作者应坚持“阳光法则”，帮助老年人树立活下去的信念，帮助其积极接受治疗，提高生命质量，并把握以下 5 个原则（见表 2–7）。

**表 2–7 与临终老年人沟通应把握的原则**

| 原则 | 内容 |
|---|---|
| 倾听原则 | 1. 位置。选择合适的位置，身体微微前倾或弯下腰去倾听，让老年人感觉到对他的尊重。<br>2. 非语言信息的传递。适宜的面部表情、目光、手势，以及身体的接触，都可以起到安抚老年人的作用 |
| 尊重原则 | 1. 尊重的态度。热情、理解、无条件地接纳老年人，不强求老年人做任何不愿意做的事情。<br>2. 尊重的内容。尊重老年人的性格、风俗习惯、宗教信仰、心愿或临终遗言等 |
| 同理心原则 | 提问时多问开放式的问题。比如，“您今天的心情怎样？”“您能谈谈这两天的感受吗？”“您心里有什么想法可以随意地和我聊聊吗？”，等等 |

续表

| 原则 | 内 容 |
| --- | --- |
| 对话原则 | 1. 放慢脚步。沟通时应做到“慢”，让老年人有足够的时间表达他们的想法。当老年人停顿时，不要急着抢过话题，要给对方整理思绪的时间。<br>2. 别太快下判断。当老年人表达他们的想法时，要做到“跟”，即跟随老年人的思路去感受他们所讲述的话语，不要太快下判断，等听完老年人所有的话语再委婉地表达自己的看法。<br>3. 全面把握。即全面把握老年人的情况，包括老年人过去的经历，这样才能真正进入老年人的内心世界去理解他 |
| 积极关注原则 | 要给予临终老年人积极的关注，用积极的态度看待临终老年人，发现他们身上的积极点；同时，将这些积极点告诉他们，引起他们更大的积极转变 |

知识链接

## 社会工作者与老年人建立专业关系的技巧

2017 年 12 月，民政部发布《社会工作方法 个案工作》（MZ/T 094—2017）行业标准，将会谈技巧分为支持性技巧、引领性技巧、影响性技巧三种类型，这对社会工作者与老年人建立专业关系、进行专业沟通具有重要指导意义。

1. 支持性技巧。一是积极倾听。用心聆听服务对象传达的信息，细致观察服务对象的表情动作，及时思考整合信息，理解服务对象的感受并作出积极的回应。二是专注。借助友好的视线接触、开放的姿势，以及专心的态度关注服务对象的表达。三是鼓励。通过口头语言和身体语言的方式肯定服务对象的积极表现，服务对象继续表达自身的感受和看法，保持已有的良好行为。四是同感。设身处地体验服务对象的内心感受，理解准确，并将其传达给服务对象，引导服务对象对自己的感受、想法作进一步思考。

2. 引领性技巧。一是提问。运用封闭式或开放式问题，引导服务对象作答，以收集信息、探索问题。二是澄清。引导服务对象对模糊不清的陈述和信息作更详细、更清楚、更准确的表达和解说。三是对焦。将话题、讨论范围、内容或者问题集中，指出重心和目标所在，再继续讨论。四是摘要。把服务对象的长段谈话内容或不同部分的话题进行整理、概括和归纳，并作简要摘述。

3. 影响性技巧。一是信息提供。向服务对象提供相关的新知识、新观念等，或纠正服务对象已知的错误信息。二是自我披露。有选择地向服务对象披露自己的亲身经验、处事方法和态度等，为服务对象提供参考。三是建议。对服务对象的情况、需要或问题了解和评估后，提出建设性意见。四是忠告。向服务对象指出其行为的危害性或必须采取的行动。五是对质。当发现服务对象出现言行不一致的情况时，直接发问或提出质疑。

## 第二节 服务过程中的行为要求

在实际工作中，与老年人建立初步关系，是社会工作者开展老年社会工作服务的序幕。为了提供更具实效性和更受老年人欢迎的服务，社会工作者需要与老年人保持长期的友好关系，定期或不定期地了解老年人的情况，贴近他们的生活，知其冷暖，这样才能将社工站的服务送到老年人的心坎上。与老年人保持良好的关系，社会工作者需要做到：勤迈腿、多串门；勤动嘴、多赞美；尊重老人、真诚以待；平等相处、当作亲人。

### 一、勤迈腿、多串门

社会工作者长期工作在社区，经常与居民沟通联系，在与社区老年人建立初步联系后，要勤迈腿，多去老年人家中走访串门。平时可以多帮助老年人做些家务，与老年人多聊聊天，保持良好的联系。老年人因为对手机功能不太熟悉，采用电话、微信等方式沟通会受到一定限制，所以在社工站工作中，社会工作者应尽量创造机会与老年人面对面沟通，以避免因信息接收障碍或无法看到表情信息等而产生误会和重要信息无法通知的情况。

## 二、勤动嘴、多赞美

对老年人的赞美不是无原则的吹捧，也不是让人肉麻的讨好迎合，更不是借赞美之语去挖苦、嘲弄对方。赞美是一门语言艺术，也是一种勇气，它有助于社会工作者与老年人保持良好的关系。老年人俗称“老小孩”，有时老年人就像小孩子一样喜欢听到别人的赞美，尤其是在讲述自己年轻时的光辉事迹时。社会工作者恰到好处的表扬，会让老年人体会到满足感。

教育家王凤仪曾说：“天理是循环的，你佩服多少人，便有多少人佩服你；你心里存多少人的好处，就有多少人帮助你。”作为助人者，社会工作者要养成发现老年人优点的习惯，多赞美老年人。语言上尽量充满活力、希望和幽默；姿态上端庄放松，让老年人感觉自己受到了友好对待，这样老年人才能对你敞开心扉，工作才能顺利开展。

## 三、尊重老人、真诚以待

老年人最需要的是尊重。从年龄上看，老年人都是我们的长辈；从经历上看，年轻时他们为国家为社会作过贡献，有的人甚至如今所患疾病还是因为当年的工作造成的。因此，在与老年人沟通时，一定要尊重对方。可以多运用询问的方式而非命令的语气，例如，不要说“今天中午你要喝汤”，而应说“中午你想喝汤吗”或者“我们今天中午喝汤吧，怎么样”。更好的方式是给老年人以选择的余地，如“今天中午你想喝稀的，还是吃面条”，让他们觉得自己对身边的事还能够掌控。

孝亲敬老是中华民族的传统美德。礼貌地称呼老年人，用真诚的态度对待老年人，可以让他们感受到社会工作者的真挚关心，从而愿意与社会工作者交流，说出自己的不适与想法。

## 四、平等相处、当作亲人

作为助人者，社会工作者不应有居高临下、高人一等的想法，不要把老年人看成弱势群体，要给予老年人平等参与的机会，挖掘其潜力，增强其参与社会建设的能力，作为参与志愿服务的重要力量。

“老吾老以及人之老。”每个人都有老去的一天，善待今天的老年人如同善待明天的自己。日常工作中，社会工作者应注重倾注亲情，实施人文关怀，把老年人当作自己的亲人一般对待。

## 知识链接

### 访视技巧

一是在访视前应熟记受访者的相关资料，事先约定探访的时间、时长及会面地点。二是应采用具体的约定方式，包括电话预约、信件预约、委托受访者较信任的亲友代约定，或由受访者确定访视时间。三是访视时应着装整洁、得体，主动进行自我介绍，告知姓名、工作单位，以及此行的目的。四是在访视中应多观察、多倾听，拍照、录音、录像要征得被探访者同意。五是在访视结束前应总结访视的内容，向受访者反馈其在访视中的良好表现，并倾听受访者对此次访视的感受、意见及对下次访视的期待。

## 案例分享

### “活跃奶奶”成长记

T 区 J 社工站地处长沙老城区，服务范围内有多个 20 世纪 90 年代建设的连片单位房，居住在此的 65 岁以上老人较多，老年社会工作成为 J 社工站工作的重要板块。社会工作者小王 2021 年 6 月入职 J 社工站，跟进了几次社工站老年兴趣小组的活动，与老人们建立了初步联系，并在老人们的引荐下探访了 81 岁的不愿与人打交道的孤寡老人陈奶奶。

为解决陈奶奶的日常用餐问题，小王为其申请了社区“长者餐厅”就餐名额。陈奶奶特别感动，渐渐地与小王熟络起来。为了更好地服务陈奶奶，小王每个月定期到陈奶奶家串门走访，与她拉家常。当知道陈奶奶在“长者餐厅”结交了几位老年朋友后，小王夸赞着她，并鼓励她多与邻居交流互动，充分尊重陈奶奶的想法。当陈奶奶表示想要参加社工站的康娱活动时，小王支持她，并为她提供帮助。在一年多的服务中，小王营造了尊重包容、平等互信的服务关系，陈奶奶也把小王当成了自己的亲人。原来沉默寡言的陈奶奶逐渐融入了社区生活，成为社工站的“活跃奶奶”，身心健康水平都得到了提高。

## 第三节　服务设计中的知识要求

### 一、关注老年人需要什么

在与老年人沟通过程中，社会工作者除了要主动了解老年人的姓名、年龄（公历、农历）、籍贯、爱好、特长、家庭情况、个人经历等基本情况外，还要重点关注老年人的身体健康状况、经济保障情况、就业休闲需要、参与社会生活期待、婚姻家庭关系状况、居家安全情况、善终安排情况7个方面的基本需要（见表2-8），以全面了解老年人需要什么、期待什么，并思考为了满足他们的这些需要和期待，社工站能为他们做什么。

表2-8　老年服务中需关注的7个方面的基本需要

| 基本需要 | 内　容 |
| --- | --- |
| 身体健康状况 | 在与老年人沟通中，询问老年人是否患有高血压、心脏病、糖尿病等基础疾病，留心观察老年人的声音大小、走路的姿态等状态，全面评估老年人的身体健康状况，了解其健康需求 |
| 经济保障情况 | 常言道：“养儿防老。”过去，老年人的经济保障主要来源于儿女；现在，在全民参保背景下，老年人的经济保障更多来源于养老退休金、老年社会保险金和商业养老保险等。经济是老年人安享晚年的基本保障。老话说，人老了要有“老底、老房、老伴儿”，这“三老”是老年人晚年生活幸福的重要基础。在与老年人沟通时，社会工作者要了解老年人是否有稳定的经济来源、生活上是否存在困难；如果是高龄老人，要了解是否申领了高龄津贴；如果是残疾老人，要了解是否申领了残障照护补贴；等等 |

续表

| 基本需要 | 内　容 |
| --- | --- |
| 就业休闲需要 | 有的老年人退休后仍有工作的意愿，有的老年人退休后希望享受休闲生活。在交流中，社会工作者要了解老年人是想要就业还是休闲，他们的愿望将为社会工作者下一阶段为其联系公益性就业资源或者多为其组织康娱性活动提供依据 |
| 参与社会生活期待 | 退出职场后，老年人参与社会生活的机会减少了，容易产生失落、消极的情绪。有些老年人会感觉自己老了不中用了。为此，社会工作者要了解老年人参与社会的期待是什么，多鼓励老年人参与社工站活动，适当的时候可以将其发展为志愿者，为基层社区治理发挥余热、贡献力量，避免产生被社会遗弃的感觉 |
| 婚姻家庭关系状况 | 家庭亲属关系良好对保证老年人晚年生活质量具有重要意义。社会工作者可以利用入户探访、节日慰问、个别谈话等机会，了解老年人与老伴儿、子女及其他亲属的关系是否和谐，家庭成员之间是否有矛盾，是否发生了家庭冲突等 |
| 居家安全情况 | 对于老年人来说，居家安全是首要的。社会工作者应注意观察老年人的生活环境是否安全，比如地面滑不滑、桌椅家具是否安全等。与坐轮椅的老年人沟通时，一定要让轮椅固定下来，避免其坐空摔倒；推轮椅的动作要缓慢；老年人的脚要放好，双手一定要放在大腿上，不要离开扶手的范围 |
| 善终安排情况 | 针对独居老人、失独家庭等特殊高龄老年群体，需要特别关注后事安排问题。老人们因为缺少亲朋的支持，“百年”后将面临后事安排无人负责的问题，社会工作者要提前了解相关情况，上报街道（乡镇）社会事务办，为老年人有尊严地离开争取资源支持，积极为老年人解决后事之忧 |

## 二、关注社工站能为老年人做什么

在对上述老年人 7 个方面的基本需要进行综合分析后，社会工作者需要结合社工站目前的资源体系和服务状况，明确能为老年人做哪些、难以做到的是哪些。社工站为老年人提供的常见服务如下（见表 2-9）。

表 2-9　社工站为老年人提供的常见服务

| 事项 | 内　容 |
| --- | --- |
| 身体健康方面 | 对于有基础疾病的老年人，可以对接社区卫生服务中心或乡镇卫生院，申请将其纳入基层卫生体系的老年人健康管理服务，以及高血压、糖尿病患者健康管理服务等项目，为其在家门口进行社康服务提供便利；对于家庭困难的身患重病的老年人，可以积极为其申请医疗救助，最大限度地保障其病有所医的权益。从全民健康角度出发，可以积极开展各类老年人康体活动，比如组建太极拳、太极剑、广场舞等健身类队伍，以增强老年人体质，提高老年人健康水平 |
| 经济保障方面 | 对于无职工社保的老年人，可以指导其参加新农保或居民社保。对于家庭困难的老年人，符合条件的，指导其申请低保；高龄老人符合条件的，帮助其申领高龄津贴；残疾老人符合条件的，帮助其申领残障照护补贴；等等 |
| 就业休闲方面 | 老年人退休后身体康健，仍有工作意愿的，可以为其联系公益性就业资源或是推荐其参加招聘会，为其再就业提供指导。对于退休后希望享受休闲生活的老年人，可以为其组织康娱性活动，组建各类兴趣小组等 |
| 参与社会生活方面 | 对于有意愿参与社会生活、为家园建设贡献力量的老年人，可以积极鼓励其参与社工站活动，或者发展其为志愿者 |
| 婚姻家庭关系维护方面 | 对于家庭关系破裂或者存在家庭矛盾的老年人，可以通过入户走访，找到症结，解开心结，劝解促和，缓解其家庭紧张关系，维护家庭和谐 |
| 居家安全方面 | 可以通过争取适老化改造项目和老年友好型社区建设项目，在辖区公共场地安装扶手、修小斜坡等，让老年人在社区生活更安全；也可以通过争取残联、红十字会等部门的适老化居家改造项目，为其家庭安装起夜灯、马桶扶手、淋浴凳、扶手扶栏等适老化设施，为老年人安全舒适生活提供硬件支持 |
| 善终安排方面 | 针对空巢老人、独居老人、失独家庭等特殊高龄老年群体，可以在后事安排方面及时上报街道（乡镇）社会事务办，为其争取丧葬补贴；联合居（村）委会，筹办丧葬仪式 |

在实践中，不同的老年人，其需求也会各不相同，社工站的资源和支持也有限，可能会出现难以满足老年人个性化需求的情况。故而，在评估老年人需求时，不仅要清楚他们的需求是什么，也要明晰社工站能为他们

做什么。无法提供服务的，社会工作者一方面要向老年人做好解释工作；另一方面要积极寻找资源，必要时可以转介其他机构。

案例分享

### 真情关怀，专业服务，打通老年社会工作服务“最后一米”

张爷爷，77 岁，因小儿麻痹症导致二级肢体残疾。一生未婚的他，无儿无女，一个人生活在 Y 村。早年间与高龄的母亲相依相伴，2022 年老母亲因病去世，留下张爷爷独自生活。作为重度残疾的孤寡老人，张爷爷一直是社工站的重点服务对象。社会工作者上门探访时，发现张爷爷因疫情担心自己感染无人照护，产生了恐惧心理，鲜少出门活动，经常失眠，身体状况越来越差。发现这一情况后，社会工作者急在心里，回社工站后仔细分析了张爷爷目前的需求：身体健康方面，因心理恐惧导致睡眠障碍，需进行介入；参与社会生活方面，因缺少分散注意力的活动，产生失落、消极情绪；善终安排方面，因孤寡一人，后事需妥善安排。针对这三个方面的需求，首先，社工站通过服务介入和链接资源为张爷爷联系了省城一家公益心理咨询诊所，申请了 5 次入户心理咨询和治疗的服务。在专业心理医生的开解下，张爷爷逐渐走出了疫情阴云，睡眠慢慢恢复正常，身体状况也有所好转。其次，社会工作者邀请张爷爷参加村里的节庆活动，增加其参与社会生活的频次。最后，社会工作者及时将张爷爷的情况上报镇社会事务办，将其纳为“五保对象”，其生病、丧葬等事宜均有保障兜底。在社工站和社会工作者的努力下，张爷爷三个方面的需求都得到了满足，通过提供精准服务打通了老年社会工作服务的“最后一米”。

**参考阅读：**

[1] 郑海燕，李凤兰，盛海娥．护理人员与老年患者沟通的技巧［J］．中国社区医师（医学专业），2012，14（12）：368-369.

[2] 孙英．临床护理中与老年患者的沟通技巧［J］．中国实用医药，2013

(33)：273.

［3］吕倩．与老人沟通的技巧［J］．家庭服务，2015（8）：40.

［4］全国社会工作者职业水平考试教材编委会．社会工作实务［M］．北京：中国社会出版社，2021.

［5］王会勇．新时期老年人心理特征分析及有效沟通方法的研究［J］．现代职业教育，2017（24）：186-187.

［6］李宇峰．老年人言语交际障碍实证研究［D］．长春：吉林大学，2016.

［7］王丽．老年人沟通［M］．北京：海洋出版社，2017.

［8］全国社会工作标准化技术委员会．社会工作方法 个案工作：MZ/T 094—2017［S］．2017.

第3章

# 如何进行老年人服务的资源链接

资源链接是社会工作服务的重要内容。为了匹配服务对象的多方位需求，社会工作者需要熟知如何进行资源链接。本章主要介绍社会工作者如何链接政府部门、企事业单位、社会组织、慈善团体或个人的资源，以及资源传递的步骤与策略。

## 第一节　老年人服务资源有哪些

### 一、政策资源落地落实

老年服务的政策资源是指国家和政府部门为保障老年人的养老权益制定的一系列法规与政策。

#### （一）法律法规

我国保障老年人合法权益的法律主要是《中华人民共和国老年人权益保障法》。现行的老年人权益保障法是在 1996 年颁布的老年人权益保障法的基础上，于 2012 年新修订的，共 9 章 85 条。此外，《中华人民共和国民法典》中也涉及一些相关规定。

在当前的老龄化大背景下，构建更加完备的老年人权益法律保障体系，给老年人群体更加强有力的庇护，是保障老年人群体基本权利的必要举措。老年人群体的法律意识相对淡薄，涉及老年人赡养的纠纷在现实生活中时有发生。因此，对于老年人这类特殊群体的权利保障，完善的法律援助机制十分重要，不仅能为乡镇（街道）社工站开展老年社会工作服务提供法律依据，而且能更好地弘扬尊老、敬老、爱老的传统美德。

知识链接

### 《中华人民共和国老年人权益保障法》（摘要）

第三条　国家保障老年人依法享有的权益。

老年人有从国家和社会获得物质帮助的权利，有享受社会服务和社会优待的权利，有参与社会发展和共享发展成果的权利。

禁止歧视、侮辱、虐待或者遗弃老年人。

第四条　积极应对人口老龄化是国家的一项长期战略任务。

国家和社会应当采取措施，健全保障老年人权益的各项制度，逐步改善保障老年人生活、健康、安全以及参与社会发展的条件，实现老有所养、老有所医、老有所为、老有所学、老有所乐。

第五条　国家建立多层次的社会保障体系，逐步提高对老年人的保障水平。

国家建立和完善以居家为基础、社区为依托、机构为支撑的社会养老服务体系。

倡导全社会优待老年人。

第七条　保障老年人合法权益是全社会的共同责任。

国家机关、社会团体、企业事业单位和其他组织应当按照各自职责，做好老年人权益保障工作。

基层群众性自治组织和依法设立的老年人组织应当反映老年人的要求，维护老年人合法权益，为老年人服务。

提倡、鼓励义务为老年人服务。

第八条　国家进行人口老龄化国情教育，增强全社会积极应对人口老龄化意识。

全社会应当广泛开展敬老、养老、助老宣传教育活动，树立尊重、关心、帮助老年人的社会风尚。

……

### （二）政策文件

主要包括《国务院关于加快发展养老服务业的若干意见》、《关于进一步加强老年人优待工作的意见》（全国老龄办发〔2013〕97 号）、《关于加强农村留守老年人关爱服务工作的意见》（民发〔2017〕193 号）、《老年社会工作服务指南》（MZ/T 064—2016）等。《国务院关于加快发展养老服务业的若干意见》提出了加快发展养老服务业的总体要求、主要任务和政策措施。老年社会工作是养老服务的重要组成部分，行业标准《老年社会工作服务指南》的制定是养老服务高质量发展的重要支撑。这些政策文件将为乡镇（街道）社工站老年社会工作的开展提供指导和依据。

拓展阅读

### 《老年社会工作服务指南》

《老年社会工作服务指南》对老年社会工作进行了界定。老年社会工作服务是以老年人及其家庭为对象，旨在维持和改善老年人的社会功能、提高老年人生活和生命质量的社会工作服务。老年社会工作者是从事老年社会工作服务且具有资质的社会工作人员。

老年社会工作者应具备以下资质之一：获得国家颁发的社会工作者职业水平证书；具备国家承认的社会工作专业专科及以上学历。

老年社会工作者在开展具体工作中，应遵守以下要求：掌握涉及老年人有关的法律、法规、政策；具备开展老年社会工作服务所需的老年学等方面的基本知识；接受社会工作专业继续教育，不断提高职业素质和专业服务能力；推动多学科合作，与其他专业人士相互尊重、共享信息并有效沟通。

老年社会工作者的配备应符合下列要求：养老机构、城乡社区应根据服务对象的数量、自理能力的高低、服务的类型、服务的复杂性等因素进行人员配备；城镇养老机构每 200 名老年人应配备一名老年社会工作者，农村养老机构可参考上述标准配备；城市社区中每 1000 名老年人应配备一名以上的老年社会工作者，不满 1000 人的可多个社区配备一名老年社会工作者；农村社区可参考上述标准配备。

《老年社会工作服务指南》强调，老年社会工作服务应致力于实现老有所养、老有所医、老有所为、老有所学、老有所乐。老年社会工作服务应遵循独立、参与、照顾、自我实现、尊严的原则，促进老年人角色转换和社会适应，增强其社会支持网络，提升其晚年的生活和生命质量。老年社会工作者可以根据实际情况综合运用个案工作、小组工作、社区工作等社会工作直接服务方法及社会工作行政、社会工作研究等间接服务方法。针对特定需要还可以采用一些特定的介入方法。例如，针对老年人抑郁、轻度失智等问题，可以采用缅怀治疗的方法；帮助老年人处理长期的情绪问题，可以采用人生回顾的方法；预防和缓解老年人认知混乱、记忆力衰退，可以采用现实辨识的方法；预防、缓解老年人社交能力受损、负面情绪等，可以采用动机激发的方法；预防和缓解老年人身体和精神的衰老，可以采用园艺治疗的方法；帮助需要长期照护的老年人，以及具有多重问题和复杂需求的老年人，可以采用照顾管理的方法。

### （三）社会保障

受文化水平和信息渠道的限制，老年人群体对国家和地方的老年专项补贴政策不甚了解，因此，社工站社会工作者有责任和义务学习掌握好补贴政策，帮助老年人理解政策，按政策要求申请补贴，为老年人群体谋福利。下面主要介绍困难失能老人补贴政策、经济困难老人养老服务补贴政策、高龄老人补贴政策和居家养老服务补贴政策。

1. 困难失能老人补贴政策

2014 年，财政部、民政部、全国老龄工作委员会办公室共同出台了《关于建立健全经济困难的高龄失能等老年人补贴制度的通知》。高龄、失能老人补贴制度是指为丧失生活自理能力、失智、高龄等特殊老年人接受居家社区养老服务或者入住机构养老提供支持的一种制度。补贴对象的范围为：无劳动能力、无生活来源且无法定赡养、抚养、扶养义务人，或者其法定赡养、抚养、扶养义务人无履行义务能力的城乡特困人员中的 60 周岁及以上的失能、失智老年人；城乡低保家庭中 60 周岁及以上的失能、失智老年人；特困人员、城乡低保家庭中 80 周岁及以上的高龄老年人；卫生计生部门认定的计划生育特殊困难家庭中的 60 周岁及以上的失能、失智老年人；经当地民政部门认定的其他低收入家庭中60周岁及以上的失能、失智老年人。另外，各地可结合实际适当扩大补贴范围，将有特殊贡献但生活困难的老年人作为补贴对象。

知识链接

**“失能老人”国际通行标准**

吃饭、穿衣、上下床、上厕所、室内走动、洗澡6项指标中，1~2项“做不了”的，定义为“轻度失能”；3~4项“做不了”的，定义为“中度失能”；5~6项“做不了”的，定义为“重度失能”。

2. 经济困难老人养老服务补贴政策

2014年，财政部、民政部、全国老龄工作委员会办公室共同出台了《关于建立健全经济困难的高龄失能等老年人补贴制度的通知》。经济困难的老年人补贴制度是指采取政府购买服务方式为经济困难的老年人提供生活支持，建立经济困难老年人基本养老服务补贴制度，通过对符合条件的老年人发放基本养老服务补贴，让老年人享受到生活照料、居室保洁、安装维修、护理保健、精神慰藉、代购代办、法律维权，以及机构托老、社区厨房等多层次、多样化的为老服务。一般由各市民政局与市财政局提出基本养老服务补贴最低指导标准，并根据经济社会发展和居民消费水平的变化适时调整。一般来说，经济困难老年人基本养老服务补贴与经济困难失能半失能老年人护理补贴不能重复享受。

补贴内容包括两部分：一是机构养老服务补贴，用于支付老年人入住养老机构的部分基础护理费或床位费，以及老年人到养老机构接受康复、理疗、保健等的服务费用；二是居家养老服务补贴，用于支付居家老年人接受服务主体提供的家政、送餐、照护、代购代办、精神慰藉等的服务费用。

3. 高龄老人补贴政策

高龄老人补贴，对于解决高龄老人基本生活问题和提高高龄老人的生活质量，起到重要作用。高龄老人津贴按照“低标准、广覆盖、保基本、多层次、可持续”的总体要求，创新高龄老人养老福利制度模式，健全养老保障服务体系，建立保障高龄老人基本生活需求的长效机制，推进补缺型老年福利向适度普惠型社会福利发展，使广大高龄老人的基本生活得到保障，不断提高高龄老人的生活质量。例如，长沙市户籍在本地实际居住15年以上、年满70周岁以上、本人无政府或单位发放的生活养老待遇的，且其家庭子女（指男不满60周岁，女不满55周岁的儿子、儿媳、未出嫁的女儿、入赘女婿）均参加了社会养老保险并按时足额缴费的，可申请享受政府发放的高龄养老补贴。

4. *居家养老服务补贴政策*

居家养老服务补贴资金申领条件及补贴标准如下：73周岁及以上城市分散供养特困老人、城市低保老人、低收入家庭老人、失独家庭老人及享受定期抚恤或定期生活补助的重点优抚对象，按每人每月150元给予基本养老服务补贴，对其中的半失能老人和失能老人则分别按照每人每月200元和400元给予专项护理补贴。享受城市特困人员救助和城市低保救助的，仍按照原标准渠道予以发放。73周岁及以上非低收入群体中的半失能老人和失能老人，分别按照每人每月100元和200元给予专项护理补贴。90周岁及以上群体，按每人每月150元给予基本养老服务补贴。属低收入的半失能老人和失能老人分别按照每人每月200元和400元给予专项护理补贴；属非低收入的半失能老人和失能老人分别按照每人每月100元和200元给予专项护理补贴。享受高龄补贴的仍按照原标准渠道予以发放。

## 二、社会资源全面挖掘

对于社会资源的概念，目前我国学术界还没有对此下一个统一的定义。彭善民指出，在一定程度上社会资源链接实质上就是指个体或者群体社会资源生产或拓展的过程。即通过一定的方法和手段将社会上可利用的资源争取来满足自身的需要与需求。从社工站服务的老年人目前处境来分析，社会资源可以概括为以下几个方面：文化习俗资源、网络媒体资源、社会组织资源、市场资源等（前两者内容丰富，覆盖面广，故单列出来分析)。而这几个方面的社会资源又相互渗透、相互制约。作为社工站的社会工作者，在项目开展过程中，为老年人与其不知道或者是知道却没有能力利用的资源搭建一个桥梁与平台，可以促使老年人能够有效地利用这些资源，同时这些资源也能发挥自身更大的价值。

### （一）文化习俗资源

文化资源在无形中影响着老年人的地位、精神状况及生活质量。中国是一个有着悠久尊老传统文化的大国，中华民族尊老文化始于家族孝悌，推及社会。人们不仅认可老年人的“德高望重”地位，又从情感态度上表达了对老年人的尊重和关爱。在满足老年人物质需求的基础上，我国老龄工作正向满足老年人的精神文化生活需求方面扩展，越来越重视老年人的精神文明建设。2012 年 9 月，中组部等 16 部门联合印发的《关于进一步加强老年文化建设的意见》指出，加快老年文化建设，满足老年人文化需求，丰富老年人精神生活，增强老年人精神力量，是推动社会主义文化大发展大繁荣的内在要求。文化资源是长时期客观存在、演变较慢的，社会工作者可以借助文化资源设计开展特色服务项目。各乡镇社工站或老年社会工作相关团体组织可不定期举办文娱活动等，以此不断丰富老年人的精神文化生活。

### （二）网络媒体资源

一个完整的老年社会工作服务的高效开展，除了需要社会工作者拥有科学的专业技能以及链接各方资源参与社会工作实务的过程，还需要社会媒体资源给予积极正能量的报道，以提升社会工作项目开展在社会中的影响力。通过链接相关的媒体资源对社会工作服务的开展进行报道，有助于积极宣传服务内容，给大众看到真实的成效，同时有助于开展其他社会资源链接活动，促进社会舆论正能量的传播。媒体资源不仅是传统上以往的各大新闻媒体，还包括社会工作服务机构自身搭建的自媒体体系，比如日常生活接触到的公众号、抖音、今日头条等平台，都能成为传递信息的重要途径，并将社会工作项目实际服务活动过程展现给大众，使更多的民众认识老年社会工作这个领域，增强民众对社会工作专业的认同感。

## 三、慈善资源广泛链接

### （一）社会组织资源

社会组织指的是“政府体系之外具有一定程度公共性质并承担一定社会功能的各组织制度形式的总称”，“具有非政府性、非营利性、公益性或互益性、志愿性四个方面的基本属性”。社会组织资源主要包括志愿者协会、基金会、残疾人联合会、老年协会、妇女联合会等。2016 年 8 月，国务院办公厅发布的《关于改革社会组织管理制度促进社会组织健康有序发展的意见》指出，全国经民政部门依法登记的社会组织主要有基金会、社会团体、社会服务机构三类。《关于加强农村留守老年人关爱服务工作的意见》明确提出，支持社会组织为留守老年人提供关爱服务；提升其开展农村留守老年人安全防护、生活照料、紧急援助、康复护理等专业服务的能力；鼓励农村经济合作社、农村电商组织等其他社会力量参与关爱留守老年人。基金会可以为社会工作服务农村留守老年人提供丰厚的资金，保障农村留守老年人社会工作服务效果。社会团体在各种资源尤其是资源的配置上具有绝对的组织优势，可以为农村留守老年人提供丰富的资源。社会服务机构在科技、教育、文化、卫生、养老、社会工作、法律援助等多个领域能为公众提供社会服务，其中很大一部分是向困难人群提供专业的慈善服务。

### （二）社会机构资源

社会机构资源类型多种多样，主要包括养老服务机构、社会工作机构、心理咨询机构、法律援助机构等。养老服务机构是一种典型的为老服务的社会机构资源。养老服务机构又可以细分为养老院、敬老院、老年公寓、日托中心等类型。主营业务为老年社会工作的社会工作机构，如长沙市雨花区孝为先社工服务中心、长沙市银发族为老公益服务中心等。

## 四、市场资源积极拓展

老年社会工作服务中的市场资源主要是指老年人通过市场获得的服务资源。老年人服务的市场资源多种多样，主要有以下 5 种：医疗卫生资源、家政服务资源、辅助器具资源、生活保健资源和老年机构资源。在互联网、物联网、大数据的信息技术环境下，适合老年人使用的产品的供给日趋丰富，智慧健康养老、远距离医疗与照护、网购服务等新型智能化科技老龄服务越来越多地出现在老年人日常生活中，这种高科技、个性化的老年人市场服务弥补了子女不在身边、老人无人照看的不足。政府鼓励社会资本投入养老服务业，市场提供的养老资源日益丰富和多元化，老年人选择的机会日益增多。

**（一）医疗卫生资源**

医疗卫生资源是指提供医疗服务的生产要素的总称，通常包括人员、医疗费用、医疗机构、医疗床位、医疗设施和装备、知识技能和信息等。链接医疗卫生资源，实质上就是向医院及相关政府单位申请资源的过程。乡镇社工站能链接到的医疗卫生资源主要有县医院、乡镇卫生院、村卫生室、乡镇上的大药房等。乡镇社工站要跟这些医疗卫生资源建立联系，适时链接其资源来开展义诊、体检、健康养生讲座、发放药品等活动。

**（二）家政服务资源**

家政服务包括家庭护理、打扫卫生、做饭、日常生活照料、家居修缮，以及各种日用品修理等。家政服务资源主要是提升老年人家庭生活质量的服务，包括安装维修家具、家电，清洗换气扇、油烟机、煤气灶类等清洗服务，水池等疏通服务和其他家政类服务。社会工作者需要结合老年个案的自理情况、经济情况、实际需要，链接相应的家政服务资源。家政服务资源主要由家政服务公司、电器修理店等提供。乡镇社工站可以找到当地此类公司和店铺的联系方式，当老年社会工作对象有需要的时候以备不时之需。

**（三）辅助器具资源**

老年人常用的辅助医疗设备有轮椅、盲杖、假肢、助听器等。老年辅助器具的作用非常重要，除了在市场上购买获得之外，许多地区将为有需要的老年人配置辅助医疗器具作为养老机构的基本配置，并且在相关街道居委会也有为辖区内残障老年人配备辅助医疗器具的工作要求。因此，为老年人链接辅助医疗器具资源可以通过市场购买、相关部门申请，以及养老机构配置等。辅助医疗器具市场购买主要是找残疾人辅助器具中心或者医疗器械公司购买，店铺一般设置在医院附近。如果向相关部门申请老年人的辅助器具，社工站一定要熟悉申请流程。

**（四）生活保健资源**

老年人的生活保健资源主要由社区和家庭及老年护理机构提供。社区是主要场所，家庭养护是主要方式。社区应该结合辖区内老年人的情况，定期开展相关生活保健的讲座、活动，加强对老年人的健康教育和日常健康生活方式的指导。老年人及家庭成员可以自学一些简单易行的生活保健知识，依靠自己和家庭的力量实现自我健康的监测、诊断、预防、治疗和护理。老年护理机构可以开展生活保健教育，并为有需要的老年人直接提供服务。社工站要存档老年人服装、鞋子、饮食、保健品等店铺的信息，当老年社会工作服务对象有需要的时候，可以及时提取生活保健资源信息帮助老年人享受到生活保健服务。

**（五）老年机构资源**

老年机构资源有：

——托老所（日间照料中心）。一般位于人口密集的老龄化程度较高的传统社区，为区域内老年人提供日间照料服务或临时托管服务。

——敬老院。一般由集体或政府出资建设，对农村或城市“三无”老人、五保老人提供民政救助性质的保障性赡养服务。

——光荣院。对伤残军人、孤老军人提供的国家优惠政策。

——疗养院。相关部门和大企业设立的军人疗养院、干部疗养院、员工疗养院等对特定人群的疗养机构。

——养老院。为老年人提供基本照料、护理和文化娱乐服务。

——老年公寓。是老年人集中居住的公寓性住房，可以为老年人提供生活照料、康复、精神安慰、文化娱乐等服务，一般配备医务室，提供基础医疗服务。

——护理院。以接收失能半失能老人为主，主要提供专业标准化的护理服务。地理位置一般位于人口密度较高的地区。

——医养结合型养老机构。除了为老年人提供生活照料等服务外，还可以为老年人提供常见病的治疗和用药，一般与民营医院合作。

——关怀医院。为生存期在 6 个月以内的老年人提供临终关怀服务。它不以恢复健康、延长生命为目的，追求无痛苦的死亡，也被称为“缓安乐死”。

——老年人社区。一般位于城郊或城乡接合部，有相关医院、超市和服务中心，无障碍设施完善，服务内容丰富全面，可为老年人提供餐饮、购物、休闲、健身、娱乐等日常服务。

## 五、社区资源善于运用

社区资源是指能够满足社区居民生活需求的一切人力、物力、财力、文化和组织等资源，是老年社会工作服务中最便捷的资源之一。社会工作者可以链接丰富的社区资源，譬如：与居（村）委会的沟通合作，能够获得免费场所、器材、活动宣传；动员热心的居（村）民担任志愿者，帮忙宣传、组织活动；地方热心人士参与的爱心捐赠；动员社区的日常维修店、理发店为老年人提供义务服务；链接律师事务所专业人士，为有需要的老年人提供法律咨询和权益保障知识。

### （一）社区居家养老服务资源

社区居家养老服务是指依托社区养老服务资源为60 周岁以上居家老年人提供或协助提供生活照料、医疗康复、营养配餐、健康养生、法律维权、文化娱乐，以及喘息服务等。社区居家养老服务资源包括：一是人力资源，包括社区领袖、社区工作者、医生、律师、教师、警察、理发师、超市老板、社区志愿者等；二是物力资源，包括社区活动室及设备设施、公园、健身广场、便利店、物流驿站、家政公司、诊所、理发店等；三是财力资源，主要是指各类资金和补贴；四是文化资源，包括风俗习惯、历史传说、社区规范等；五是组织资源，主要包括社区居委会、业委会，以及进驻社区单位的企业、爱心协会等。

### （二）教育、文化、体育设施资源

教育、文化及体育设施资源是老年人参与社会活动的载体。教育资源主要有社区中的老年大学、社区读书室、社区法律咨询室、医疗咨询室等，可以为老年人提供继续学习、接受新知识、进一步社会化的场所或活动。文化资源主要体现在社区内养成的尊老敬老爱老的风气，包括社区约定俗成的规范、当地的风俗习惯、主流价值观念等。社会工作者可以依托文化资源在社区内开展系列活动，如依托传统节日开展“端午送温暖”“重阳节关爱”等活动，举办一系列尊老敬老讲坛，举办合唱、书法、国画等老年培训班。体育资源包括社区内的绿道、健身器材、健身广场，以及在小区内设置的健身房等，老年人想要锻炼身体，不出小区即可实现。

**（三）社区居委会和党群服务中心**

社区居委会是我国基层居民自治组织。党群服务中心是党组织服务和联系党员群众的一个平台。社区老年人及其照顾者中也有部分党员同志，可以利用好社区居委会和党群服务中心的功能。在社区老年人及其照护者在生活上遇到程度很大的困难时可以向社区寻求帮助、申请行政救助。社区居委会能为社区老年人提供不同需求的帮扶照顾，社区老年人可以向社区寻求政策咨询服务、法律咨询服务，以及社会保障等咨询内容。同时，社区居委会作为社区居家养老服务中心的组织者和管理者，可以为社区困难老年人链接居家养老服务，也可以指导并且监督管理居家养老服务内容，将社区困难老年人的具体需求反映给社区居家养老服务中心，为社区老年人及其家庭提供组织关怀，解决社区老年人一定程度的养老服务需求。

**（四）社区邻里资源**

俗话说：“远亲不如近邻。”社区邻里资源是一个潜在的老年社会工作资源。社区中有不少退休的身体状况较好的中老年人，这一群体中也蕴含着巨大的资源。社区居民中有很多是有体能、有热心、有文化、有学识、有技术的老年人，社会工作者可以关注这一群体中的中老年人，使他们的自身能力和知识再度被开发利用，鼓励倡导社区邻里加入养老服务，宣传敬老爱老文化，帮助有需要的老年人；宣扬社区居民团结友爱、互帮互助的传统文化，使社区老年人、社区居民之间互动频繁、来往密切，也可借此来满足老年人部分精神慰藉需求，使他们不再孤单。甚至还可以在社区建立老年人"一对一"结对帮扶服务，让一个年轻的、健康的老年人结对帮扶一个高龄的、患病的老年人。必要的时候，也可以把儿童、青少年、中年人纳入社区帮扶老年人的服务和活动中来，营造一个良好的敬老、爱老、护老的社区氛围。

## 六、家庭资源适度激活

家庭是老年人最熟悉的场所之一，社会工作者在老年社会工作服务中可利用的家庭资源主要为经济支持、生活照料、精神慰藉、康复护理四类。

经济支持是指为老年人提供财务支持的赡养。中国是个有着数千年孝道文化的国家，敬老养老是中国自古以来的优良传统美德，我国宪法、老年人权益保障法都有明确规定，子女对父母有赡养的义务。

生活照料是"老有所养"的重要组成部分，指在日常生活上给老年人提供的照顾，如为老年人购买生活必需品、维修家用电器、陪老年人去医院看病等。

精神慰藉是家庭功能的组成部分，指子女应经常回家看望父母、陪伴父母，了解父母的精神及情绪状态，排解父母因为年迈或丧偶产生的心理负担和情感压力，为父母提供爱和关心的情感支持。

康复护理是指老年人的家人为其提供照料护理服务。家庭掌握的健康教育资源以及基本护理技能能够协助老年人进行康复锻炼。从 2017 年至今，已有 10 多个省份出台了独生子女护理假相关政策，护理假最长的省份的居民有长达 20 天的护理假。这些都说明了老年人的家庭为其提供各方面资源的不可替代性。因此，在老年社会工作服务中，要把老年人的家庭资源充分利用整合好，使老年人及其家人都能更好地适应生活。

## 七、个人资源重在开发

社会工作强调"助人自助"，因此要强调为服务对象本身增能，促进服务对象自身能力的发展。社会工作者在为老年人解决困难的同时，也要激发老年人自身潜在的能力、发挥个人的主观能动性。社会工作服务不只是解决老年人当前的困境，更要使老年人能够在今后的生活中遇到类似的问题或者其他困难时，可以利用社会工作服务开展过程中带给他们的方法自己解决问题，培养其独立性，而不是使其产生依赖性。

老年人的个人资源包括他的时间、财富、知识、心态、地位、意志、人脉、信息、学习能力、交往能力、精神资源等。社会工作服务中要充分利用老年人的个人资源，并根据其资源具体状况，找到适合的社会工作服务模式，计划安排适合的活动方案，调动老年人生活的积极性，培养他们乐观坚强的心态，提升他们的自信心和自我效能感。

## 第二节　如何为老年人链接服务资源

### 一、老年社会工作服务资源链接的步骤

#### （一）第一步：评估罗列资源清单

社会工作者在开展老年社会工作服务资源链接时，第一步是评估社区资源，罗列资源清单。一般情况下，可以从政策资源、社会资源、社会组织资源、市场资源、社区资源、家庭资源、个人资源的维度进行评估和罗列，清楚认识可利用的资源和潜在资源，为更好地开展老年服务奠定基础。社区常用的资源有：

一是党支部及党员类资源。主要涵盖政务类党支部、企业党支部及社区党员。党员相较普通居民往往素质、能力，以及主动性更强，同时有志愿服务的需求，更愿意参与困难群体关怀，甚至能够为关怀行动提供爱心物资支持；同时基于政务单位、企业自身的特点，能够担任讲师，提供多样化的服务，如人民法院开展老年人权益保障法讲座、证券公司开展财商体验课等。

二是义诊义剪类资源。包括理发店、眼科医院、口腔诊所等。链接时除了招募、服务后进行宣传报道外，还可现场派发优惠券，一来给居民提供福利，二来顺带为资源单位作推广。同时，医院每年有开

展公益讲座、义诊服务的指标，也可链接其开展职业体验活动。

三是文艺培训机构资源。如书法、乐器、舞蹈、绘画、瑜伽等，主要通过社区活动才艺展示及公益体验课的形式利用该类资源。一是社会工作者为其搭建老师、学员展示的平台，让更多居民知悉。二是通过体验课能够激发社区居民兴趣，同时采购相关乐器、画具、瑜伽垫等物资，在一定程度上能为资源方带来效益。

四是居民达人。如美食烘焙达人、手工达人等。每一位居民都是资源库，链接资源时可以从居民中发掘，从活动小环节中为其搭建平台，进而培育发掘活动公益导师；同时，多通过和居民互动，或定期刷朋友圈，了解居民、资源方动态，可能就有新的资源被发现。如笔者就曾在朋友圈发现一位志愿者打算开瑜伽工作室，便借此链接到瑜伽公益导师。

为便于认识和适用，社会工作者可以采用如下资源清单表（见表3-1）。

**表 3-1　资源清单表**

| 序号 | 资源类型 | 资源细分 | 单位名称 | 单位地址 | 联系人 | 联系方式 | 可提供资源 | 备注 |
|---|---|---|---|---|---|---|---|---|
| 1 | 政策资源 | 法律法规 | | | | | 法律保障 | |
| | | 政策文件 | | | | | 政策支持 | |
| | | 补贴政策 | | | | | 政策补贴 | |
| 2 | 社会资源 | 文化习俗 | | | | | 特色服务 | |
| | | 网络媒体 | | | | | 宣传报道 | |
| 3 | 社会组织资源 | 社会组织 | | | | | 社会服务 | |
| | | 社会机构 | | | | | 社会服务 | |
| 4 | 市场资源 | 医疗卫生 | | | | | 医药护理 | |
| | | 家政服务 | | | | | 家政服务 | |
| | | 辅助器具 | | | | | 辅助支持 | |
| | | 生活保健 | | | | | 生活保健 | |
| | | 老年机构 | | | | | 院舍照顾 | |

续表

| 序号 | 资源类型 | 资源细分 | 单位名称 | 单位地址 | 联系人 | 联系方式 | 可提供资源 | 备注 |
| --- | --- | --- | --- | --- | --- | --- | --- | --- |
| 5 | 社区资源 | 社区居家养老服务资源 | | | | | 居家养老服务 | |
| | | 教育、文化、体育设施资源 | | | | | 教育文体服务 | |
| | | 社区居委会和党群服务中心 | | | | | 社区自治 | |
| | | 社区邻里资源 | | | | | 邻里互助 | |
| 6 | 家庭资源 | 经济支持 | | | | | 经济保障 | |
| | | 生活照料 | | | | | 日常照顾 | |
| | | 精神慰藉 | | | | | 情感支持 | |
| | | 康复护理 | | | | | 照料护理 | |
| 7 | 个人资源 | 成长经历 | | | | | 人生经验 | |
| | | 工作经验 | | | | | 志愿服务 | |

## 拓展阅读

### 资源链接秉持原则

1. 公益性原则。一般来说，社会工作作为政府购买项目为居民提供公益服务，党群本身要保持自己的公益性。因此，在面对一些商户、企业等商业资源时，需要明确在参与党群服务活动时要避免过度宣传推广，对居民的个人隐私进行保密处理。

2. 互惠性原则。资源链接成功的基础建立在双方需求的满足上，资源方出钱出力的基础是能够达到自己想要达成的目标，如单位活动指标的完成、企业品牌及产品的推广等。社会工作者在保持自己原则的同时去寻找双方的平衡点，在达成双赢的同时，不损害服务对象的隐私和利益。

3. 真诚性原则。为了寻找资源，社会工作者走访社区附近的商铺，用最真诚的态度与商铺进行深入的交谈，建立资源共享群，主要是为了方便社区资源的整合利用。社区党群服务中心作为群主管理员建立社区资源整合群，党群的活动如果有需要合作的，都会在群内公布，党群将会根据资源方提供的资源来确认此次活动最合适的合作方。同时社会工作者也要主动出击，建立社区资源库，实时更新。

4. 发展性原则。一般来说，建立长期的合作关系对于社会工作者工作具有省时、省力、放心等优点。

### （二）第二步：制订资源链接行动计划

在开展社会工作服务前期，由于社会工作者的社区影响力、知名度等相对较弱，因此需要社会工作者主动出击，并借助办事处、居委会、居民骨干等各方的支持去链接资源。主动上门链接资源时，涉及社会工作者如何发现资源和向资源方介绍自己及其服务内容等，要让资源方能够明确其在这个过程中的定位及可以获取的利益。而借助办事处、居委会、居民骨干等支持系统时，社会工作者要有完善的服务方案、合适的服务目标等。一般情况下，办事处、社区的资源网络是比较完善的，可以向社会工作者提供一些资源方的联系方式，或者能够直接链接到资源方。在社会工作服务中后期，当社会工作者有一定的影响力时，也会有资源方主动上门联系。这类资源方的商业推广目的一般比较强，且多属于辖区范围外，社会工作者要查看其营业执照、企业介绍等，认真筛选，确保其可信度。建议对 1~3 个月的持续合作设置试听课，由居民和社会工作者对资源方的行为态度、服务质量等进行评估，然后确定是否进行后续合作。

社会工作者可以从多角度挖掘资源。

一是接待居民时要多交谈，尽可能详细地了解居民的基本情况，特别是其所从事的职业，询问其身边有没有朋友可以提供公益课程。

二是留意居民群。比如在银行工作的人员，会在居民群或朋友圈中发布一些有关理财的信息，这时就可以咨询其是否可以为社区老年人开展理财知识讲座、预防电信诈骗讲座等。

三是与其他服务机构社会工作者交流，以获取更多资源。比如有的服务机构开展了老年人教育讲座，讲座受到了居民的喜爱，效果非常好，就可以去询问该服务机构社会工作者是否可以链接讲师给自己等。

四是关注一些科技公司、摄影公司等的公众号，寻找合作机会。

五是主动出击，拨打资源方电话。打电话时要注意技巧，表明自己的身份，清楚告知对方你的需求。比如社会工作者准备开展一个健康公益讲座，就可以选择较权威的医院拨打电话。

知识链接

### 绘制社区资源图

绘制社区资源图是了解社区、开展社区工作的基本前提和必备技能，是社会工作者的一项基础工作。社会工作者进驻社区后，会借助入户探访、社区漫步等各种形式和途径尽快熟悉社区和摸清社区的情况。社区资源图的绘制要素主要包含“人、文、地、产、景”5个方面。“人”即人口特征、历史人物、社区领袖、专业人员、艺术工作者等；“文”即社区起源与变迁、语言、信仰节俗、餐饮食物、教育资源、娱乐休闲、文献资源等；“地”即地理环境、植物、矿物等；“产”即文化创意及服务业、工业、农业等；“景”即公共空间、纪念馆、交通景观等。这些都是社区资源图的重要组成部分，只有掌握了社区资源，才能更好地发展社区。

**（三）第三步：进行资源对接落实**

一是做好资源链接会谈准备。与资源方会谈时，应尽量着正装或者机构工装，行走谈吐要注意仪态和礼貌用语，以展示社会工作者的良好形象和对他人的尊重。当资源方来访时，应尽量将会谈安排在安静、正式的场所，最好有专门的会谈室，并准备好会谈方案与内容，以方便对方查阅；

如果合作有困难，也要保持礼貌，表达感谢；如果是临时性的合作，至少应提前 1 天确认；如果是连续性的活动，最好签订纸质版协议书。

二是找到双方的共同利益点。第一，综合考虑服务群体、服务所需资源，对症下药，有目的地寻找合作方。第二，合作是一个双赢的过程，应明确我们的身份和目的，充分考虑能为合作方提供何种资源，认真倾听和回应合作方的需求，共同商讨和确定合作形式，实现双方共赢。

**（四）第四步：提升资源维护能力**

资源是不断更新变化的，对资源库进行分类建档有助于及时获取资源支持、扩大资源利用的平台和提升资源利用效率。对于出现不良行为的资源，要及时备注，进行筛查。同时，与资源方的关系是要不断维护的。当你开始主动寻找资源时，就会发现资源也在寻找你。具体做法包括：

一是建立专人负责制。指定社会工作者兼任社工站的“资源专干”，全程负责资源管理事宜。资源链接是社工站的一项重要工作，专人负责制有利于资源链接工作的开展更加专业、有序、高效。

二是推进资源可持续化。资源是需要进行盘活和管理的。链接资源的一般形式是合作方提供场地或者物资，社工站提供服务和宣传。但是一项活动开展之后，还要记得盘活资源，与合作方及时沟通和反馈，给予持续关注，了解资源方的情况与需求、联系人的变更等；告知对方社工站的近期活动安排，还需要哪些资源，是否可以推荐，这样就能获得更多想要的资源。比如，某社工站之前合作过的一家美妆公司，活动结束后对方又陆续给社工站介绍了茶艺老师、家庭教育讲师等资源。

三是建立资源库。社工站的自身力量是相对比较单薄的，优质的社区和社会资源是社工站做好服务工作的重要补充力量。社工站必须走进社区、走向社会，主动链接资源，建立自己的优势资源库。面对社区独居、高龄老年人群体的多样化需求，社区医疗资源、“互联网+居家养老服务”资源、公益理发等便民服务资源都是服务对象所必需的资源。另外，资源库建立之后，还需要不断地充实和丰富，使资源多元化，保障资源的高效利用。

## 二、老年社会工作服务资源链接的策略

### （一）如何链接政府资源

1. 链接政府资源的准备

一是学习最新的有关老年人的法规与政策。法规与政策在不断更新，社工站社会工作者一定要及时跟进、及时学习，确保法规与政策资源的时效性。二是按照要求准备所需材料。运用政府资源必须严格照章办事，申请政策补贴等要按照要求提前准备好相关材料。三是引导和协助老年服务对象提交相关申请。老年人及其家人，特别是农村的老年人，很多时候不了解国家政策，需要社会工作者引导其了解国家政策。符合条件的老年人，要协助他们向有关部门提交申请；针对行动不便的老年人，应陪同他们去办理或者代为办理相关手续。

2. 链接政府资源的方法

一是详细了解和掌握政府资源清单，准确判断是否可以向政府链接资源、可以向哪些政府部门链接资源。二是学习相关政策法规，结合个案实际按要求准备好申请材料。三是教授服务对象资源链接与维护的方法，让服务对象善用政策资源解决自身问题。

### （二）如何链接社会资源

1. 链接社会资源的准备

一是梳理可链接的社会资源。主要包括当地的文化习俗资源和网络媒体资源等。考虑哪些当地文化习俗可以融入服务活动，或者根据当地文化习俗可以开发设计哪些特色老年社会工作活动，甚至形成老年社会工作品牌。二是找到社会资源方的联系方式。当地文化习俗多种多样，要辨别哪些是可供社工站使用的，并做好存档。当地网络媒体的联系方式也要存进资源库，以便需要时能随时调取。三是安排专门的老年社会工作者负责对接社会资源。实现社会资源的链接需要社会工作者具有较高的“外联”能力，建议由经验丰富的资深社会工作者专门负责此项工作。

2. 链接社会资源的方法

一是通过观察、走访和电联等形式，发现可以链接的社会资源，并与

他们建立联系。二是根据老年小组和社区服务的实际情况，选择可以链接的社会资源进行资源对接。三是通过合作和服务，建立互利共赢的双重关系，并安排专人负责维系社工站与社会资源之间的关系。

**（三）如何链接社会组织资源**

1. 链接社会组织资源的准备

一是梳理可以链接辖区及周边哪些社会组织资源，尤其是志愿者协会和基金会等。二是找到社会组织资源方的联系方式，将其存进社工站的资源库。三是安排专门的老年社会工作者负责对接社会组织资源，确保对接有效，减少差错。

2. 链接社会组织资源的方法

一是通过观察、走访等形式，发现可以链接的社会组织资源，并与他们建立联系。二是根据老年个案服务对象的实际情况，选择可以链接的社会组织进行资源对接。三是通过合作和服务，建立互利共赢的双重关系，并安排专人负责维系老年个案服务对象与社会组织之间的关系。

**（四）如何链接市场资源**

1. 链接市场资源的准备

一是梳理可以链接辖区及周边哪些市场资源。二是找到市场资源方的联系方式。三是安排专门的老年社会工作者负责对接市场资源。四是走访相关单位进行市场资源链接。有的资源方可能会问及来访者身份，社会工作者去沟通时一定要事先预约，最好是通过利益相关方介绍的方式去链接市场资源。

2. 链接市场资源的方法

一是通过观察、走访、电联等形式，发现可以链接的市场资源，并与他们建立联系。二是根据老年个案服务对象的实际情况，选择可以链接的市场资源进行资源对接。三是通过合作和服务，建立互利共赢的双重关系，并安排专人负责维系社工站与市场资源之间的关系。

**（五）如何链接社区资源**

1. 链接社区资源的准备

一是穿着工作服和佩戴工牌，便于对方知悉身份。二是携带宣传材料，增进对方对社会工作（者）及项目公益服务的了解。三是结对同行，保障有人负责拍摄和做好记录等。四是携带工作手机，主动添加微信等联系方式，哪怕链接资源一时失败，后续也能再次寻求机会。

2. 链接社区资源的方法

一是把握大型活动契机，搭建资源参与平台。比如在某项目启动仪式上，可以组织开展宣传活动，让更多居民知悉。二是选择社区服务常用的、易链接的资源上手。比如，与居（村）委会沟通合作，获得免费场所、器材等；动员热心的居（村）民担任志愿者，帮助社会工作者开展宣传和组织活动；动员地方热心人士参与爱心捐赠；动员社区的维修店、理发店等，为老年人提供义务服务；链接律师事务所专业人士，为有需要的老年人提供法律咨询服务。三是多样化社区资源链接途径。网络平台是发现链接资源的有效渠道，可以根据需求搜索对应企业单位予以联系，进行线上交流或线下拜访。社区走访式链接资源也是一种比较有效的方式，有时资源的链接就在不经意间，社会工作者应时刻保持敏锐的"嗅觉"。比如经常光顾一家店，与店长建立良好的关系，有需要时予以邀请，可能会达到事半功倍的效果。

### （六）如何链接家庭资源

1. 链接家庭资源的准备

一是资料准备。通过居（村）委会已有资料和向老年人周围熟悉的人问询，可以收集老年人的家庭资料，包括家庭经济情况、老年人及其子女文化水平、身体及精神状况、子女基本情况等。同时，还要收集老年人的生理、心理方面的资料，更全面地了解老年人的基本情况。二是心理准备。很多老年人防骗意识也在不断增强，不愿意透露家庭的内部信息，因此，在初次接触或入户访谈时，社会工作者要随时做好"敲门碰一鼻子灰"的准备。三是事务性准备。明确入户访谈的目的，设置合理、简洁的访谈目标；入户访谈时，穿着工作服，佩戴工作证，提前表明自己的身份和来意；提前通过居（村）委会等社区机构宣传近期活动安排，让老年人有心理准备；由社区骨干、领袖人物带领入户，打消老年人的顾虑。

2. 链接家庭资源的方法

一是家庭成员对老年人具有赡养扶养的义务，引导家庭成员为老年人提供各种财务支持，保障老年人的基本生存及生活需要。二是加大对老年人照顾者的心理疏导。俗话说“久病床前无孝子”。老年人长期照顾者的压力需要得到释放，因此定期为老年人长期照顾者进行心理疏导，可以引导其发泄不良情绪，助其建立良好的心理状态。三是定期为家庭成员开展医疗照护培训，提升家庭成员的照护能力，减轻由于缺乏知识、能力带来的照护压力和风险。四是受教育程度越高，知识、经验越丰富的家庭成员，在面对风险和问题时，更能主动链接资源、寻求帮助，提出解决问题的方案，因此需要结合不同家庭的情况，为家庭成员提供信息和教育帮扶，提高家庭成员的知识水平，使其开阔眼界，增强家庭自我帮助的能力。

**（七）如何链接个人资源**

1. 链接个人资源的准备

一是资料准备。了解老年人的生理、心理方面的资料，必要时就老年人的特殊生理及心理问题向专家进行咨询。二是心理准备。进入老年期后，老年人的认知既表现出成熟和稳定的一面，又表现出衰退的一面。他们原本较活跃的角色逐渐消失，这种角色转变会使老年人产生失落感，甚至产生无用感。因此，在面对老年人时，既要表现出尊重的一面，又要表现出积极关心的一面。三是事务性准备。明确入户访谈的目的，设置合理、简洁的访谈目标；入户访谈时，穿着工作服，佩戴工作证，提前表明自己的身份和来意；提前通过居（村）委会等社区机构宣传近期活动安排，让老年人有心理准备；由社区骨干、领袖人物带领入户，打消老年人的顾虑；与老年人交谈时，尽量使用当地方言或者通俗易懂的语言，避免语言过于专业化和学术性。

2. 链接个人资源的方法

一是资料调查。通过与老年人的邻居、周围熟悉的人进行交谈，与老年人的家庭成员进行访谈，归纳整理老年人目前可以利用的个人资源有哪些，并分析其中的优势资源和资源的可利用程度。二是根据资源类型和可利用程度，为老年人量身定制资源利用方案。比如，邀请有健康体魄的低龄老年人做社区志愿者、邀请具有书法特长的老年人做社区书法协会的老师、邀请退休教师为社区儿童开设暑期培训辅导班等。三是针对一些特殊老年人，找到其特点和优势，协助老年人渐渐接受自己、认清自己，从而更好地接受外部资源的帮助。比如，针对癌症晚期的失能老年人，可以运用缅怀往事疗法、生命回顾疗法等帮助其提高生命的质量；针对生活态度消极的失能老年人，可以多鼓励其坚持康复训练，发现身边生活的美好，分享其他生活态度积极或者康复成功的失能老年人案例等。

## 第三节　老年社会工作资源链接案例

### 一、高龄空巢老年人资源链接个案服务案例

#### （一）案例背景

服务对象倪爷爷，66岁，主动求助到社区。社区居委会将其转介给H省Y区D社工服务中心的社会工作者。社会工作者在入户调查中了解到：服务对象空巢居住，患有癌症，行动能力差。居住环境差，房间浸水潮湿，唯一的木质衣柜腐烂，造成过冬的衣物和棉被发霉变质；室内电线老化、漏电，热水器损坏不能正常使用；厕所为老式蹲便器，没有安装扶手，服务对象有过跌倒史。与两个儿子和儿媳关系疏远（一年就过年见一次），日常生活由经济状况不好的女儿、女婿照顾。最近，女婿患病住院，过度的担忧和生活需求得不到满足，导致服务对象对未来生活持悲观态度，丧失生活信心。社会工作者接触后，了解到其亦有改变现状的想法。为此，社会工作者计划对倪爷爷作进一步的个案跟进。

服务对象基本情况如下：

（1）身体状况：患有癌症，只能靠药物维持，无法治疗；行动能力差。

（2）心理状况：空巢居住，与两个儿子和儿媳关系疏远。近期因女婿患病住院，过度的担忧和自己的生活需求不能得到满足，导致对未来生活持悲观态度，没有生活信心。

（3）居住环境：在老旧社区有一套约 40 平方米的房子，墙体老旧脱落，房间浸水潮湿，唯一的木质衣柜腐烂，造成过冬的衣物和棉被发霉变质；室内电线老化、漏电，热水器损坏不能正常使用；厕所为老式蹲便器，起身难，没有安装扶手，服务对象有过跌倒史。

（4）经济状况：每月养老金 1000 多元，主要用于买药治病、生活开支，故生活较为拮据。

（5）照顾状况和社交状况：服务对象为空巢老人，日常生活由经济困难的女儿、女婿照顾；较少外出活动。

**（二）资源链接**

第一，社会工作者通过链接中国妇女发展基金会资助的居家安全改造项目资源，协助服务对象申请获得居家环境改造的机会。重点改造内容：安装坐便器和安全扶手、更换老化线路、维修热水器等，为服务对象创造一个宜居的住所，满足其居家安全的需要。（基金会——社会组织资源；购买和安装坐便器及安全扶手——市场资源）

第二，在服务对象女婿住院期间，社会工作者联合社区志愿者每周入户探访一次，在生活和情绪方面为服务对象提供支持服务，缓解服务对象心理层面的压力，满足其精神慰藉的需要，提升其生活信心。（社区志愿者——社区资源）

第三，通过了解服务对象的儿子、儿媳的现状（特别是小儿子的家庭），跟进、协调、改善服务对象与儿子的关系，争取服务对象得到照顾，或与儿子共同生活，满足其被照顾的需要。（服务对象的儿子和儿媳——家庭资源）

（案例来源：长沙市雨花区孝为先社工服务中心）

**（三）社会工作者的反思**

通过社会工作者 20 次介入服务，服务对象倪爷爷的问题基本得到改善和缓解，服务目标基本达成，自然结案。

在此个案资源链接中，社会工作者的反思是：本案例的一大亮点就是充分发挥了社会工作者链接各方资源的作用——基金会扶助资格获批、居家安全有效改造、志愿者定期疏导与陪伴、亲子关系有效协调等，最终实现了服务对象家庭成员关系改善、照顾需求得到满足的良好成效。

## 二、失能长者身心康复辅导资源链接个案服务案例

### （一）案例背景

解大爷，63 岁，已婚，育有 2 子且均已成家。服务对象曾是长沙市城郊的农民，以种地为生，也常去附近工地做小工，非常能干，性格外向乐观，人缘好。2015 年中风偏瘫，术后基本处于植物人状况，吃喝拉撒全在床上，由妻子照顾。大儿子刚成家，经济不宽裕；小儿子在部队当兵，经济和生活上均不能提供实质性帮助。家人到处借钱给其治病和做术后康复，欠债 30 余万元。后赶上家里拆迁安置，分了房子补了钱，卖掉 1 套房子还债并继续为其治疗。后续因治疗需要，妻子又卖掉了名下 1 套安置房。术后半年多，服务对象恢复意识，情况较稳定后出院，但每月需去医院进行康复锻炼。经过近 4 年的康复锻炼，服务对象恢复部分感知觉（左边偏瘫），但仍处于失能状态，依靠轮椅代步，使用助行器能站立，基本能自主进食（但进食非常缓慢）。自中风后，服务对象出现语言功能障碍，表达能力较中风之前下降明显，还常说自己是“累赘”，情绪波动大、敏感，时有痛哭现象，饮食和睡眠质量均不好，且不与邻里之间打交道，不喜欢出门，除到医院康复治疗外极少出门。因为服务对象的上述情况，妻子表示很担心，来到社区求助，希望能帮助服务对象重新走出家门，重获生活的信心，找回曾经乐观的丈夫。

服务对象基本情况如下：

（1）家庭状况：与妻子育有 2 子，现两个儿子均已成家，住在附近小区（距父亲家 3000 米左右）。大儿媳正在备孕二胎，又要照顾一胎，不能上班，全靠大儿子挣钱，经济压力大。小儿子退伍后在附近派出所上班，由于工作忙，小儿媳全职在家照顾小孩及老公。两个儿子逢年过节会给服

务对象红包，但经济上不能给予太多支持，有空时会带着孙子来看望服务对象及其妻子。

（2）经济状况：拆迁安置农民，有房有补贴款，但服务对象中风治疗花费很大，加上后续康复费用，已卖掉 2 套房子。服务对象的医药费用除了可报销部分外，基本全靠变卖房产和拆迁补贴款维持。

（3）身体状况：通过近 4 年的专业康复锻炼之后，服务对象基本能自主进食（但进食非常缓慢）。使用助行器能站立，平时活动及外出依靠轮椅代步及妻子协助。服务对象饮食和睡眠质量不好。

（4）情绪状况：服务对象情绪不太稳定，波动大、敏感，有痛哭现象，常说自己是“累赘”。

（5）人际关系：服务对象中风前勤劳能干，性格外向乐观，人缘好。中风后不喜欢出门，除到医院康复治疗外极少出门，也不与邻里打交道。家里亲戚朋友来看望，服务对象说话也很少。

（6）重要经历：据服务对象妻子介绍，在 2016 年底住院治疗的过程中，隔壁病房有一个不到 50 岁的病友中风半年多，妻子一直照顾，但长时间的照顾导致病友妻子身心压力也很大，时常对病友说一些“你怎么不死”“你这样一病害我一辈子”的话，有时候语气也不好。后来病友趁医生和其妻子不注意，坐电梯爬上了医院顶楼要跳楼，最后关头在医院、病友妻子及多方力量的劝导下才放弃轻生，服务对象也知道这件事。那以后的一段时间，服务对象话更少了，情绪也更敏感了。

**（二）资源链接**

第一，通过与社区沟通，该事项得到社区残疾人专干的关注，为服务对象争取了福彩公益金资助，并协助服务对象办理了残疾人补贴。（残疾人补贴申请、福彩公益金——政策资源；社区残疾人专干——社区资源）

第二，开展支持小组活动，运用叙事理论模式让有同等遭遇，但成功走出来的同伴分享自己的经验和感受，引导服务对象走出中风后的阴影。

第三，通过与服务对象两个儿子沟通，建议他们经常带小孩回家看望服务对象，尽量多地给予服务对象关爱，化解“被抛弃感”。（两个儿子及孙辈——家庭资源）

第四，通过了解老伴儿对服务对象的照护情况及服务对象日常作息和饮食习惯，帮助服务对象恢复（强化）部分生活自理能力，改善其便秘、小便失禁、饮食不佳及睡眠不好的情况。（服务对象老伴儿——家庭资源；服务对象自己的配合与努力——个人资源）

（案例来源：长沙市银发族为老公益服务中心）

### （三）社会工作者的反思

通过社会工作者介入服务，服务对象的身体状况比较稳定，生活自理能力有所提升，建立了健康的人际交往，恢复了自信自尊，个案目标已达成，自然结案。

在此个案资源链接中，社会工作者的反思是：在服务过程中，社会工作者充分发挥了资源链接者的作用，运用社会工作的专业方法和专业价值伦理指导个案过程，同时联动政府、社区、机构、家庭和个人等多方资源，为服务对象及其照顾者提供适切服务，共同促成了失能长者老年社会工作个案目标的顺利达成。

## 三、失独老人资源链接个案服务案例

### （一）服务对象基本情况

张大爷，68岁，居住在A社区。育有1子，儿子10年前因车祸离世。张大爷和老伴儿均为大学教师，儿子在世时，两人性格开朗，为人随和，经常参加社区活动，人缘较好。但是儿子去世之后，张大爷和老伴儿的身体每况愈下，每天足不出户，以泪洗面，不与人交流，除了晚上出门购置一些生活用品之外，很少看见他们出门。张大爷之前和儿子用手机联系较多，儿子去世后，张大爷每天都盯着手机发呆，还会经常翻看之前的照片，张大爷与老伴儿沟通也很少，常常会有“是不是自己前世作恶才导致儿子早逝”的想法。社区居委会来给张大爷做过思想工作，希望张大爷能多出去走走，散散心，但是张大爷及老伴儿并没有表现出极大的兴趣，仍然足不出户。

**（二）服务目标**

收集信息，建立档案：收集张大爷的身体状况、经济状况、社会支持等方面信息。

个案辅导：针对张大爷个人开展一系列辅导活动，引导张大爷排解不良情绪，重拾对生活的信心，激发自我解决问题的潜能。

小组工作：开展小组活动，引导张大爷及其他失独老人之间互帮互助，搭建同辈群体资源。

社区工作：引导服务对象参与社区、社会活动，链接社会、媒体、市场等资源。

**（三）具体方案**

第一阶段：通过与居委会联系，了解张大爷一家的情况，并在居委会工作人员的陪同下，进行初次入户访谈。目前，张大爷的居住环境并不是很好，房屋阴暗潮湿，很多家具老旧破损，不符合使用标准。张大爷及老伴儿对待工作人员比较客气，但是可以观察到张大爷及老伴儿情绪不高。经过多次入户了解张大爷的基本情况，建立了专业关系，张大爷也愿意接受服务、改变现状。在张大爷的支持和配合下，社工与张大爷共同确定了以下需求：通过链接政策资源改造房屋；进行个人资源挖掘，舒缓情绪，纠正信念并重拾生活信心；链接志愿者、医疗等资源，定期上门提供相应的服务；多进行社区走动，参加社区活动；与老伴儿进行深入交流，多与亲朋好友走动，走出失独阴影，建立新的社会支持关系网络等。社工与张大爷共同确定需求，并制订了工作目标及服务计划。

第二阶段：链接政府及市场资源。帮助张大爷申请失独家庭补助金，保障张大爷及老伴儿的经济生活。通过多媒体招募居家改造设计师，帮助张大爷结合实际情况进行房屋适老化改造，改善居住环境。

第三阶段：链接亲属及志愿者资源。鼓励张大爷与亲属、朋友保持联系，指导张大爷使用智能手机与朋友建立日常联系，并借助一些社区活动、重大节日增进张大爷与亲属及朋友之间的走动。联系志愿者，定期上门为张大爷及老伴儿提供生活和情绪上的帮助。

第四阶段：链接同辈群体资源。通过开展同质性小组活动，引导张大爷及老伴儿多参加失独老人小组活动，并助力张大爷在与其他失独老人的相互倾诉、相互交流中获得小组经验，帮助张大爷理解现实世界，激发其对生活的勇气和信心，进而融入社区和社会。

第五阶段：开展个案辅导，激发个人资源。在关系进一步建立的基础上，对张大爷及老伴儿进行个案辅导，通过叙事治疗、认知疗法帮助张大爷及老伴儿将失独这一事故外化、解构、重构、宣泄，引导张大爷及老伴儿放弃对政府政策的愤怒、不满，放弃自责和负罪感，摒弃前世作恶的宿命论观点，找到当下的生活目标。

第六阶段：链接社区及社会资源。依托社区开展园艺治疗、书法小组等活动，在重大节日中开展结对帮扶，利用周边资源多开展社会活动。引导张大爷参加园艺活动、书法小组和社区举办的出游活动，引导社区邻里在重大节日与张大爷共同度过，缓解张大爷及老伴儿的孤独感，帮助他们重新体会生活中的乐趣，重拾对生活的信心和勇气。

### （四）后期工作

第一，评估资源链接、资源利用和服务对象的心理健康状态，完善服务档案。

第二，建立社区失独老人互助微信群，引导服务对象及其他失独老人利用多媒体资源定期在微信平台发送个人情况。老年人与老年人之间互相查看，社工及志愿者定时关注。

第三，持续跟进所链接的资源，保证资源的高效持续供给，定期与服务对象沟通，及时发现新的需求及问题，并多关注社会公益项目和其他服务契机，多引导服务对象参加活动。

## 四、残障老人资源链接个案服务案例

### （一）服务对象基本情况

王奶奶，小学学历，70岁，与儿子、儿媳共同居住。2015年做了左眼球摘除手术，左眼残疾，右眼视力不佳。10年前由于视力不好，摔了一跤，导致脊椎受损，右侧腿偏瘫，日常基本生活难以自理，需要家人协助。儿子与儿媳小学学历，因忙于生计，对王奶奶疏于照顾，家里环境卫生较差；因夫妻二人经常需要中午在外做工，王奶奶吃饭问题得不到保障。由于左眼球被摘除，加上腿脚不便，王奶奶怕被人嘲笑，因此不愿意出门，经常待在家里对着窗外发呆。经居委会介绍，社工了解到，王奶奶觉得家庭地位低下、生活不开心，与家里人沟通较少，经常封闭在家，非常郁闷，缺乏生活的自信心。

**（二）服务目标**

收集信息，建立档案：收集王奶奶的身体状况、家庭状况、心理状态、社会支持等方面信息。

为王奶奶链接医疗资源，解决身体及护理方面的问题。

通过个案辅导帮助王奶奶扫除内心的忧虑、郁闷，重拾生活信心；通过家庭辅导，促使王奶奶的家人对王奶奶的生存生活环境，以及日常照顾引起重视，并共同制定解决问题的办法。

充分利用社区及社会资源，鼓励王奶奶走出家门，走向社区及社会。

**（三）具体方案**

第一阶段：社会工作者与社区工作人员利用传统节日接触王奶奶一家，为王奶奶送温暖。在社区工作人员的带领下，社会工作者成功介绍此行的目的，很快获得王奶奶一家的信任。之后通过多次家访，与王奶奶逐渐建立了良好的专业关系，并发现王奶奶虽然视力残疾、腿脚不便，但是手工活做得很好，编织的团扇特别精美、实用，王奶奶也非常高兴，并引以为傲。

第二阶段：链接政策资源。结合《××省残疾人两项补贴重点民生实事项目实施方案》的通知，符合条件的参加人可以申请生活补贴（津贴）、护理补贴（津贴）。社会工作者详细了解政策及申请条件、申请程序，帮助王奶奶申请生活补贴和护理补贴，减轻家里经济负担。

第三阶段：链接家人及志愿者资源。为王奶奶的儿子、儿媳开展心理疏导，缓解长期照护带来的压力，并安排专业护理人员教授专业的护理知识，帮助儿子、儿媳更好地照顾王奶奶。引导儿子、儿媳多关注王奶奶的需求，消除王奶奶的被忽视感。安排志愿者定期上门为王奶奶提供服务，比如生活照顾、护理等，以及带王奶奶外出散步，缓解儿子、儿媳的照顾压力。

第四阶段：链接医疗资源。与当地医院联系，定期上门为王奶奶进行身体检查和护理，主要包括右眼护理、左眼健康维护、腿脚康复护理及训练等，保证王奶奶的健康腿能够正常活动。

第五阶段：开展个案辅导，激发个人资源。通过理性情绪疗法、认知训练等帮助王奶奶消除“视力不好，他人嫌弃”的不合理信念，帮助王奶奶重拾自尊、自信，帮助她敢于走出家门。

第六阶段：链接社区及社会资源。依托社区日间照料中心解决王奶奶的午饭问题，减轻家人的照护压力。利用王奶奶的手工团扇特长，开展社区手工编织兴趣小组，邀请王奶奶做小组长，向他人传授编织技巧，让王奶奶重拾生活的信心及乐趣，加强王奶奶与社区其他居民的联系。

第七阶段：链接网络媒体资源。通过网络小视频平台，帮助王奶奶及团扇小组进行团扇线上销售，自给自足，改善自身的经济状况，加强与社区及社会的联结。

**（四）后期工作**

第一，完善王奶奶的个人服务档案。

第二，评估王奶奶的身体状况、心理健康状态、家庭情况等。

第三，评估资源链接、资源利用情况，持续跟进，保证资源的高效持续供给。

第四，关注王奶奶的手工团扇小组，及时发现新需求及新问题。

**参考阅读：**

［1］于一凡．老年友好城市离我们有多远？［J］．城市建筑，2018（21）：3.

［2］杨团．中国长期照护的政策选择［J］．中国社会科学，2016（11）：87-110+207.

［3］杨贵华．社区共同体的资源整合及其能力建设：社区自组织能力建设路径研究［J］．社会科学，2010（1）：78-84+189.

［4］葛道顺．镶嵌、自主与弱势群体的社会资本重建［J］．江苏社会科学，2005（2）：222-226.

［5］肖东平，王春秀．社会资本研究［M］．昆明：云南大学出版社，2013.

［6］陈劲，张方华．社会资本与技术创新［M］．杭州：浙江大学出版社，2002.

# 第4章

# 如何为老年人提供个案服务

老年社会工作个案服务是指针对老年人及其家庭开展的一对一专业服务。在实际工作中，老年人及其家庭情况不同，其问题与需求也截然不同，因此社会工作者应详细了解服务对象的现实困境，共同探讨解决方案。结合个案工作程序，社会工作者应遵循初步接触与建立关系、资料收集与问题预估、制订目标与服务计划、介入与实施服务计划、总结与评估、服务结束与跟进六大通用过程，为老年人开展个性化的、完整的、可靠度高的个案服务。本章将依据个案工作的通用过程，详细介绍各阶段的工作任务和方法。

## 第一节　接案

接案是个案工作流程的第一个阶段，即初步接触与了解服务对象；若确定可以接案，应建立专业关系。接案的主要目的是对服务对象的问题进行初步评估，向服务对象介绍机构功能，决定是否为服务对象提供服务。

知识链接

### 个案会谈

个案会谈是指社会工作者与服务对象进行面对面的、有目的的专业谈话，也称为个案面谈。常见的会谈类型包括建立关系会谈、收集资料会谈、诊断性会谈、治疗性会谈、一般性咨询会谈等。社会工作者与老年服务对象建立专业关系，会谈工作是基础。

## 一、接案的任务

案例分享

社会工作者前期在丹州社区开展老年人入户探访的时候，去李爷爷家进行探望，对于李爷爷的情况很熟悉。社会工作者看见李爷爷躺在床上吸氧，就向李爷爷的女儿询问李爷爷的情况，知道李爷爷这几个月病情加重，靠吸氧和血透维持生命，无法下地行走。过了一段时间，李爷爷的女儿主动找到社会工作者寻求帮助，称自己腿部摔伤并伴有疼痛无法行走，不能去照顾父亲，父亲身体越来越差，要经常去医院做血透，家里人都很忙，需要找一位护工照顾父亲，但是自己找不到护工，很是焦虑，希望能够得到社会工作者的帮助。

李爷爷希望得到社会工作者的帮助。于社会工作者而言，李爷爷就是服务对象，要完成服务接案。一般情况下，社会工作者在与其接案阶段需要完成 9 项基本任务：了解服务对象的来源和接受服务的意愿；邀请服务对象参与并澄清其期望；介绍机构的职责和服务范围；介绍社会工作者的职责和服务方式；初步探索服务对象的困境和需要；初步收集与服务对象有关的信息；与服务对象建立专业关系；根据服务对象的需要及社会工作者自身的能力，作出接案与否的决定或转介的安排；填写《个案工作接案记录表》。

拓展阅读

### 转　介

转介是个案工作中常用的方法。它是针对一些非本机构或者社会工作者所能提供服务的个案，经过专业的程序，从而转送到其他机构或者个人，使求助者及时得到合适的服务。面对老年服务对象，社会工作者在接触后要及时作出专业判断，对于无法提供专业帮助的服务对象要主动链接资源，妥善安置，使老年人得到合适的服务。通常有下列两种情况可以提供转介服务：一是社会工作者判定求助者所需解决的问题不属于本机构服务的范围；二是服务机构仅仅为某一些区域的人提供服务，求助者不属于这个区域。

## 二、接案的步骤

这一阶段的目的是通过与求助者的初次接触，初步了解服务对象的问题与需求，并依据社会工作者和机构的实际情况判断是否能为其提供服务，决定工作进程。接案时，建立一个良好的专业关系非常重要。除此之外，社会工作者还应该及时判断服务对象状况的紧急程度，在沟通过程中避免将服务对象标签化，重点应该关注服务对象的资源与优势。接案的步骤及注意事项，见表 4-1。

知识链接

### 专业关系

专业关系是社会工作者和服务对象之间建立起来的一种工作关系。它通过双方的内心感受与情绪的互动反应，从而协助服务对象解决问题，提高服务对象的个人能力。专业关系具有目的明确性、兼容性、暂时性、不平等性、非互助性等特点。社会工作者是代表机构与服务对象建立专业关系的，所以要受机构的政策目标和服务功能的影响。

表 4-1　接案的步骤及注意事项

| 事项 | 内　容 |
|---|---|
| 了解服务对象的问题与需求 | 社会工作者需要了解服务对象以下几个方面的问题：<br>1. 求助者现在面临哪些问题？<br>2. 求助者是主动过来求助还是被动来到机构？<br>3. 求助者曾经为了解决问题作出哪些努力？效果怎样？<br>4. 求助者寻求帮助有哪些期望？ |

续表

| 事项 | 内容 |
|---|---|
| 开展会谈 | 1. 初步了解求助者的问题与需求，判断机构和社会工作者是否有能力、资源等帮助其解决问题、满足需求，从而确定是否能建立专业的服务关系。<br>2. 社会工作者在面谈前要做好充足的准备工作，包括生理准备、心理准备，以及物理环境准备等。面谈过程中要注意使用沟通技巧，具体面谈内容结合面谈提纲进行。<br>3. 进行面谈时，社会工作者要特别注意积极倾听，设身处地地感受老年人的心理，在初层次感受老年人内心世界的同时，尽可能从老年人的眼神、表情、动作的表达，分析其深层次的内心感受，注重以自然、诚实、开放的态度与老年人沟通，努力营造一种舒适的沟通氛围 |
| 决定工作进程 | 1. 社会工作者是专业助人者，但并不代表所有前来寻求帮助的求助者都能成为社会工作者的服务对象，只有求助者符合相应条件的，社会工作者才能接案。<br>2. 一般来说，如果求助者的问题和服务需求与机构的服务领域、社会工作者的服务能力等相匹配，求助者接受且愿意配合社会工作者提供的服务，即可成为服务对象，进行下一步工作。但如果经过了解必须转介的，社会工作者应该妥善安置求助者，使其得到合适的服务 |
| 服务技巧 | 1. 避免将求助者定义为“问题人”。尽量避免问求助者“你有什么问题”，这种提问有认定“求助者有问题”的嫌疑，使之产生心理不愉悦的感受。可以转化为“你有什么需要跟我谈”等这样的问句，这样让人觉得舒服，有安全感。<br>2. 专注地聆听是社会工作者在这个时期最重要的技巧之一。社会工作者借助表达专注的姿势、表情及眼神，一方面传达对求助者的关切；另一方面对求助者的陈述和动作给予谨慎的注意，关注其隐藏在话语后面的情绪和问题。对于老年求助者，其表达可能存在声音较小、吐词不清晰、方言较重、表达能力较弱等问题，社会工作者在沟通时更要注意专注地聆听。<br>3. 简明扼要、具体化。老年人一般都比较爱唠叨，一点小事可以说很久，社会工作者一方面不要表现出任何的不耐烦，要耐心地去倾听老年人的话；另一方面要注意使用简明扼要的技巧，帮助老年人一起梳理思路，使复杂、冗长的聊天内容更加详细、具体。<br>4. 表达同理心和无条件的接纳。老年人就像小朋友一样，喜欢被表扬、夸奖，所以社会工作者要真诚、慷慨地赞美他们，设身处地地感受老年人的情绪和心理状态，无条件地接纳老年人的不足，使求助者能真正放下内心的担忧。<br>5. 激发求助者的希望。平衡老年人内心不舒服的感受，以此增强求助者成为服务对象的动机；同时在交流过程中，社会工作者要结合机构和自身的实际情况，认真比对老年人的问题和需求，将求助者的问题界定在一个能够解决的范围内。<br>6. 量力而行。社会工作者提供给求助者的服务也要看自己的能力，不能过早或过多地承诺，以避免求助者产生错误的期望。多数老年人在信任对方后，容易产生依赖心理，从而会影响服务的开展 |

续表

| 事项 | 内　容 |
|---|---|
| 注意事项 | 1. 判断服务对象状况的紧急程度。<br>2. 避免将服务对象标签化。<br>3. 关注服务对象的资源与优势 |

## 三、接案实例

根据上文李爷爷的案例，下面介绍接案的任务和步骤。

第一，了解服务对象的来源和接受服务的意愿。案例中服务对象李爷爷是社会工作者前期在社区开展老年人入户探访时接触到的，属于外展而来的服务对象。但在与老年人及其家属初次见面时，对方并未表现出求助意愿，直到李爷爷的女儿腿部摔伤并伴有疼痛无法行走、不能去照顾父亲后，家属才主动寻求帮助。经过与李爷爷及其女儿的沟通，求助者求助意愿较强，且愿意配合社会工作者开展服务。

第二，邀请服务对象参与并澄清其期望。在接案环节，社会工作者应鼓励服务对象参与并主动表达。案例中李爷爷及其女儿都应被鼓励参与交流，社会工作者要协助服务对象及其家属澄清期望。

第三，介绍机构的职责和服务范围。在初次面谈中，社会工作者应主动介绍本机构的相关政策和伦理原则，以便明确社会工作者、机构和服务对象之间的权利义务关系，给服务对象提供合适的服务。同时，还应告诉服务对象我们所遵守的基本原则（尊重、无条件接纳、相对保密、价值中立、服务对象自决）。

第四，介绍社会工作者的职责和服务方式。在初次见面时，社会工作者需要主动进行自我介绍，包括姓名、专长、工作职责，以及服务方式等内容。

第五，初步探索服务对象的困境和需求。在接案环节，社会工作者应对服务对象的困境和需求有一个初步的把握。经过初步了解，李爷爷的女儿因自己腿部摔伤并伴有疼痛无法行走，不能去照顾父亲，且父亲身体越来越差，要经常去医院做血透，家里人都很忙，需要找一位护工照顾父亲，但是女儿找不到护工，很是焦虑，希望能够得到社会工作者的帮助。在与李爷爷沟通时，他表示自己有一个心愿，就是在身体条件允许的情况下，能够下楼遛弯，再回到20年前的老房子里去看看，但由于病情恶化未能完成这个心愿，存在遗憾。

第六，初步收集与服务对象有关的信息。在接案环节，社会工作者应了解服务对象最关心的问题和需求（可以拟定一份个案面谈提纲，见表4-2）。尽管初次面谈时间十分有限，但社会工作者也应对服务对象的问题有个大致了解，耐心倾听，鼓励服务对象进行陈述。

**表4-2　个案面谈提纲**

| 服务对象 | 李爷爷 | 社会工作者 | ××× |
|---|---|---|---|
| 日期、时段 | ××年××月××日<br>××时××分～××时××分 | 地　点 | ××社会工作者服务中心 |
| 面谈提纲 | 1. 自我介绍；<br>2. 简要介绍本次会谈的目的和彼此的角色；<br>3. 介绍机构的服务内容、相关政策和基本原则；<br>4. 征求服务对象的反馈，即对上述内容是否理解、有没有疑问；<br>5. 了解服务对象的期望，即服务对象希望解决的问题和困难；<br>6. 探讨服务对象关注的问题及其前因后果；<br>7. 小结本次面谈的要点，约定下次面谈的时间、地点和内容等 | | |

第七，与服务对象建立专业关系。专业关系是社会工作的基本要素之一。社会工作者在确定接案后，要与服务对象建立起专业的服务关系，以便后续顺利开展服务。

第八，根据服务对象的需求及社会工作者自身的能力，作出接案与否的决定或转介的安排，并填写《个案工作接案记录表》（见表4-3）。

**表 4-3　个案工作接案记录表**

<table>
<tr><th>服务对象</th><th colspan="2">李爷爷</th><th>社会工作者</th><th colspan="2">×××</th></tr>
<tr><td>日期、时段</td><td colspan="2">××年××月××日<br>××时××分~××时××分</td><td>地　点</td><td colspan="2">××社会工作者服务中心</td></tr>
<tr><td colspan="6">一、服务对象来源及接受服务意愿</td></tr>
<tr><td colspan="6">来源：☑主动求助　　□转介　　□外展<br>说明：服务对象女儿主动找到社会工作者寻求帮助<br>接受服务意愿：□不愿意接受服务　　□不适用　　☑愿意接受服务说明：（不愿意接受服务或不适用请说明）</td></tr>
<tr><td colspan="6">二、服务对象情况（包括但不限于姓名、性别、年龄、联系方式等基本要素）</td></tr>
<tr><td colspan="6">姓名：李××<br>性别：男<br>年龄：84 岁<br>联系方式：×××<br>家庭成员：配偶、女儿<br>职业：高级工程师（已退休）<br>家庭经济状况：一般</td></tr>
<tr><td colspan="6">三. 服务对象困境及需要</td></tr>
<tr><td colspan="6">1. 心理方面：由于身体原因，每日只能躺在床上，与原先身体状况好时下楼遛弯不同，产生心理落差，情绪不佳，很容易产生心理波动，曾有轻生的念头；但对于儿女不舍得，不想让儿女过多操心，在医院治疗时具有很强的求生欲。<br>2. 生理方面：患有心梗、脑梗、肾衰竭（尿毒症）等疾病，这几个月病情加重，靠吸氧和血透维持生命，无法下地行走。<br>3. 家庭方面：配偶在 10 年前已经卧病在床，可以简单使用轮椅上厕所，也是当地户籍的高龄老人，存在行动困难，听力、视力、记忆力、认知力严重缺失等问题；患有多种慢性疾病，如中风、肝病等。服务对象育有一子两女，其他子女由于工作原因无法照料服务对象，只能由大女儿和女婿进行照顾；但是大女儿之前不慎摔伤了腿部无法行走，现在也不能去照顾服务对象了。<br>4. 社交方面：服务对象的大儿子和小女儿因为工作忙的缘故，无法时常陪伴在身边</td></tr>
<tr><td colspan="6">四、社会工作者建议</td></tr>
<tr><td>危机程度</td><td colspan="5">□低　　☑中　　□高<br>说明：服务对象现在存在生活照料需求，但尚未存在生命危险</td></tr>
<tr><td>紧急服务</td><td colspan="5">□需要　　说明：<br>☑不需要</td></tr>
<tr><td colspan="2">社会工作者（签名）</td><td colspan="2"></td><td>日期</td><td>××年××月××日</td></tr>
<tr><td colspan="2">督导者（签名）</td><td colspan="2"></td><td>日期</td><td>××年××月××日</td></tr>
</table>

案例分享

李女士，81岁，2017年10月因生活不能完全自理申请居家养老服务，目前有一位服务员为其提供居家清洁及买菜服务（一个月服务6次）。2019年7月，社会工作者家访时接触李女士，她表示自己于2018年申请了临时救助资金3000元做了左眼的白内障手术，现右眼看东西模糊，也想做手术，但一方面担心去年申请了临时救助不知道现在还能否申请到，另一方面怕自己做了手术住院期间没有人照顾，所以产生了焦虑情绪；同时表示由于眼疾和腿疾，很少下楼，在家陪伴她的只有收音机，所以时常会觉得孤单。社会工作者就此问题进行了近4个月的跟进，最后问题得到了解决，2019年10月结案。

2020年1月，李女士再次主动向社会工作者求助，呈现的问题有三个：一是要办理遗嘱公证；二是因住房面临旧城改造，担心自己到时候应付不了，希望可以协助她适应新的环境；三是异地社保认证政策有些调整，需要去户籍地的社保机构重新办理手续。同时，她行动不便，身边又没有亲人帮忙。这么多的问题，让李女士“适应不了，压力很大，有点焦虑”，所以她主动向社会工作者求助。

有了上一次专业关系的建立与了解，社会工作者对服务对象进行了简单的接案工作，主要是了解服务对象本次求助的期望，初步探讨服务对象关注的问题及其前因后果。由于服务对象丧失了基本的生活自理能力，年老体弱，因此本次服务着重于帮助其解决由于自身客观原因所无法达成的目标功能。

## 第二节　预估

预估是当求助者成为服务对象之后，进入的第二个工作阶段。这一阶段的主要目标是尽可能详细地收集给服务对象带来问题的有关资料，了解问题的成因，确定问题的性质，发现解决问题的切入点。

## 一、预估的任务

根据上文李爷爷的案例，李爷爷是社会工作者刚接的个案。在接案后，社会工作者需要了解服务对象的基本情况及需求评估，即服务预估。一般而言，预估需要完成的工作任务包括：收集服务对象个人的生理、心理及社会等方面的资料；收集服务对象社会环境的微观、中观、宏观系统等资料，主要是家庭及社区信息；收集服务对象对自己及处境的感受、观念和期待；以需求为导向，与服务对象讨论其需要、困境或问题；以资源为导向，识别服务对象及其所处环境中的资源、优势与障碍；以服务为导向，与服务对象讨论选择适当的服务目标与服务内容；填写《个案工作预估表》。

知识链接

### 直接与间接收集资料

直接收集资料是指社会工作者直接向服务对象了解相关信息。当老年服务对象有求助想法时，他会主动说出相关信息和资料。如果有些社会工作者需要的信息老年人没有提及，而这些信息对于社会工作者帮助服务对象又有重要意义，这时社会工作者可以直接向服务对象提问。

间接收集资料是指社会工作者通过观察服务对象的表情、语调、姿态、位置、打扮等获得信息。这些信息对于后期帮助服务对象也很重要。

## 二、预估的步骤及技巧

### （一）预估的步骤

这一阶段的目的是尽可能全面地评估服务对象的问题及需求，对其个人系统、环境系统等进行详细的分析，了解问题的成因，确定问题的性质，找到解决问题的切入点。预估时，动态和持续地评估服务对象的需求、问题及资源非常重要。除此之外，社会工作者还应在界定服务对象的需求和问题时，评估服务对象个人及环境中的资源与优势，同时重视服务对象及其重要关系人的参与。预估的注意事项见表 4–4。

**表 4–4　预估的注意事项**

| 事项 | 内　容 |
| --- | --- |
| 评估服务对象的问题及需求 | 在社会工作实践中，判断服务对象问题的过程称为“评估”（有时也叫“诊断”）。评估的目的就是了解影响服务对象问题的相关因素及其与环境的关系，以便设计适合服务对象问题的服务。<br>1. 在预估阶段，社会工作者应详细了解服务对象的问题，通过会谈、填写调查表、观察、文献搜集、环境调查等方式，全面搜集与服务对象相关的资料，并结合问题分析服务对象的需求。<br>2. 老年服务对象常见的问题包括生理问题、心理问题、家庭问题及社交问题等，服务对象对应存在生理需求、心理需求、家庭需求及社交需求等 |
| 服务对象个人系统分析 | 服务对象的个人系统是指与服务对象自身相关的全部信息，包括服务对象的个人资料以及自我概念等内容。<br>1. 基本资料：包括籍贯、年龄、性别、受教育程度、婚姻状况、职业、收入状况等。对于老年服务对象来说，其受教育程度及职业等信息，将会直接影响社会工作者的服务设计，因此要认真了解该部分内容。<br>2. 生理方面：人的心理问题可以导致生理疾病，同样生理疾病也能影响人的心理。特别是老年阶段，人的生理机能急速下降，首先了解老年人生理方面的情况是非常重要的。如对服务对象病史的了解，有无残疾、遗传病，以及长期性疾病，目前的生理状况如何等。<br>3. 心理方面：老年人处于人生的特殊时期，其内心是非常敏感的。社会工作者可以通过运用一些心理测量工具以及社会工作者的会谈和观察，全面监测和了解服务对象的智力水平、兴趣、人格特征、自我概念、自我防卫机制等。对于老年服务对象来说，社会工作者要重点关注其可能存在的离退休心理变化、对待死亡的忧虑和恐惧、个人社会角色转变的不适应问题等 |
| 服务对象环境系统分析 | 服务对象的环境系统是指与其相关的一切其他人、组织、群体等，包括家庭环境、延伸的环境等。<br>1. 家庭环境：家庭是服务对象最亲近的环境系统，对服务对象问题的产生与解决有直接影响。特别是对于老年人来说，配偶的相伴、子女的照顾都将直接影响其生活质量。<br>2. 延伸的环境：主要包括服务对象的朋辈群体环境、社区环境和工作环境等。老年人因为社会角色的突然转变，生活节奏发生巨大变化，特别是部分离退休老年人无法适应新生活，从而产生一系列问题。因此，如何帮助老年人重新建立新的生活节奏，找到一群“志同道合”的伙伴是关键。在此工作中，社区环境的改变显得尤为重要 |

续表

| 事项 | 内容 |
|---|---|
| 注意事项 | 1. 在界定服务对象的需要和问题的同时评估服务对象个人及环境中的资源与优势。<br>2. 动态和持续地评估服务对象的需要、问题及资源。<br>3. 重视服务对象及其重要关系人的参与 |

**（二）预估常用技巧**

1. 收集资料的技巧

（1）会谈。个案会谈分为非直接式会谈和直接式会谈两种类型。非直接式会谈即服务对象的自我陈述，是一种常用的方法。直接式会谈指社会工作者事先准备好一系列的问题，从开始提问到最后结束都严格按照既定步骤进行，这样的会谈方式可以防止遗漏或偏离问题中心。

知识链接

**老年人沟通中须注意的几个概念**

1. 价值观。价值观指服务对象对人和事情的看法。价值观会影响人的行为，服务对象的行为也会影响其价值观。老年人几十年的人生经历，使其容易形成对世间万物的固定看法和评判标准，其价值观具有稳定性；同时，老年人的观念往往落后于形势，有时显得陈旧、过时，甚至消极，因此其价值观可能存在保守性特点。

2. 能力。社会工作者应了解服务对象对问题的分析能力，以及过往面对冲突解决困惑的处理能力。进入老年期后，人的各方面机能都处于退化阶段，服务对象分析问题、解决问题的能力相对较弱。社会工作者应理解并包容老年人的不足，有爱心、有耐心地帮助其解决问题。同时，注重运用优势视角，重点关注老年人身上的闪光点，多鼓励和赞美老年人。

3. 服务对象的自我概念。自我概念即一个人对自身存在的态度和看法。在个案服务中，社会工作者经常会遇到一些服务对象对自己的认识有偏差，自尊心不足，认为自己没用。特别是对于老年人来说，存在身体上的疾病、心理上的孤独寂寞、社交方面的急剧减少等情况。同时，多数老年人还存在“跟不上时代”等问题，导致“老人无用论”在社会上蔓延。老年人受到外在环境的负面影响，加上自身存在的各种各样的问题，导致其极容易出现自卑、自我概念消极等问题。

（2）填写调查表。预估过程中可以有各种不同的调查表，适用于服务对象不能直接当面表述个人观点与感受的情况。如家庭个案工作，服务对象当着其他家庭成员的面，很难自如地表达个人的想法和观点，社会工作者就可以采用填写调查表来收集资料。除此之外，对服务对象身边的一些组织和社区进行资料收集时也可以采用该方法。

（3）观察。观察分为参与观察和非参与观察两种类型。参与观察是指社会工作者既是活动参与者，又是观察者。在老年人服务中，社会工作者可以作为成员加入老年人活动中，在互动中观察老年人的举止言行，收集有用信息。在非参与观察中，社会工作者只是旁观者，全面观察并记录老年人的表现。观察法要求社会工作者要具有观察他人细小变化的敏感力、熟悉自己的观察目标与判断、取舍能力等。

（4）文献搜集。社会工作者可以通过查找已经存在的文献来获取服务对象的有关资料。这种方式可以提高效率，同时有助于全面了解服务对象的情况。但文献搜集法难以确定资料是否真实记载、反映了当时的情况，可能会干扰社会工作者对当前情况的判断。

（5）环境调查。环境调查主要是指在服务对象家庭以外的环境中展开调查，如学校、医院、单位、居委会等，调查时应防止损害服务对象的名誉和利益，并应注意事先征得服务对象的同意。

2. 问题诊断的技巧

（1）选择服务对象最急于解决的问题。解决服务对象最急于解决的问题，是解决问题的一般原则。在判断问题的轻重缓急时，每个人的选择可能是不一样的。因此，社会工作者要遵循服务对象自觉原则，给予服务对象足够的选择自由，以服务对象的感受为主。比如，一个老年服务对象前来向社会工作者求助夫妻关系问题，但社会工作者很快发现与此问题相关的还有亲子关系问题和经济问题等，这些问题中经济问题是导致夫妻关系不和的主要因素；但老年人认为夫妻关系是最需要解决的，社会工作者就不能强迫服务对象首先关注经济问题，必须尊重服务对象的意愿。

（2）双方共同决定最主要的问题。大多数情况下，服务对象想要解决的问题都不止一个。有时候前来求助的老年人觉得自己的烦恼很多，自己也不清楚什么是主要问题，这时候就需要社会工作者和老年人一同协商找到一个最主要的问题。比如，某服务对象认为自己的生活非常不幸，配偶去世，子女对自己不管不顾，最近自己的身体状况又越来越糟糕，基本的生活自理都成难题。多种困扰交织在一起，老年人对接下来的日子很绝望。经过社会工作者的紧急介入，发现眼下首先要帮助老年人解决生活自理难题，保障其基本生活能够维持，然后再关注其心理需求和家庭关系问题。

（3）选择服务对象最容易解决的问题。对大多数人来说，成功的经验对树立信心非常重要，老年人更是如此。老年人在人生阶段的最后一程，各方面机能都正在退化，解决问题的能力也会变弱。社会工作者在与老年人协商解决问题的优先顺序时，一定要注意这个特点，注重选择对于老年人来说最容易解决的问题。

**拓展阅读**

### 什么是诊断?

诊断是社会工作者通过对服务对象问题的了解，与老年人一起汇总资料、分析资料以最终确定服务对象问题的过程。诊断的内容主要包括三个方面：服务对象的问题是什么，确定问题的原因，确定服务对象的能力。

## 三、预估实例

根据上文提供的李爷爷案例，下边就预估的任务和步骤作具体说明。

社会工作者需要了解李爷爷多方面的信息，以便为服务的开展奠定基础。

第一，生理层面。服务对象的生理状况可肉眼观察清楚。因肾病、心脏衰竭导致住院治疗抢救七八次；过多地进行透析治疗导致身体越发虚弱，不能再接受高强度的透析，只能在家休养，如果有突发情况再去医院治疗；服务对象处于瘫痪状态，手部无知觉，但是可以简单地提起，能稍微动一动，无法行走；每日需要戴着氧气呼吸机，生活不能自理，出现大小便失禁的情况，需要人员照料其生活起居。

第二，心理层面。服务对象的心理情况不容乐观。84 岁高龄，再加上瘫痪，以及患有心梗、脑梗、肾衰竭、尿毒症等多项并发症，导致身体虚弱，84 岁后的晚年生活可能将在床上度过；平时遛弯买菜的乐趣没有了，再加上因为自己患病的原因，导致儿女的生活负担加重，心理越发消极和颓丧，对生活的期盼较少，甚至有过放弃生命的想法，还责怪儿女为何要给他治疗。

第三，收集服务对象社会环境的微观、中观、宏观系统等资料。主要是家庭及社区信息。从服务对象现有的社会关系层来分析，虽然服务对象的大儿子和小女儿因为工作忙的缘故，无法时常陪伴在身边，但是同住在一个社区里的大女儿和女婿会经常去照料，还会采购一些服务对象和配偶所需的生活物资去看望，所以服务对象在物质需求方面是充足的，且所居住的丹州社区环境和地理位置处于市区，交通便利，生活环境条件良好。

第四，收集服务对象对自己及处境的感受、观念和期待。服务对象的感受及期待对服务目标的达成有重要意义。因此，社会工作者应多倾听对方的感受和想法，以服务对象为中心。一是以需求为导向，与服务对象讨论其需要、困境或问题。社会工作者应结合收集的资料，与服务对象共同讨论他的需求和问题。特别是在与老年人确定问题时，应关注老年人的实际情况，优先选择最容易解决的问题。二是以资源为导向，识别服务对象及其所处环境中的资源、优势与障碍。除了帮助服务对象本人提高能力之外，社会工作者还要注重发现老年人身边潜在的优势及资源，动员更多的人和资源参与助老活动。案例中，与李爷爷同住在一个社区里的大女儿和女婿会经常去照料，还会采购一些服务对象和配偶所需的生活物资去看望，且老人居住的社区环境和地理位置较好，生活水平较高。三是以服务为导向，与服务对象讨论选择适当的服务目标与服务内容。社会工作者服务的目标应围绕服务对象的问题和需求设计。案例中，李爷爷提出希望在身体条件允许的情况下，能够下楼遛弯，再回到 20 年前的老房子里去看看，这是服务对象直接提出的需求，应被社会工作者设计到服务内容中。除此之外，社会工作者设计的服务目标还应包括帮助李爷爷满足生理需求、心理需求、家庭需求等。

第五，填写《个案工作预估表》（见表 4–5）。

**表 4–5　个案工作预估表**

| 服务对象 | 李爷爷 | 个案编号 | | 社会工作者 | |
|---|---|---|---|---|---|
| 一、背景资料 | | | | | |
| （一）服务对象个人的生理、心理及社会等方面的资料<br>1. 生理层面。服务对象的生理状况可肉眼观察清楚。因肾病、心脏衰竭导致住院治疗抢救七八次；过多地进行透析治疗导致身体越发虚弱，不能再接受高强度的透析，只能在家休养，如果有突发情况再去医院治疗；服务对象处于瘫痪状态，手部无知觉，但是可以简单地提起，能稍微动一动，但是无法行走；每日需要戴着氧气呼吸机，生活不能自理，出现大小便失禁的情况，需要人员进行照料生活起居。<br>2. 心理层面。服务对象的心理情况不容乐观。84 岁高龄，再加上瘫痪，以及患有心梗、脑梗、肾衰竭、尿毒症等多项并发症，导致身体虚弱，84 岁后的晚年生活可能将在床上度过；平时遛弯买菜的乐趣没有了，再加上因为自己患病的原因，导致儿女的生活负担加重，心理越发消极和颓丧，对生活的期盼较少，甚至有过放弃生命的想法，还责怪儿女为何要给他治疗 | | | | | |
| （二）服务对象社会环境的微观、中观、宏观系统等资料<br>从服务对象现有的社会关系层来分析，虽然服务对象的大儿子和小女儿因为工作忙的缘故，无法时常陪伴在身边，但是同住在一个社区里的大女儿和女婿会经常去照料，还会采购一些服务对象和配偶所需的生活物资去看望，所以在物质需求方面是充足的，且所居住的丹州社区环境和地理位置处于市区，交通便利，生活环境条件良好 | | | | | |
| （三）服务对象对自己及处境的感受、观念和期待<br>除去儿女工作和受伤的情况，只要有他人照料，服务对象认为能给儿女减轻压力也是好的；在心理情绪方面，服务对象也是做好了后事的准备，在一次次病痛中，求生欲拯救了服务对象，但是随着自己身体的瘫痪、治疗的痛苦，求生欲在减弱，心理的压力、情绪的不稳定需要进行调节，服务对象需要长期的陪伴、关心 | | | | | |

续表

<table>
<tr><th>服务对象</th><th>李爷爷</th><th>个案编号</th><th></th><th>社会工作者</th><th></th></tr>
<tr><td colspan="6">二、服务对象的问题及需要分析</td></tr>
<tr><td colspan="6">（一）以需求为导向，与服务对象讨论其需要、困境或问题<br>1. 生理需求。服务对象经过几次重病抢救，身体状况不佳，生活不能自理，需要专人照料其生活起居。<br>2. 心理需求。严重的身体疾病导致服务对象心理压力较大，且因为缺乏社交导致内心孤独；过重的医药费用也为子女增添了压力，内心较为消极压抑</td></tr>
<tr><td colspan="6">（二）以资源为导向，识别服务对象及其所处环境中的资源、优势与障碍<br>服务对象优势方面，在家人方面是满足情感支持的，在生活物质方面也是得以满足的。服务对象本身是高级知识分子退休，家人素质高，目前需要解决的问题是帮助服务对象和家属找到优质护工，照料服务对象以减轻家属照料压力，以及在之后的生活中关心、陪伴服务对象，树立服务对象生活期望，满足其盼望的小心愿</td></tr>
<tr><td colspan="6">三、服务目标</td></tr>
<tr><td colspan="6">1. 短期目标：（1）找到优质护工，照料服务对象；（2）帮助服务对象调节心理情绪，协助树立生活期望；<br>2. 中期目标：（1）跟进服务对象护工照料情况；（2）帮助服务对象调节且树立积极的生活心理状态；<br>3. 长期目标：帮助服务对象树立生活期望，关注服务对象身体情况，持续改善其心理情绪状况、护工照料情况</td></tr>
<tr><td colspan="6">四、服务内容</td></tr>
<tr><td colspan="6">1. 社会工作者与家政公司联动，帮助服务对象找寻优质且合适的护工。<br>2. 对服务对象进行情感疏导。通过走近老人、倾听、共情，提供持续性陪伴与关怀。<br>（1）走近老人：用社会工作者的真心、细心、耐心、用心、爱心来取得服务对象的信任，通过了解服务对象的兴趣、目前的期望、对今后的盼望，协助服务对象实现。<br>（2）倾听：及时给予服务对象回应，观察关注服务对象的言语及情绪变化，树立专业、贴心的形象，走进服务对象的内心世界。<br>（3）共情：倾听服务对象的生活感受、情感表达，积极回应，了解服务对象的情感，让服务对象更愿意去表达、倾诉，让服务对象信任社会工作者从而透露自己内心的小世界；在服务对象消极的情绪面前，从而以自身的乐观、积极的情绪传递积极的事件，帮助服务对象树立积极生活的信心，以更加积极的心态去完成自己的小期望。<br>3. 依托服务对象当下人生目标，唤醒其对生活、家庭等的认知，强化生活信念，增加期望值，强化自我的重要性</td></tr>
<tr><td colspan="2">社会工作者（签名）</td><td colspan="2"></td><td>日期</td><td></td></tr>
<tr><td colspan="2">督导者（签名）</td><td colspan="2"></td><td>日期</td><td></td></tr>
<tr><td colspan="6">注：此表格请在个案工作首次接触后 5 个工作日内完成。</td></tr>
</table>

案例分享

## 倾听 H 婆婆的故事

1. 案例情景

H 婆婆，女，79 岁，农村户口。该长者自幸福院开放以来，几乎每天都会报到，参与活动的积极性也比较高。但社会工作者最近观察到，长者到访的次数逐渐变少，且经常坐在幸福院不远处就是不过来，聊天时也经常会忘记刚才自己去过哪里，对于幸福院的活动参与度降低。社会工作者通过与服务对象详细聊天后发现可能是她的身体出现问题了。在走访街坊邻居中得知，服务对象近段时间确实存在社会工作者观察到的现象，并且知道服务对象有去过医院检查，服务对象有初期脑萎缩症状，正在服药。对此社会工作者也与服务对象的儿子证实过，现象属实。服务对象丧偶，和儿子一家同住。据服务对象的表述，内心觉得自己的生活过得比较苦，经常觉得家庭很困难。但经过求证，其儿子是有工作的，不存在服务对象所说的家里没有经济收入。

2. 案例分析

(1) 以需求为导向，与服务对象讨论其需要、困境或问题。

第一，自己经常忘记吃药或者忘记有没有吃药，经过监测，血压偏高。为避免健康隐患，服务对象期望自己能够养成准时用药的习惯。

第二，掌握预防老年痴呆症状加重的训练方法的需求。服务对象已经出现记忆力下降的现象，日常生活中能够通过一些训练来减缓记忆力下降。

第三，服务对象社会互动的需求。通过与其他长者的沟通交流来保持思维活跃的状态。

(2) 以资源为导向，识别服务对象及其所处环境中的资源、优势与障碍。

第一，家庭方面。服务对象的孩子都比较孝顺，在日常照料和金钱帮扶上还是能帮得上忙的。服务对象与儿子同住，儿子关心服务对象的身体健康；女儿嫁得不远，经常回来探望她。

第二，社区层面。社区开设了幸福院这个活动场所，可以提供的老年服务较多。

## 第三节 计划

计划是当我们明确服务对象的问题之后，可以根据预估的需求制定明确的改变目标以及具体的实施方案。社工站老年社会工作服务目标与老年人的问题、需求是一致的。当社会工作者确定老年人的问题之后，就可以制定明确的目标了。一般来说，目标可以分为总目标和具体目标，也可以分为长期目标和短期目标。

### 一、计划的任务

社会工作者在收集了李爷爷的资料并作出诊断之后，需要制订服务目标和计划。在此过程中，社会工作者要求服务对象共同参与服务目标和计划的制订，并共同签订服务协议。个案服务中，计划阶段的主要任务包括：制定服务的目的与目标，选择介入的服务模式，制定具体的介入策略、行动步骤和进度安排，明确社会工作者和服务对象各自的任务并签订《个案工作服务协议》，确定服务评估方法，填写《个案工作计划表》。

### 二、计划的步骤及制订计划目标

#### （一）计划的步骤

这一阶段的目的是结合预估阶段对服务对象资料的收集和分析，与其共同商定服务目标，完成服务计划的制订，双方签订服务协议，最终确定服务的方法。该阶段最重要的是服务对象的参与，社会工作者要尊重服务对象的意愿。除此之外，社会工作者还应注意将服务对象的需要、服务目标、介入模式及行动策略相互契合，制订的服务计划要详细、具体，具有可操作性。

知识链接

## 服务计划

制订服务计划，是由社会工作者和老年服务对象共同承诺通过合作实现目标的过程。服务计划中应详细地介绍社会工作者计划如何帮助老年服务对象，具体应包括以下几个方面：老年服务对象的基本情况，老年服务对象的问题、需求及期望，本次服务的目标，针对目标达成计划采取的行动，评估的方式等。

表 4-6　计划的步骤及注意事项

| 事项 | 内　容 |
|---|---|
| 服务目标的制定 | 1. 社会工作者重述服务对象的问题，以便再次确认问题。<br>2. 协助服务对象列出与问题相关的其他问题，以便再次确定问题的重点。<br>3. 协助服务对象确定问题解决的优先次序。<br>4. 协助服务对象明确他的期望 |
| 服务计划的制订 | 1. 服务对象的基本情况。包括姓名、年龄、婚姻状况和职业等。<br>2. 简要、准确描述并列出服务对象的主要问题和相关问题。<br>3. 服务对象要得到的结果与社会工作者的工作目标。<br>4. 每个阶段需要采用的方法和需要动用的资源。<br>5. 达到目标的期限。<br>6. 联系方式。服务对象留下自己认为安全和便捷的联络方式，以便于联络 |
| 签订服务协议 | 1. 服务目标。<br>2. 服务的内容以及采用的方法。<br>3. 双方应该享有的权利和义务，如社会工作者遵守职业伦理，对服务对象的问题进行保密；服务对象要完成社会工作者布置的家庭作业，保证个案辅导的时限等。<br>4. 服务的时间、地点和次数。<br>5. 双方签字。有些时候，协议也可以是口头的 |

续表

| 事项 | 内　容 |
|---|---|
| 确定服务评估方法 | 常见的服务评估方法包括：<br>1. 观察法。社会工作者可以观察开展服务过程中服务对象的心理、行为、态度等方面发生的变化，以便了解服务对象新增的问题，并针对这些问题及时制订计划进行调整，适当地开展对应服务。<br>2. 访谈法。通过与服务对象面对面地进行访谈，了解服务对象的健康状态、内心的想法，以及情绪的变化，走进服务对象的内心，使其打开心扉，使服务对象愿意向社会工作者诉说、表达自己的小世界、愿望，从而增加社会工作者和服务对象之间的交流互动。<br>3. 服务对象满意度调查表。填写服务对象满意度调查表，将个案辅导结果的满意度作为评估方法 |
| 注意事项 | 1. 服务对象参与，尊重服务对象的意愿。<br>2. 服务对象的需要、服务目标、介入模式及行动策略相互契合。<br>3. 服务计划详细、具体，具有可操作性 |

### （二）制订计划目标

1. 不同层级的目标

制订计划需要区别不同层级的目标。

（1）直接目标：帮助老年人解决具体困难，排除情绪困扰。当服务对象面临生命威胁时，社会工作者首先应遵循生命优先原则。在案例中，李爷爷情绪较消沉，甚至有自杀的念头。社会工作者首先应帮助其舒缓负面情绪，之后再帮助服务对象找到优质护工。

（2）中间目标：一般是协助服务对象认识自己、接纳自己和欣赏自己，建立健康的自我形象和适当的生活方式等。在案例中，社会工作者需要及时跟进服务对象护工照料情况；同时，从较长期的需求来看，社会工作者需要帮助服务对象调节且树立积极的生活心理状态。

（3）终极目标：个案工作的最高境界也是社会工作者最高的工作目标。对于服务对象李爷爷来说，社会工作者要帮助其树立生活期望，关注服务对象的身体情况，持续改善其心理情绪状况、护工照料情况。

2. 制定目标的原则

一是对服务对象来说通俗易懂。制定的目标一定要简洁明了，尽量避免出现专业的和艰涩的词句。特别是对于老年人来说，社会工作者更应该注意口语化，要站在老年人的立场进行表达。二是目标与社会工作者和服务对象解决问题的能力一致。制定的目标要考虑服务对象解决问题的能力和动机，要考虑社会工作者的能力，两者的合力才可以有效地解决问题。三是目标与机构的功能保持一致。老年服务对象问题的解决与机构所能提供的资源和服务有关，如果所定目标与机构的功能不匹配，有可能使服务对象得不到适当的资源支持和有效的帮助。四是制定的目标是服务对象和社会工作者共同协商的结果。与服务对象共同制定目标应是社会工作者的工作原则。老年人有权利选择自己希望得到哪些方面的帮助，社会工作者应该是作为协助者帮助老年人共同确定目标。

## 三、案例操作

根据上文提供的李爷爷案例，下边就个案工作计划阶段的任务和步骤作具体说明。

第一，制定服务的目的与目标。制定目标是计划环节的第一项工作内容。针对李爷爷的个案，社会工作者可以从短期、中期和长期三个方面设计服务目标。

第二，选择介入的服务模式。服务模式是社会工作者的理论依据。社会工作者应结合老年人的实际情况，选择合适的工作模式开展服务。

第三，制定具体的介入策略、行动步骤和进度安排。针对李爷爷的个案，社会工作者计划分 6 个阶段开展服务。第一阶段：与服务对象及家人进行沟通，了解基本情况和服务对象的需求，确定建立个案服务关系。第二阶段：链接家政公司，寻找优质的护工上门给服务对象提供生活照料服务。第三阶段：跟进护工对服务对象的照料情况，评估服务对象对于护工照料服务的满意度，协助服务对象与家政公司签署服务合同。第四阶段：关注服务对象身体情况和护工照料情况，并与服务对象沟通，了解其心愿，及时调节服务对象情绪。第五阶段：关注服务对象身体情况，帮助服务对象树立生活期望，持续改善其负面心理情绪状况。第六阶段：评估服务对象目标达成情况，协商结案。

第四，明确社会工作者和服务对象各自的任务并签订《接受服务同意书》（见表4-7）、《个案工作服务协议》（见表4-8）。

第五，撰写《个案工作计划表》（见表4-9）。

知识链接

## 服务协议

服务协议是由社会工作者与老年服务对象共同确定问题、明确目标并制订详细的服务计划之后，彼此签订的，用来约束双方都应为实现目标和计划而协调配合。协议内容应包括服务目的、服务内容、服务监督与评估等内容。为了保护双方利益，一般使用书面协议。

表4-7　接受服务同意书

<table>
<tr><td colspan="2">接受服务同意书<br>服务使用者您好：<br>该服务协议书为服务接受者与社工机构之间确立服务关系的协议，目的在于使服务使用者了解双方的权利与义务，明确服务申请者同意社工为其服务，以促进专业关系的建立。<br>本人__________（申请服务者），即下方签署人，完全明白×××社工机构所提供的服务，同意在服务过程中收集和记录本人个人资料。<br>本人__________（申请服务者），同意×××社工机构查看与本人服务相关的家人/子女/亲属的个人资料，同意这些资料及其他有关资料（存于其后的个案记录或报告）可传阅于有关服务单位或政府部门，以协助本人服务。<br>现附上有关授权书。</td></tr>
<tr><td>服务使用者签名：</td><td>日期：</td></tr>
</table>

**表 4–8 个案工作服务协议**

| |
|---|
| 甲方（委托方）：李爷爷<br>乙方（社会工作服务机构/社会工作者）：________________<br>在自愿、平等、协商一致的情况下，就甲方委托乙方提供社会工作个案服务事项订立本协议。<br>第一条 服务目标<br>1. 短期目标。(1) 找到优质护工，照料服务对象；(2) 帮助服务对象调节心理情绪，协助树立生活期望。<br>2. 中期目标。(1) 跟进服务对象护工照料情况；(2) 帮助服务对象调节且树立积极生活心理状态。<br>3. 长期目标。帮助服务对象树立生活期望，关注服务对象身体情况，持续改善心理情绪状况、护工照料情况。<br>第二条 服务内容<br>第一阶段：与服务对象及家人进行沟通，了解基本情况和服务对象的需求，确定建立个案服务关系。<br>第二阶段：链接家政公司，寻找优质的护工，上门给服务对象提供生活照料服务。<br>第三阶段：跟进护工对服务对象的照料情况，评估服务对象对于护工的照料服务的满意度，协助服务对象与家政公司签署服务合同。<br>第四阶段：关注服务对象身体情况和护工照料情况，并与服务对象沟通，了解其心愿，及时调节服务对象情绪。<br>第五阶段：关注服务对象身体情况，帮助服务对象树立生活期望，持续改善负面心理情绪状况。<br>第六阶段：评估服务对象目标达成情况，协商结案。<br>第三条 服务监督与评估<br>…………<br>第四条 附则<br>…………<br><br>甲方签字（盖章/签字）：　　　　乙方（盖章/签字）：<br>日期：　年　月　日　　　　日期：　年　月　日 |

表 4-9　个案工作计划表

| 服务对象 | 李爷爷 | 个案编号 | | 社会工作者 | |
|---|---|---|---|---|---|
| **一、概述问题呈现及原因分析** | | | | | |
| 1. 生理问题。服务对象经过几次重病抢救，身体状况不佳，生活不能自理。<br>2. 心理问题。严重的身体疾病导致服务对象心理压力较大，且因为缺乏社交导致内心孤独。过重的医药费用也为子女增添了压力，其内心较为消极压抑 | | | | | |
| **二、目标（与服务对象商议后制定）** | | | | | |
| 1. 短期目标。(1) 找到优质护工，照料服务对象；(2) 帮助服务对象调节心理情绪，协助树立生活期望。<br>2. 中期目标。(1) 跟进服务对象护工照料情况；(2) 帮助服务对象调节且树立积极生活心理状态。<br>3. 长期目标。帮助服务对象树立生活期望，关注服务对象身体情况，持续改善心理情绪状况、护工照料情况 | | | | | |
| **三、服务模式** | | | | | |
| 1. 社会支持网络的理论，分为有形的支持和无形的支持，其中有形的支持包括物质或金钱的支持和援助；而无形的支持多半属于心理、精神上的，如鼓励、安慰、嘘寒问暖、爱及情绪上的支持等。社会支持的增加，会使服务对象及家人的心理及身体健康显著提高。人的生命发展历程都会遭遇一些可预期和不可预期的生活事件，老年人因为身患疾病导致卧床无法自理，需要专业护工提供日常生活照料服务，社会工作者以资源链接者和服务提供者的身份，链接专业护工资源，来满足服务对象的照料需求并为其提供一定的健康保障；同时给予关心、安慰和陪伴，让服务对象的负面情绪得到及时的疏解，获得情感上的支持，树立积极的人生观，从而以积极乐观的心态面对生活。<br>2. 运用心理社会治疗模式，通过支持、直接影响、探索—描述—宣泄的技巧，寻找社会资源，链接专业的优质护工给服务对象提供良好的生活照料，并给予无形的支持，疏导和转变服务对象的消极情绪，使其对未来充满信心，以积极的心态更好地去面对生活 | | | | | |
| **四、介入策略、工作进度** | | | | | |
| 第一阶段：与服务对象及家人进行沟通，了解基本情况和服务对象的需求，确定建立个案服务关系。<br>第二阶段：链接家政公司，寻找优质的护工，上门给服务对象提供生活照料服务。<br>第三阶段：跟进护工对服务对象的照料情况，评估服务对象对于护工的照料服务的满意度，协助服务对象与家政公司签署服务合同。<br>第四阶段：关注服务对象身体情况和护工照料情况，并与服务对象沟通，了解其心愿，及时调节服务对象情绪。<br>第五阶段：关注服务对象身体情况，帮助服务对象树立生活期望，持续改善其负面心理情绪状况。<br>第六阶段：评估服务对象目标达成情况，协商结案 | | | | | |

续表

| 服务对象 | 李爷爷 | 个案编号 | | 社会工作者 | |
|---|---|---|---|---|---|
| 五、评估方法 | | | | | |
| 1. 服务成效评估。社会工作者以发放满意度调查问卷的方式，了解服务的实施效果，这是服务对象针对社会工作者的工作开展的评估。<br>2. 社会工作者自评：社会工作者对自己的服务进行反思，主要包括专业技能的操作情况、理论的使用情状，以及服务的具体实施过程中社会工作者的表现等 | | | | | |
| 社会工作者（签名） | | 日期 | | | |
| 督导者（签名） | | 日期 | | | |

## 案例分享

### 独居婆婆的服务计划

1. 案例情景

C 婆婆，81 岁，农村户口，独居。服务对象患有高血压，需要长期服药，于 2015 年中风并在医院住院治疗，中风前与丈夫同住，出院后虽然左侧肢体不能自主活动，但也基本能自理；但自从 2021 年初跌倒导致左股骨头受伤后，开始影响下肢行动，导致日常需要使用助行器才能行走，且走动的范围也只是在家，而婆婆住院及出院后的日常生活都由大儿媳照顾。从服务对象的面谈情况来看，服务对象因为自身的身体情况条件，绝大部分时间都在家里活动，较少与外界接触，想要获得一些个人照护的服务。

2. 案例服务目标范例

(1) 目标一。

身体方面：服务对象的身体机能得到改善，个人行动力有所提高。

计划建议：协助服务对象改善身体情况以及提供个人护理，链接康复师护理员资源，提供专业的康复训练服务以及护理服务，从而提高服务对象的行动力和减轻家属的照护压力。

(2) 目标二。

情绪方面：缓解服务对象的悲伤情绪，引导服务对象建立积极正向的生活观念。

计划建议：社会工作者为服务对象进行哀伤辅导，定期入户及开展情绪疏导工作，引导服务对象往好的方面看待现状。

(3) 目标三。

社交方面：逐步恢复服务对象的社交，构建社会支持网络。

计划建议：社会工作者与邻居沟通，鼓励其多去服务对象家走动、互相交流，重构朋辈支持系统；安排志愿者定期上门探访，进行情绪疏导、情感支持等服务。

## 第四节　介入

介入是计划执行的一系列过程。需要社会工作者和服务对象及其社会支持系统，针对服务对象的需求和问题共同采取行动，并通过运用多方面的资源为其创造良好的社会环境，以促进社会资源对服务对象需求的满足。

### 一、介入的任务

社会工作者在完成计划制订和服务协议签订后，就要根据服务计划书开展介入服务。在此过程中，社会工作者的主要任务是链接资源、疏导情绪、调节关系、提升能力、化解危机。

知识链接

#### 社会工作者的服务角色

1. 直接服务角色

支持者：当服务对象遇到困难时，经常会寻求社会工作者的帮助。这时，社会工作者就会扮演支持者的角色。

指导者：给予服务对象以指导或忠告是社会工作者的一个经常性的角色。忠告是一种建议和提议，给服务对象提供思考与解决问题的方向与思路，而不是代替服务对象作决定与行动。

治疗者：社会工作者扮演治疗者或辅导员的角色已有很长的历史，甚至在某些时期，这还是社会工作者的主要角色。传统的治疗对象集中于问题中的个人，现在已经发展到了团体和社区。治疗者角色反映了社会工作者的核心关注点——人与社会系统的社会功能的发挥及其互动。社会工作者作为治疗者的活动也称为临床工作。

照顾者：社会工作者对因生理或社会原因而对处于特殊情境中的人经常给予照顾。受虐待的儿童、老年人、精神病患者、遭受家庭暴力的受害人、残疾人及释囚，都可以成为社会工作者照顾的对象。

2. 间接服务角色

行政者：在行政者角色中，社会工作者负有贯彻一个社会机构的政策和工作方案的责任。当扮演这个角色时，社会工作者可以以行政主管的身份出现。行政者角色包括两个方面：实务工作行政、福利行政。

研究者：社会工作者作为研究者的目的与功能有两个：为了提高专业服务水准，达到专业服务的目标，发展社会工作专业的知识与理论；作为决策影响者，为社会政策的制定提供研究依据。

咨询者：社会工作者扮演咨询者的角色是向有关政府部门、社会团体、公众及其他专业提供关于社会工作专业的资料。如什么是社会工作，社会工作的目标、功能、专业价值与方法是什么，以及关于社会问题与社会政策的状况、需要与相关研究等。

3. 合并服务角色

促进者：促进者的角色在于使服务对象得知本身改变的潜力，从而使其有能力去解决自己的问题，可以对自己的前途负起责任，并促使他能与各种资源链接起来。此时，社会工作者是一个服务对象能力的促进者与增进者。

中间经纪人：中间经纪人的角色是认为服务对象的需要可以通过社会

服务机构、制度、资源与机会的分配更有效地得到满足。这些资源可以帮助服务对象更成功地完成生命任务或者克服与缓解目前的困难。经纪人角色的目标是将人与提供资源、服务和机会的系统链接起来，引导人们使用这些资源、服务和机会。

调解者：调解者角色是以最具建设性的方法和途径去化解纷争，目的是帮助处于冲突中的各方对冲突的问题达成共识。对于作为调解者的社会工作者来说，他处在中立的立场上、站在第三者的角度，对冲突的各方及所达成的共识没有任何既得利益。

管理与协调者：管理与协调者的角色是通过将服务对象与适当的服务不断连接，达到为个人或家庭提供持续性的服务，协调这些服务，以确保服务对象获得所需服务的目的。人类服务的输送、传递系统对于服务对象来说是一个复杂的系统，很难自己去统筹。当他们需要多种服务时，社会工作者要作为一个管理者通过计划与安排协调不同服务机构的服务，并把它输送到服务对象手中。这样，社会工作者就成为服务对象与人类服务网络之间的一个联络人。

倡导者：社会工作者与其他社会人士一道共同致力于改变和消除社会结构或规范对人的歧视或因贬低人的价值而产生的负面影响。社会工作者特别关注社会中的困难群体，如精神病患者、妇女、儿童和老年人等。倡导者就是矫正社会问题，从而帮助建立一个保证为所有成员尊严的公正社会。倡导者的角色是社会工作者与服务对象一起或作为他们的代表抵制或增进某个有目的的行为，为有需要的个人与群体争取权益和尊严，通过改进社会制度、社会规范来保护和促进这些新的权利。

教育者：教育者的角色是提供机会，让服务对象学习特定的社会技能，通过供给信息使其更有效地扮演与发挥角色功能，并预防问题与困难生活情境的发生。社会工作者作为教育者是回应服务对象对社会适应性与技能的需要，应以服务对象可懂的方式提供信息，给予意见或建议，模塑行为，教授服务对象解决问题的技术及为其澄清概念。

## 二、介入的步骤及服务技巧

### （一）介入的步骤

这一阶段的目的主要是通过与老年服务对象建立专业关系，进一步收集服务对象相关信息并深化需求评估，根据实际需求情况为服务对象实现自我内部和外部的资源链接，引导服务对象的认知、情绪、行为的正向发展，并在提供直接服务的同时注重激发服务对象的主观能动性，培育服务对象的自主能力。介入时，社会工作者定期追踪服务进展情况、对开展的服务进行实时评估、适当调整服务计划是非常重要的。除此之外，社会工作者还应注意与服务对象互动，依据并善用政策资源，为解决服务对象的问题提供更多样化、长持久性、高可靠度的资源链接和服务。个案工作介入阶段的步骤及注意事项见表 4-10。

表 4-10 个案工作介入阶段的步骤及注意事项

| 事项 | 内容 |
|---|---|
| 建立专业关系，深化信息收集与需求评估 | 1. 在个案介入的初期阶段，服务对象由于和社会工作者接触时间短和熟悉程度低，往往存在紧张情绪和疏远行为。<br>2. 社会工作者需先以服务对象熟悉的事物为话题起点，例如家庭成员、戏曲舞蹈、棋牌游戏等，通过倾听、回应、专注等会谈技巧转移服务对象的紧张情绪，提高服务对象主动沟通表达的次数和深度，以便更好地建立与服务对象的专业关系，加深对服务对象服务情况的了解，确定服务需求 |
| 实现资源链接，发掘服务对象能力 | 社会工作者需对照老年服务对象的需求和问题，对服务对象进行系统的资源分析，帮助服务对象发现、发掘、运用自身内在资源，优化配置家庭资源，链接社会资源，帮助服务对象发展利用和开发自我内部与外部资源的链接，提高解决问题的能力 |
| 引导服务对象的认知、情绪、行为的正向发展 | 1. 社会工作者以信任、真诚、尊重的专业态度接纳服务对象初期阶段的认知、情绪、行为，认真地倾听和关注服务对象的需求和表达。<br>2. 整合各个支持系统及资源，运用支持、引导、影响技巧，引导和帮助服务对象转变错误认知、消除负面情绪、减少负向行为，鼓励和关注服务对象的进步，帮助其保持目前的改变 |

续表

| 事项 | 内容 |
| --- | --- |
| 激发服务对象的主观能动性，培育服务对象自主能力 | “助人自助”作为社会工作者的基本工作原则，在社会工作者开展个案工作时，要对服务对象给予尊重、信任、接纳，培育服务对象解决问题、自我管理、适应环境与资源三方面的能力，这样才能避免依赖性的退行式服务，为服务对象未来遇到相似问题和挫折时能以稳定的心理情绪状态、切实可行的处理方法、有效的资源整合渠道去面对打下基础 |
| 注意事项 | 1. 促进与服务对象的互动。社会工作者在针对老年群体开展个案服务工作时，要注重社会工作专业知识和技能与老年人生理、心理、社会生活方面的结合，在尊重、包容、信任的专业态度基础上建立并加深与服务对象的专业关系，在服务过程中始终以专心、耐心、真心的工作态度和多元化的服务手段去帮助服务对象解决问题，以改善服务对象的社会功能、提高生活质量和生命质量。<br>2. 对开展的服务进行实时评估，并对服务计划进行适当调整。在开展服务过程中，以个案服务计划和协议为基础，根据老年服务对象的实时情况开展服务。社会工作者要对服务对象问题的改善情况进行阶段性检查和评估；妥善处理与服务对象的专业关系；预估并适时采取恰当的措施解决服务对象可能出现的新问题和新困难；善于运用个案的方法与技术，在促进服务对象能力不断提升的同时调整服务计划。<br>3. 依据并善用政策资源开展服务。在针对老年人群体开展个案服务时，社会工作者要根据服务对象的实际情况和需求，依据和善用国家和当地针对老年群体制定的社会服务政策，为解决服务对象问题提供更多样化、长持久性、高可靠度的资源链接。社会工作者要熟知并善用老年人基本生活保障政策、老年人医疗卫生服务政策、推动老年人就业及社会参与政策、老年教育及文化娱乐政策、老年心理与精神健康服务政策、老年人基本权益政策，解决老年群体的生活保障问题和发展问题，以实现老有所养、老有所医、老有所乐、老有所学 |

### （二）服务技巧

1. 支持与鼓励

在介入过程中，社会工作者可以通过语言和非语言等方式向老年服务对象表达尊重、信任和接纳。通过尊重、信任、接纳的专业态度，辅以共情的专注倾听及目光接触，降低服务对象由于生理、心理、家庭等问题引发的焦虑、不安、消极等负面情绪，从而建立起与服务对象的信任关系。

2. 情绪疏导

情绪疏导可以让服务对象将事件所带来的情绪得到宣泄，比较理性地思考问题。老年人在身体器官衰退、慢性疾病增多、认知速度降低的同时，伴随的是孤独、抑郁、烦躁、无力等负面情绪。社会工作者在建立起与服务对象的信任关系后，通过会谈及情绪管理的专业技巧与办法，帮助服务对象宣泄负面情绪，引导服务对象进行心理调适，从而使得服务对象能理性地认知和看待客观事件。

3. 支持性技巧

支持性技巧包含专注、倾听、同理心等。它是社会工作者通过身体、语言及非语言的表达，使服务对象得到理解、接纳、尊重，从而树立自信心的相关会谈技巧。

（1）专注。专注是指在个案工作介入过程中，社会工作者要积极关注并记录服务对象的情绪变化及需求，使服务对象从社会工作者处得到关注和心理支持。社会工作者可通过非语言方式，即语音、语调、眼神交流、肢体动作、面部表情、空间距离等，向服务对象传递自己对其的关注与投入。

（2）倾听。社会工作者需积极主动地了解、筛选和解读服务对象所表达的信息，并从中筛选出与服务对象生活、认知、行为及其困境相关的内容，从而更好地了解和帮助服务对象。

（3）同理心。同理心要求社会工作者具备觉察能力和表达能力，且及时、积极、主动地运用同理心去了解和理解服务对象，进行情感和内容的反馈，并引发服务对象进一步深入思考和自我体察。

4. 引导性技巧

引导性技巧是指社会工作者引导服务对象进行自我经验、认知、行为、问题、处境等方面的深入探究，以提高社会工作者对于服务对象、服务对象对于自我的了解与认知。引导性技巧包含澄清、对焦、摘要等。

（1）澄清。引导服务对象将其所表述模糊不清的、主观性太强的、简略的信息，转变为准确的、客观的、全面的信息，以便于更好地为服务对象展开服务。

（2）对焦。在会谈中，把精力集中在核心问题的深入具体探讨上，避免会谈出现偏离话题、宽泛话题、主次话题颠倒的情况。

（3）摘要。归纳整理服务对象表述的信息，形成重要内容提要，厘清服务对象和社会工作者对事件的认知、对个人需求和服务的介入思路。

5. 影响性技巧

影响性技巧是指社会工作者通过提供信息、自我披露、建议等技巧影响服务对象，使服务对象能从正确的角度去看待和解决问题。

（1）提供信息。根据服务对象的知识水平和接纳能力，选择适当的方式，为服务对象提供新信息或纠正错误信息，实现向服务对象提供专业化的知识、价值观念和技术信息。

（2）自我披露。根据服务对象的问题，有针对性和选择性地向服务对象表达个人的感受、提供经验、表明态度等，从而拉近社会工作者与服务对象的距离，增进专业关系，增强服务对象自我坦露的意愿，为服务对象提供解决问题的认知及行为参考。

6. 观念澄清

很多情况下，解决服务对象的问题不是改变已发生的事件本身，而是改变服务对象对事件的看法，因为问题产生的根源是服务对象对问题的认识和看法。因年岁增高和身体机能退化而脱离工作岗位，进而发生社会角色和社会职能的转变，服务对象的社会交往渠道和群体都会发生显著变化。这使得服务对象的社会参与度降低，并产生社会归属感较低、自我价值错误判断、自我角色定位混乱的认知问题。特别是服务对象在社会角色、社会职能转变中出现生活无法自理的生理状况时，会形成认为自己是家人、朋友，或家庭和社会的负担的错误认知观念，产生无力、哀伤、内疚等负面情绪。社会工作者需帮助服务对象通过反省改变对事件的态度和看法，修正错误观念。

案例分享

**失去希望的刘奶奶**

刘奶奶因自己的疏忽大意导致丈夫摔倒后未能及时得到救治，进而死亡，因此感到伤心欲绝，认为生活没有任何意义与价值了。

社工："奶奶，您说您继续活着没有意义，但是社区里的其他老人家对您都很羡慕呢！"

奶奶："我有啥好羡慕的，没了老伴儿，老伴儿还是因为我……老了活着没意义，不如……"

社工："您家的两个小孙子，一个上小学一年级，一个马上初中毕业，两个孩子都听话懂事，年年获得三好学生称号。儿女工作再忙，一周也有三四天陪伴您身旁，节假日还一起出游玩耍，好多人都羡慕您呢！您活着意义非凡，并且生活中既有兴趣爱好又有儿孙陪伴，好着呢！"

7. 行为改变

社会工作者要注意服务对象的每一个进步并及时给予鼓励，要耐心对待服务对象行为的倒退或维持原状，帮助服务对象消除或减少不适应的行为，同时助其学习和建立更适应的行为模式，并注意观察背后的原因。

8. 环境改善

服务对象的问题常常与环境联系在一起，因此社会工作者要注意改善服务对象身边的环境。社会工作者需通过帮助服务对象改善对其问题有直接影响的家庭、工作单位、社区、朋友等环境，从而获取资源，以便于为服务对象提供支援。

9. 资源链接

根据服务对象的问题与需求，引导并帮助服务对象发现、发掘、利用自身内在资源，同时为服务对象链接外部资源，以实现服务对象的问题的解决。资源链接可从服务对象自身、家庭、社会三方面入手。一是自身资源。社会工作者需从优势视角出发并引导服务对象激发自身内在的资源与潜能，在将自身潜能初步运用于自身问题的解决中取得正向发展和自我效能提升后，逐步促进服务对象发展出自我管理能力，以实现服务对象拥有持续性的自我认同和自身资源调动能力为最终目标。二是家庭资源。整合服务对象的家庭资源分为两步。第一步，现有家庭资源的发现、整合、调用。围绕服务对象的需求，对家庭现有的人、物、财、社会关系等资源进行分析整合与调用，实现资源配置最优化。第二步，家庭成员的共同参与。推动家庭成员参与老年服务对象问题解决的目标设定、方案制订、计划实施的各个环节，实现家庭成员的共同参与，为解决服务对象的问题提供有力的家庭支持和环境改善。三是社会资源。国家与社会针对老年群体有较多的政策支持和社会福利。社会工作者要善于结合服务对象的需求，为其链接多样化的正式及非正式社会资源，提供与其相关的法律法规、救助帮扶政策、公益项目、服务机构等的信息资源和操作指引。当服务对象的需求超出社会工作者及机构服务范畴时，要及时促成多部门合作，提供专业转介。

案例分享

### 高龄老年人的社交拓展之路

社区80岁高龄的王爷爷，随子女迁移至此，由于不会讲普通话，且子女忙于工作，常常独自一人，很少与小区内其他居民沟通和交流。社会工作者动员社区爱心居民加入志愿者服务，通过行动去关注、关心王爷爷日常生活，营造起邻里间互助友爱的助老氛围。社会工作者对接一对一义诊、组织志愿者到王爷爷家中送上节日祝福、组织志愿者为王爷爷在内的高龄老人们表演节目，志愿者通过多样化的服务向王爷爷表示关心和关爱。社区组建常态化关爱老年人的志愿服务队，在志愿者针对高龄老年人开展的各项服务活动中，逐步拓展了王爷爷的社会支持网络，也使得社区生活逐渐丰富多彩。

10. 信息与意见提供

社会工作者要考虑提供的信息对老年服务对象问题的解决是否具有积

极意义，确定信息的准确可靠。在提供信息和给予服务对象建议时，社会工作者应关注解决问题的方法与途径，而不是替服务对象作决定，要充分尊重服务对象自决。

11. 危机介入

危机介入是针对正处于危机状况中的服务对象，采取了解问题、迅速作出危险判断、稳定服务对象情绪、获得信任、协助解决问题的紧急介入措施，可以预防服务对象出现自残、自杀、攻击等过激行为，同时避免其产生心理创伤和损害。

知识链接

### 危机介入的原则

1. 及时处理。由于危机的意外性强、造成危害大，而且时间有限，需及时接案、及时处理，以减少危机对服务对象造成的伤害。

2. 限定目标。危机介入的首要目标是以危机的调适和治疗为中心，尽可能降低危机造成的危害，把精力放在目前有限的目标上。

3. 输入希望。危机发生后，服务对象通常处于迷茫、无助、失望的状态中，所以有效的方法是给服务对象输入新希望，使其重新找回行动动力。

4. 提供支持。社会工作者需要充分利用服务对象拥有的周围他人资源，如父母关系、朋友支持等，为其提供必要的支持。

5. 恢复自尊。危机通常导致服务对象身心混乱、自尊感低。因此，社会工作者首先需要了解服务对象对自己的看法，帮助其恢复自信。

6. 培养自主能力。危机是否能够解决，最终取决于服务对象是否能够增强自主能力。

## 三、案例操作

根据上文提供的李爷爷案例，下边就介入的任务和步骤作具体说明。

第一阶段：与服务对象及其家人、朋友、同事等进行沟通，明确服务对象的基本情况与需求，建立个案服务关系。服务对象的女儿主动到机构寻求帮助，向社会工作者介绍了服务对象的身体情况和简单的家庭情况，并将所需的服务告知社会工作者，希望能在家庭经济条件可承受范围内，找到具备专业护理瘫痪卧床老年人能力的护工。在了解基本情况后，社会工作者多次上门探访，通过与服务对象的访谈了解其过往的经历、当前的生理与心理情况以及需求，取得服务对象的信任，建立专业关系；通过与服务对象家人的访谈了解其家庭情况，整合服务对象及家庭现有资源，评估服务对象及其家人的需求，按照需求制订工作计划，签署个案服务协议；通过与服务对象女儿建立良好的专业关系和信任感，评估其需求，按照需求目标找寻护工服务，签署个案服务须知。

第二阶段：链接家政服务中心，寻找目标护工，为服务对象提供护理服务。明确服务对象需求及相关要求后，社会工作者链接了 3 家家政服务中心，并与家政服务中心护工上门评估，进一步了解服务对象的生理、心理需求及状况。护工根据评估结果给出服务计划及费用报价。社会工作者向服务对象说明服务方案，并尊重服务对象自决选择护工。与服务对象及护工商量后，约定上门护理时间和试用期（3 天）。试用期满后，询问服务对象及其家人对护工服务的满意度，是否有正式签订服务协议的意向。服务对象及其家人对护工和家政服务中心的服务较为满意。社会工作者将双方意见进行交换，并约定好家政服务中心与服务对象签署服务协议的时间、地点，于次日下午在服务对象家中正式签约。签订协议时，社会工作者需清楚告知服务对象协议签订的流程、内容和注意事项。

第三阶段：关注服务对象的生理改善情况和护工护理情况，及时与服务对象沟通。社会工作者入户开展个案辅导，了解到服务对象对近日的护工服务感到十分满意，身体上的负担减轻了不少，同时表达了对社会工作者的感谢。在交谈中，社会工作者发现，服务对象由于常年的疾病，产生了消极的自我认知，觉得自己是家庭和社会的负担。社会工作者对服务对象进行情绪疏导，给予尊重、信任和肯定，帮助其建立对生活和自我的积极正向认知，转变不合理观念，让服务对象对生活有了信心与热情。在交谈中，服务对象谈及过往有看相声小品的爱好，但由于身体不好导致情绪不稳定，许久未看了。社会工作者约定下次探访时，给服务对象带去相声小品集为其播放。

第四阶段：持续关注服务对象状况，帮助其改善负面心理情绪。在为期 3 个月的持续跟进中，根据服务对象身体状况，社会工作者细微调整个案服务时间和频次，及时跟进服务对象病情发展和护工护理情况，持续为服务对象进行心理情绪疏导。在社会工作者的帮助下，服务对象通过重拾爱好有了更多的笑容，转变了原有的悲观认知，并发展了下象棋的新爱好。虽然服务对象的身体状况还需要进行较长时间的康复治疗与护理，但服务对象表示，在身体允许的情况下，他会让护工帮助他出门到社区活动中心和老朋友聊天、下棋，这样有助于他恢复。

个案工作过程记录见表 4-11。

**表 4-11　个案工作过程记录表**

<table>
<tr><th>服务对象</th><th>李爷爷</th><th>社会工作者</th><th></th></tr>
<tr><td>日　期</td><td></td><td>地　点</td><td></td></tr>
<tr><td>次　数</td><td>第×次</td><td>时　段</td><td></td></tr>
<tr><td>服务形式</td><td colspan="3">面谈</td></tr>
<tr><td colspan="4">一、介入目标</td></tr>
<tr><td colspan="4">1. 持续跟进服务对象的身体状况、心理状况和护工服务情况。<br>2. 推动服务对象原有的消极认知、情绪、行为向正向发展</td></tr>
<tr><td colspan="4">二、介入过程（概述）</td></tr>
<tr><td colspan="4">第一步：社会工作者入户开展个案辅导。服务对象对近日护工服务感到十分满意，身体上的负担减轻了不少，同时表达了对社会工作者的感谢。<br>第二步：通过交谈，社会工作者发现，服务对象由于常年的疾病产生了消极的自我认知，觉得自己是家庭和社会的负担。<br>第三步：社会工作者开展情绪疏导，给予服务对象尊重、信任和肯定，帮助服务对象建立对生活和自我的积极正向认知，转变其不合理观念，使服务对象重新燃起对生活的信心与热情。<br>第四步：在交谈中，服务对象谈及过往有看相声小品的爱好，但由于身体不好导致情绪不稳定，许久未看了。社会工作者约定下次探访时，为服务对象带去相声小品集为其播放</td></tr>
</table>

续表

<table>
<tr><th>服务对象</th><th>李爷爷</th><th>社会工作者</th><th></th></tr>
<tr><td colspan="4">三、介入小结</td></tr>
<tr><td colspan="4">目标达成，进一步掌握服务对象各个方面的最新情况；在服务对象无助的时候，给予服务对象支持，让服务对象感受到社工对服务对象的同理，并成功为服务对象进行了情绪疏导；掌握服务对象的兴趣爱好，为下一次服务做好准备</td></tr>
<tr><td colspan="4">四、下次介入计划与建议</td></tr>
<tr><td colspan="4">1. 下次计划：激发服务对象的主观能动性，促进其能力建设，并与环境相适应。<br>2. 建议：在处理服务对象的消极情绪时，要善于转移服务对象的焦点，缓解其焦虑情绪</td></tr>
<tr><td colspan="4">五、督导者意见</td></tr>
<tr><td colspan="4"></td></tr>
<tr><td>社会工作者（签名）</td><td></td><td>日期</td><td></td></tr>
<tr><td>督导者（签名）</td><td></td><td>日期</td><td></td></tr>
</table>

## 案例分享

### 多方协手开展服务

1. 案例情景

服务对象刘爷爷，70 岁，独居老人，未受过教育，主要生活收入来源于种菜。育有一女，40 岁，远嫁外地，逢端午、中秋、春节等节假日才会回老家探望。2022 年 2 月，刘爷爷的老伴儿张奶奶因脑出血突然离世，这对刘爷爷造成了极大的精神打击，几度悲恸欲绝，精神状态较差。同时，刘爷爷的饮食、睡眠及作息规律都受到了不同程度的影响，对外界事物失去兴趣，不知道怎么面对以后的生活。

2. 社会工作者介入服务

第一步，了解服务对象的困境与需求，建立专业关系。在社区工作人员的帮助下，社会工作者上门探访，与刘爷爷建立信任关系，并告知其社会工作的性质与宗旨，以及可提供的服务。在真诚、信任、尊重的基础上，服务对象与社会工作者的关系进一步加深。社会工作者通过运用共情、倾听、关注等技巧，引导服务对象阐述个人生活经历与当前境遇；通过运用同理心技巧，切实体悟服务对象的感受，了解服务对象的问题与需求；通过给予陪伴及悲伤情绪疏导，成功地与服务对象建立起良好的专业关系。

第二步，调动亲人参与，协同助力老人。在了解服务对象的家庭情况后，社会工作者积极联系了刘爷爷在外地生活的女儿一家，并组织了家庭会谈，让家庭成员清楚地了解刘爷爷当前的需求和问题，增进刘爷爷与子女的关系。根据刘爷爷的当前情况，社会工作者建议子女要增多与刘爷爷的沟通与联系，可通过增加打电话的次数、回家陪伴的次数多关心刘爷爷各方面的需求，以降低刘爷爷因丧偶产生的孤独感，营造融洽、和谐、相亲相爱的家庭氛围，用家庭的温暖改善刘爷爷对生活的消极感。

第三步，同理陪伴倾听，走出悲伤情绪。在与刘爷爷的 4 次面谈中，社会工作者均运用共情、倾听、同理心等技巧认真倾听刘爷爷与老伴儿张奶奶过往的生活点滴，理解其感受，并引导其以积极的方式寄托对老伴儿的哀思。同时，运用描述、探讨等方法，引导刘爷爷思考当前的生活状态是否有利于个人身心健康，逐步排解和扭转其悲伤情绪和消极观念，帮助其以正向积极的心理情绪状态及行为模式面对今后的生活。通过 4 次面谈和情绪疏导，刘爷爷慢慢地接受了老伴儿已经离世这个事实。

第四步，融入社区活动，重构生活信心。社会工作者邀请刘爷爷参与社区举办的各类文娱活动，帮助其积极融入社区生活，增强与同辈群体的沟通与联系，提升社会交往能力。当得知刘爷爷画得一手好国画后，社会工作者与刘爷爷沟通，将绘画作品送给社区中需要关心和帮助的老年人，受到了居民的称赞；刘爷爷非常高兴，没想到自己还能为别人做些事，也愿意加入志愿者队尽自己的微薄之力。通过社区文娱活动和志愿服务，刘爷爷重新体会到了自己的价值，找到了生活的意义，重拾了对生活的信心。

# 第五节　评估

评估是指对社会工作者提供的服务进行有效性评定，是一个巩固社会工作实践效果的过程。

知识链接

### 过程评估与结果评估

过程评估是指对整个介入过程的监测评估，包括每一个步骤、每一个阶段。其关心的重点是各个步骤和程序怎样促成最终的介入结果。其方法是了解、描述介入的内容，回答服务过程中发生了什么，以及为什么发生。

结果评估是指工作过程最终阶段作出的评估，即最终结果，包括目标结果和理想结果。结果评估检视的是结果实现的程度及其影响。

## 一、评估的任务

个案工作评估阶段的主要任务包括：评估目标的实现程度，评估策略技巧的有效性，评估社会工作者角色的有效性。

## 二、评估的步骤及技巧

### （一）评估的步骤

这一阶段的目的是通过多样化的方法收集评估资料，运用恰当、科学、有效的评估方法客观检验个案工作的效果。评估时，要充分调动服务对象参与评估的积极性，重视服务对象的主观评价。同时，资料收集、实施评估的方法要与社会工作的价值及评估目标相吻合，从实际出发，切实可行，并注意保密。个案工作评估的步骤及注意事项见表 4-12。

表 4-12 个案工作评估的步骤及注意事项

| 事项 | 步骤与注意事项 |
| --- | --- |
| 收集评估资料 | 1. 利用档案记录进行评估。主要包括对服务对象所填写的有关接受服务的资料和其对服务效果的叙述进行研究评估。例如，从服务对象对问题的说明、感受、看法中研究社会工作介入的效果、目标实现的程度、介入的方法是否有效等。<br>2. 收集服务对象对介入过程和结果的意见与看法。包括访谈、观察和记录等。例如，对服务对象的非语言行为的直接观察，对服务对象与亲友之间互动的直接观察，从服务对象的亲友、医生、老师、上司等相关人员处获得的间接信息等。<br>3. 使用调查方法收集介入效果的数据和事实资料。包括让服务对象填写问卷以获取实务效果的客观资料，以及服务对象对介入效果的主观感受方面的资料 |
| 选定评估方法 | 选定的评估方法、资料的收集等环节都要符合社会工作伦理，不能因评估而损害服务对象的利益 |
| 开展评估 | 1. 在工作过程中，评估环节常常被忽视。一方面是因为机构或者社会工作者本身认识不到其重要性；另一方面是因为评估的技术不够，很难对一个复杂的过程进行清晰的评估，加上有时候服务对象不配合，因此使得评估程序缺失或流于形式。<br>2. 首先，机构要制定出详细的评估制度和措施；其次，社会工作者要学习和掌握一些评估的方法可供借鉴，在服务的最后要根据自己的服务创造性地发展一些评估方法。在评估过程中，最重要的是社会工作者要突破自己，勇于评估自己的工作成效，真实地分享自己的经验和不足 |
| 注意事项 | 1. 注重社会工作者的自我评估与反思。评估的目的在于总结工作经验、改善工作技巧、提升服务水平。所以，社会工作者要在评估中注重对整个工作过程中的价值观、方法与技巧的反思，从评估中获得经验，以改善机构和自己的工作，提升工作能力，并带来个人和专业的成长与发展，更好地为服务对象提供服务。<br>2. 调动服务对象的积极性，让其积极参与评估过程。服务对象是服务的使用者，最知道服务是否符合其需要、哪里需要改进，所以在服务评估中是最有发言权的人之一。更重要的是，评估的终极目的是更好地为服务对象提供服务，而不是为了社会工作专业和社会工作者自己。因此，评估一定要有服务对象的参与，这样才能真正达到改进工作、提升服务品质的目的。<br>3. 评估的方法要与社会工作的价值观相吻合，并注意保密。<br>4. 要切合实际需要。评估是为了使社会工作服务切实满足服务对象的需要，帮助其解决问题。因此，选择的评估方法要与评估目标一致，切实可行，而不是越复杂越好 |

## (二)评估的技巧

1. 基线测量法

基线测量是在介入开始时对服务对象的状况进行测量，建立一个衡量介入行动效果的标准基线，评估介入前后的变化，以此判断介入目标的实现程度。基线测量法的操作程序是：

(1)建立基线。一是确定介入的目标，例如服务对象的行为、思想、感觉、社会关系或社会环境的变化及指标；二是选择测量工具，包括直接观察、使用标准化问卷或量表；三是对目标行为进行测量并记录。这一过程称为基线期。

(2)测量。建立基线后，即开始对服务对象实施介入，对基线调查中所测量的各项目标行为和指标进行再测量，作为数据比较之用。这一过程称为介入期。

(3)分析和比较。将基线期、介入期的数据按测量时间和顺序制作成图表，呈现数据变化的轨迹和趋势，并对基线期、介入期的数据进行对比。如果数据的变化与基线期和介入期同时发生，一般则认为是介入发生了效果。

2. 服务满意度测量法

知识链接

### 服务满意度

服务满意度是社会工作服务开展前、开展中、开展后，以及服务周期的不同阶段采取的服务措施令服务对象满意的程度指标，是社会工作中提供的服务和服务对象心理期望值之间的差值。

服务满意度测量分为以下步骤：

(1)确定调查的内容。在开展服务满意度调查前，需先明确服务对象的需求结构，以确定满意度调查的具体内容。根据服务对象的需求，满意度调查在期望值达成、服务态度、服务频次等调查结构上有不同的侧重点。

（2）量化和权重服务满意度指标。服务满意度调查的本质是以直观、可量化、易测量的数据形式，反映和分析服务对象对服务、社会工作者、机构、社区的态度。一般可采用五级或七级态度量表（见表 4-13）。

**表 4-13　五级和七级态度量表**

| 五级态度量表 | | | | | |
|---|---|---|---|---|---|
| 态度等级 | 非常满意 | 满意 | 一般 | 不满意 | 非常不满意 |
| 等级赋值 | 5 | 4 | 3 | 2 | 1 |

| 七级态度量表 | | | | | | | |
|---|---|---|---|---|---|---|---|
| 态度等级 | 非常满意 | 满意 | 较满意 | 一般 | 不太满意 | 不满意 | 非常不满意 |
| 等级赋值 | 7 | 6 | 5 | 4 | 3 | 2 | 1 |

（3）明确调查及数据收集的方法。目前，通常采用的方法有问卷调查、二手资料搜集、访谈法三种。问卷调查是一种非常常用的服务满意度数据收集方式。问卷中包含很多问题，需要被调查者根据预设的表格选择该问题的相应答案，从自身利益出发来评估服务质量、服务态度和服务满意水平；同时，也允许被调查者以开放的方式回答问题，从而能够更详细地掌握他们的想法。资料收集一般通过网络、机构资料、刊物新闻等获取，在实用性和详细程度上存在一定的缺陷，但可以为社会工作者在开展评估调查前提供参考和为制定调查问题给予引导。访谈法是通过针对某一需求、问题、服务的一系列探究性问题，了解服务对象的看法及行为原因。数据收集可采用网络问卷、书面问卷、口头问卷、电话访谈、直接面谈等多种形式。

（4）数据分析。选取科学的分析工具与方法，能使满意度调查数据发挥最大化作用，为社会工作者提供有效信息，以便于社会工作者分析服务对象的变化情况与趋势，并以此调整服务计划，提高服务质量和服务满意度。

（5）改进计划和执行。在“以服务对象为关注焦点”原则的引导下，根据数据分析结果开展自查自纠，改进工作方法和方案，提升服务对象满意度。

3. 差别影响评分法

差别影响评分法是参与式的评估方法。评估步骤如下：

（1）服务对象进行服务介入后个人情况变化的陈述，告知个人需求满足情况、生理心理行为改善情况。

（2）社会工作者分析哪些是由介入服务带来的变化，哪些是由其他因素带来的变化。

（3）为避免服务对象的主观色彩对评估产生影响，通常由服务对象、服务对象家人、相关接触者（如政府部门、邻居、朋友、工作单位等）、社会工作者等服务参与者的自我陈述共同组成差别影响评分。

## 三、案例操作

根据上文提供的李爷爷案例，下边就评估的任务和步骤作具体说明。

第一，收集评估资料。观察法：社会工作者从介入的前后对比观察服务对象李爷爷在心理、行为、态度等方面发生的变化，以检验个案介入的成效。访谈法：通过与李爷爷及其家属面对面访谈，增加社会工作者和服务对象及其家属之间的交流互动，了解服务对象的健康状态、内心的想法，以及情绪的变化，走进服务对象的内心，使其打开心扉，愿意向社会工作者诉说和表达自己在服务期间的变化。

第二，开展评估。一是通过分析服务对象的生理、心理状况，与服务对象及其家属共同讨论个案辅导的目标达成情况——服务对象是否有正向转变。二是填写服务满意度评估表。三是如果服务对象对于需求目标的达成非常满意，社会工作者则可提出结案，做好结案前的服务工作，并与服务对象及其家属沟通结案后的服务流程。

第三，填写个案服务评估表（见表4-14）和服务满意度调查表（见表4-15）。

表 4-14 个案服务评估表

<table>
<tr><th>服务对象</th><th>李爷爷</th><th>个案编码</th><th></th><th>社会工作者</th><th></th></tr>
<tr><td>接案日期</td><td colspan="2"></td><td>结案日期</td><td colspan="2"></td></tr>
<tr><td colspan="6">以下内容由服务对象填写</td></tr>
<tr><td colspan="6">一、您接受了社会工作者的哪些服务？</td></tr>
<tr><td colspan="6">1. 帮忙找了有专业知识的护工。<br>2. 帮助树立信心，不再认为自己是无用的人。<br>3. 陪我出门散心。<br>4. 培养兴趣爱好</td></tr>
<tr><td colspan="6">二、接受服务后，您应对困难、解决问题的能力是否获得提升？</td></tr>
<tr><td colspan="6">☑是　　　说明：<br>□否</td></tr>
<tr><td colspan="6">三、您对社会工作者的表现满意吗？（请在答案处打钩）</td></tr>
<tr><td colspan="6">☑非常满意　　□ 满意　　□一般　□不满意　□非常不满意</td></tr>
<tr><td colspan="6">四、自接受本机构服务后，您的情况是否有改善？（请在答案处打钩）</td></tr>
<tr><td colspan="6">完全没有改善　　完全解决<br>□1□2□3□4□5□6□7□8 ☑9□10</td></tr>
<tr><td colspan="6">五、本服务结束时，您与社会工作者商定的目标达成情况如何？（请在答案处打钩）</td></tr>
<tr><td colspan="6">完全达成（ √ ）原因说明：找到了合适的护工，心情变好了，也愿意出去和其他人沟通交流<br>部分达成（　　）原因说明：<br>未能达成（　　）原因说明：</td></tr>
<tr><td colspan="6">六、其他评价及建议</td></tr>
<tr><td colspan="6"></td></tr>
<tr><td>服务对象（签名）</td><td colspan="2">李爷爷</td><td>日期</td><td colspan="2"></td></tr>
</table>

续表

<table>
<tr><th>服务对象</th><th>李爷爷</th><th>个案编码</th><th></th><th>社会工作者</th><th></th></tr>
<tr><td colspan="6">以下内容由社会工作者填写</td></tr>
<tr><td colspan="6">一、目标达成情况（重点描述服务对象的转变，如情绪改善、行为改变，以及能力提升等）</td></tr>
<tr><td colspan="6">1. 服务对象的身体在护工的精心护理下有了好转，有助于日后的康复治疗。<br>2. 服务对象的心态发生了较大的转变，精神状态良好，不再有厌世和消极的自我认知。<br>3. 服务对象由原先的足不出户，到现在能主动参加社区的活动，积极与同辈群体交流沟通</td></tr>
<tr><td colspan="6">二、总结与反思</td></tr>
<tr><td colspan="6">服务对象对社会工作者的服务表示满意，其生理、心理、行为情况得到了改善。在工作过程中，社会工作者发现，自己的专业知识还不够丰富，有时面对老年服务对象的情况有力不从心的感觉，对于老年服务对象容易出现的心理、生理、行为问题及原因和解决办法还有待学习和加强</td></tr>
<tr><td>社会工作者（签名）</td><td colspan="2"></td><td>日期</td><td colspan="2"></td></tr>
<tr><td colspan="6">以下内容由督导者填写</td></tr>
<tr><td colspan="6">一、服务评价</td></tr>
<tr><td colspan="6"></td></tr>
<tr><td colspan="6">二、社会工作者表现评价</td></tr>
<tr><td colspan="6"></td></tr>
<tr><td colspan="6">三、督导者建议</td></tr>
<tr><td colspan="6"></td></tr>
<tr><td>督导者（签名）</td><td colspan="2"></td><td>日期</td><td colspan="2"></td></tr>
</table>

**表 4-15 服务满意度调查表**

<table>
<tr><td rowspan="2">基本信息</td><td>服务对象</td><td></td><td>个案编号</td><td></td></tr>
<tr><td>社会工作者</td><td></td><td>填写时间</td><td></td></tr>
<tr><td>指标内容</td><td colspan="4">1. 您对社会工作者的整体表现满意吗？<br>A. 非常满意 B. 满意 C. 一般 D. 不满意 E. 非常不满意<br>2. 您对社会工作者的服务态度满意吗？<br>A. 非常满意 B. 满意 C. 一般 D. 不满意 E. 非常不满意<br>3. 您对社会工作者的知识技能满意吗？<br>A. 非常满意 B. 满意 C. 一般 D. 不满意 E. 非常不满意<br>4. 您对社会工作者的服务安排满意吗？<br>A. 非常满意 B. 满意 C. 一般 D. 不满意 E. 非常不满意<br>5. 您对本机构的服务设施满意吗？<br>A. 非常满意 B. 满意 C. 一般 D. 不满意 E. 非常不满意<br>6. 本次服务结束时，您与社会工作者商定的目标是否已经达到？<br>A. 全部达到 B. 部分达到 C. 全部没有达到（原因： ）<br>7. 接受服务后，您对问题的解决满意吗？<br>A. 非常满意 B. 满意 C. 一般 D. 不满意 E. 非常不满意<br>8. 您认为本次服务在哪些方面帮助您得到改变？（请您画√，可多选）<br>☐情绪问题 ☐精神问题 ☐人际关系 ☐生活适应<br>☐儿童教育 ☐学习问题 ☐职业就业 ☐司法矫正<br>☐婚姻问题 ☐家庭暴力 ☐家庭照顾 ☐经济援助<br>☐法律援助 ☐政策咨询 ☐其他：<br>9. 在接受服务过程中，您积极主动地参与解决问题和困难的程度如何？<br>A. 非常积极 B. 积极 C. 一般 D. 不积极 E. 非常不积极<br>10. 您在以后的生活、工作或学习中，能主动将服务过程中所学到的东西加以运用吗？<br>A. 完全可以 B. 可以 C. 不确定 D. 基本不可以 E. 完全不可以<br>11. 您对本机构的工作改善或者机构社会工作者的服务有什么建议？</td></tr>
</table>

## 案例分享

### 暴躁张爷爷的改变

1. 案例情景

张爷爷，78岁，汉族，早年丧偶，育有一儿一女，女儿外嫁，儿子在外地工作生活。自老伴儿去世后，张爷爷情绪低沉，不愿与人交流。平日也不愿意结交邻居朋友，对邻居朋友缺乏信任，基本无诉说心事的朋友。张爷爷一直疑神疑鬼，觉得家里的东西老是被偷，又没有可以疏解的渠道，脾气变得很暴躁，动不动就谩骂他人、摔打物品。儿子把他接去同住，日子久了，他在儿子家也住得不习惯，就搬回了原来的小家。在与张爷爷建立相互信任的专业关系及充分预估的基础上，社会工作者决定运用认知行为治疗法帮助张爷爷改变其情绪和行为。在情绪问题处理方面，社会工作者和张爷爷一起商量设定了一些测量愤怒的指标，如心跳加快、手心出汗、摔打东西、控制不住地发火、想打人等。在进行情绪控制训练前，社会工作者要求张爷爷及其家人记录每周愤怒情绪出现的次数、发生的原因、当时的情境、自己的反应等，以此作为评估依据。从第3周开始，社会工作者为张爷爷进行情绪控制训练，并继续记录其每周愤怒情绪出现的次数。9周内，愤怒情绪出现的次数分别为：介入前——8次、6次、7次，介入后——6次、5次、4次、4次、2次、1次。

2. 社会工作者运用基线测量法进行服务评估

（1）建立基线。确定介入目标，即管控张爷爷的愤怒情绪。选择测量工具，对张爷爷出现愤怒情绪时的相关指标进行直接观察，对目标行为进行测量并记录。前3周为基线期。

（2）介入期测量。从第3周开始，进行情绪控制训练，并记录每周愤怒情绪出现的次数。

（3）分析和比较。在基线期和介入期，张爷爷每周愤怒情绪出现的次数明显减少。通过比较发现，介入效果明显，愤怒情绪出现次数由第4周的6次降为第9周的1次。服务对象的主要问题是情绪不稳定，在描述自己的生活经历、家庭背景、社会交往等情况时常常伴随着愤怒情绪的出现。针对这种情况，社会工作者决定采取认知行为治疗模式改变其情绪和行为。

## 第六节　结案

当社会工作服务已达到预定目标，或者当服务对象认为已达到足够的改变而要求终止工作关系，或者社会工作者由于某种原因而不能继续提供服务时，即进入结案阶段。结案是社会工作者与服务对象一起结束工作关系的过程。

### 一、结案的任务

个案工作结案阶段的主要任务包括：总结回顾、巩固已有改变、结束专业关系、做好结案记录、跟进服务。

### 二、结案的步骤及技巧

这一阶段的目的是根据评估的实际情况确定合适的结案时机，通过与服务对象一同回顾服务过程，增强服务对象独立解决问题的能力和信心，巩固服务对象及其所处环境已有的改善，妥善处理离别情绪并填写《个案工作结案表》，结束服务关系。结案时，应提前告知服务对象结案时间，让其有心理准备，以减少其负面情绪。此外，专业关系结束后，社会工作者仍可通过电话、会面、跟进服务对象社会支持网络的方式表达关怀及支持。

#### （一）结案的步骤

个案工作结案的步骤及注意事项见表 4-16。

**表 4-16　个案工作结案的步骤及注意事项**

| 事项 | 步骤和注意事项 |
|---|---|
| 确定合适的结案时机 | 出现以下四种情况时，可以进入结案环节：<br>1. 目标实现的结案。经过评估，当社会工作者和服务对象双方都认为问题已经基本解决、目标已经基本实现时，根据协议，社会工作者提议结案，服务对象也接受，由此进入结案阶段。这种结案是有计划、按程序进行的。目标实现的结案大部分是短期介入结案，即按照服务计划所约定的，在结案期内用很短的时间结束与服务对象的关系。这种结案是服务对象在开始时就已经知道的，早就对结案有心理准备。某些特殊情况下，服务对象需要一个比较长的时间来处理与社会工作者的分离，结案所花时间比较长，被称为长期介入结案。长期介入结案的服务对象其问题一般比较复杂，其对社会工作者的依恋较深，结案反应也比较强烈。<br>2. 因服务对象不愿继续接受服务而必须终止专业关系的结案。在外展工作中，常常会遇到这种情况。当服务对象强烈抗拒服务，社会工作者就没有理由再继续维持与他们的工作关系，因为在这种情况下，服务对象没有意愿和动机接受服务，双方的关系没有意义。<br>3. 超出社会工作者及服务机构服务范围的结案。通常包括超出时间范围及地域范围两种情况。社会工作者及服务机构往往会基于特定范围内为服务对象提供服务，一旦超出服务范围，如无特殊情况，社会工作者及服务机构一般会协商结束服务，进行转介或终止服务。这种情况下，结案的形式可以转介——将服务对象转往其他机构去接受服务，也可以转移——转由其他社会工作者提供帮助。<br>4. 社会工作者或服务对象身份发生变化时的结案。当社会工作者和服务对象身份发生变化时，即使目标没有实现也要结案。例如，服务对象由于搬迁而离开机构所服务的地区时，或者社会工作者由于工作调动而离开本岗位时，都要结案 |
| 回顾服务过程，增强服务对象独立解决问题的能力和信心 | 1. 帮助服务对象回顾问题、解决问题所采取的行动和步骤。通过这样的回顾，社会工作者也能帮助服务对象形成对解决问题过程的认知，进一步巩固他们解决问题的能力。<br>2. 关注点包括：服务的介入方法、服务对象的反馈、预设的服务目标是否达成、待优化及完善之处等 |
| 巩固服务对象及其所处环境已有的改善 | 社会工作秉承“助人自助”理念，在结案环节，需要为了最大限度地促进服务对象自我能力提升，帮助服务对象成长；需要帮助服务对象在回顾个案服务、聚焦个人变化与发展的基础上，通过梳理整个服务过程，帮助服务对象总结及强化服务过程中学习到的经验，提升自信度及能力，并抓好服务对象较为薄弱的环节，避免“木桶效应”，让服务对象在日后脱离个案服务后的生活中能够发挥及使用学到的经验和技巧 |

续表

| 事项 | 步骤和注意事项 |
| --- | --- |
| 结束工作关系，妥善处理离别情绪 | 1. 结案意味着社会工作专业关系的终止，意味着服务对象要回到自己的生活世界中，也意味着其后社会工作者与服务对象就要停止接触，服务对象不再有社会工作者的陪伴。因此，终止关系可能给他们带来“分离焦虑”等感受，表现为对这种即将到来的结案产生负面反应。<br>2. 常见的负面反应包括：<br>(1) 否认——不愿承认已到结案期，避免讨论关于结案的话题。表现为不准时参加与社会工作者的工作会谈、会谈时心不在焉等。<br>(2) 倒退——恢复到以前的状态，以此拖延结案的到来。<br>(3) 依赖——对社会工作者过分依靠。<br>(4) 抱怨——对社会工作者不满意。<br>(5) 愤怒——表现为对社会工作者不满，批评、攻击和挑战其他人。结案时的愤怒会因结案类别而有不同表现。那些因社会工作者离职而结案的服务对象，其愤怒表现得可能会更强烈些，极端情况下会有身体攻击。社会工作者要敏锐地察觉出服务对象的愤怒情绪后面所隐藏的悲伤、难过等情绪，并谨慎地处理。<br>(6) 讨价还价——当发现没有可能阻止结案时，有些服务对象会寻找理由延长服务期限，有时还表现出倒退行为，例如很多已经解决的问题又出现等。<br>(7) 忧郁——当所有延长结案时间的努力都无效时，有些服务对象会表现得无精打采、失落而无助，对结束关系充满焦虑 |
| 填写《个案工作结案表》 | 结案记录表是详细记录社会工作者帮助服务对象提供服务的整个流程的记录文件，可发挥总结回顾工作、为服务对象再次求助提供信息、特殊情况下协助法院等司法行政服务机构调查、保障服务对象及社会工作者权利等功能 |
| 注意事项 | 1. 提前告知服务对象结案的时间，让服务对象有心理准备。鼓励服务对象与社会工作者公开讨论结案问题，并告知结案可能使他们感到难以接受。社会工作者要以同感的态度向服务对象传达意愿，理解他们的心情等，以减少其负面情绪。<br>2. 必要时提供跟进服务。专业关系结束后，社会工作者仍可通过电话、会面、跟进服务对象社会支持网络的方式表达关怀及支持。<br>(1) 电话跟进。在结案后一段时间内，社会工作者用电话与服务对象继续联络，了解结案后服务对象的情况。这种方式简便易行，虽不能见到服务对象的具体情况，但也能让他们感受到社会工作者的关心和支持。<br>(2) 个别会面。在结案后一段时间内，社会工作者根据约定在机构或者服务对象家里与其会面，以了解其情况。面对面的跟进可以让服务对象感觉亲切，也可以了解更多的信息。<br>(3) 跟进服务对象的社会支持网络。社会工作者可以通过跟进服务对象的家庭、邻居、朋友、单位或者学校老师等社会支持网络了解服务对象的情况，以便及时提供相应的服务和必要的支持 |

### （二）结案的技巧

1. 总结技巧

总结整个工作过程，对计划目标完成情况、介入效果进行总结和评估，并将结果与服务对象分享，报告给机构，审慎处理因结案给服务对象带来的与分离有关的感受和情绪，做结案记录并写成结案报告。总结有助于社会工作者和服务对象双方明确个案服务过程，巩固服务成效，同时也有利于强化社会工作专业印象。常用的总结技巧有最字总结法、优缺点总结法、事后回顾法。

最字总结法：以提问“最满意的……”“最开心的……”“最印象深刻的是……”等引导服务对象回忆服务过程中的感受、改变与成长。最字总结法简单且易于操作，对受访者文化和表达能力的要求较低，对于老年服务对象较为合适，但有信息过于碎片化的缺陷。

优缺点总结法：引导服务对象总结分析服务过程中的优点与缺点（见表 4-17）。

事后回顾法（AAR）：关注目标达成、过程实施、优点、缺点、经验迁移 5 个层面的总结分析（见表 4-18）。

表 4-17　优缺点总结表

| 服务阶段 | 优点 | 缺点 |
|---|---|---|
| 服务前 | | |
| 服务中 | | |
| 服务后 | | |

表 4-18　事后回顾法（AAR）问题清单

| 关注层面 | 问题清单 |
|---|---|
| 目标达成 | 服务的目标有哪些？目标是否达成？ |
| 过程实施 | 接受了哪些服务？你的感受如何？ |
| 优点 | 有哪些地方做得比较好？ |
| 缺点 | 有哪些地方有待改善和提高？ |
| 经验迁移 | 有哪些经验可用于以后的工作？ |

2. 特殊情绪处理技巧

在社会工作实务过程中，因长时间与服务对象相处，社会工作者往往会与服务对象建立比较深的关系，所以在结束服务时可能会遇到一系列特殊情绪需要协助处理。常见的特殊情绪有两类：离别情绪、分离焦虑。

知识链接

**离别情绪与分离焦虑**

离别情绪是服务关系结束时服务对象自然的情感流露，社会工作者需要通过同理、鼓励与支持等方法帮助服务对象逐步接受结案事实。

分离焦虑缘于服务对象内心对未来尚未做好准备的恐慌。在分离焦虑影响下，服务对象可能会出现退行性行为，展现出自我攻击或攻击他人，这需要社会工作者根据服务对象的具体情况运用个案服务的多种技巧加以处理。

## 三、案例操作

根据上文提供的李爷爷案例，下边就结案的任务和步骤作具体说明。

第一，提前通知结案时间。在与李爷爷第五次会面后，社会工作者已针对李爷爷及其家属进行了多次直接和间接介入，取得了预期的工作成效。在第六次服务时，社会工作者有意识地提醒服务对象，再有两次会面后将结案，服务对象逐步开始接受即将结案的事实。社会工作者可以进行如下引导："李爷爷，通过我们一起努力，您有了很大的改变，未来肯定会越来越好的。同时我想提醒您，再有两次会面后，我们的服务就要结束了，下一次会谈我们会一起聊一聊您的改变和收获。"

第二，过程的回顾与总结。社会工作者在引导李爷爷服务接近尾声时，一起回忆服务过程中发生的事情和自身问题的解决与改善情况，帮助其分析和反思，提高其日后自我分析问题和解决问题的能力，增强其对未来生活的信心。双方共同回顾了以下内容：初次会谈的情形及对对方的初次印象；接受的服务，包括寻找护工、心理咨询、参与社区文娱活动、培养兴趣爱好等；已改善的方面，包括改善了身体状况、恢复了生活信心、改善了自我价值认知、增强了人际交往等；解决问题的经验，包括重新认识自我、相信自己、积极主动参与社交活动，了解疾病康复的要素和进程等。总结时，社会工作者引导李爷爷尽量总结得具体些，帮助他认识到自我能力的增强与改变。

第三，巩固服务对象已有改变。在帮助服务对象稳定和增强其改变、为迎接未来生活做好准备方面，社会工作者做了如下工作：一是鼓励李爷爷以更加积极的心态面对未来生活。社会工作者说道："李爷爷，通过这一段时间的服务，您的心态越来越好了，相信您未来也一定能更好更开心地面对未来生活，越过越精神，越过越精彩。"二是在因患病导致的生理问题方面，告诉他身体的恢复是一个缓慢的过程，欲速则不达，在护工的帮助下，身体会一天天变得更健康。三是帮助李爷爷制订未来的计划，鼓励他积极参加社区文娱活动，培养新爱好。

第四，填写个案工作结案记录表（见表 4-19）或个案工作个案转介表（见表 4-20）。

**表 4-19　个案工作结案记录表**

| 服务对象 | 李爷爷 | 个案编码 | | 社会工作者 | |
|---|---|---|---|---|---|
| 接案日期 | | | 结案日期 | | |
| **一、介入过程及现状总结** | | | | | |
| 1. 社会工作者提供的服务<br>（1）通过温暖的关心、积极的倾听稳定服务对象的情绪，动员服务对象家人给予服务对象足够的支持和关注。<br>（2）帮助服务对象寻找护工，解决日常起居照料问题。<br>（3）改善服务对象的自我认知。通过情绪疏导、鼓励与支持，改善服务对象的"自己是家庭和社会的负担"的错误认知。<br>（4）改善服务对象的人际交往。通过提供护工服务，服务对象的病情有所好转，从而有精力参与社交活动。同时，鼓励服务对象发展兴趣爱好，扩大社交网络。<br>（5）鼓励服务对象积极参与社区文娱活动，感受生活乐趣。 | | | | | |

续表

| 服务对象 | 李爷爷 | 个案编码 | | 社会工作者 | |
|---|---|---|---|---|---|
| 2. 服务对象的变化和问题解决程度<br>(1) 服务对象的心态发生了很大的变化，精神状态良好。<br>(2) 服务对象的身体状况逐步好转，为下一阶段的康复护理打下了基础。<br>(3) 定期参加社区文娱活动，与同辈群体交流，对自我和他人的认知都有了积极的变化。<br>3. 结案理由<br>服务对象的情况明显好转，达到了预期目标，与服务对象协商结案。<br>4. 社会工作者的观察与总结<br>服务对象对社会工作者的服务表示满意，其生理、心理、行为情况得到了改善。在工作过程中，社会工作者发现，自己的专业知识还不够丰富，有时面对服务对象的情况有力不从心的感觉，对服务对象容易出现的心理、生理、行为问题及原因和解决办法还有待学习和加强 | | | | | |
| **二、目标达成情况** | | | | | |
| 1. 在护工的精心护理下，服务对象的身体状况有所好转，这有助于日后的康复治疗。<br>2. 服务对象的心态发生了较大转变，精神状态良好，不再有厌世和消极的自我认知。<br>3. 服务对象由原先的足不出户，到现在能主动参与社区活动、积极与同辈群体交流沟通 | | | | | |
| **三、结案原因** | | | | | |
| ☑目标达到<br>☐社会工作者认为不适合继续跟进<br>☐服务对象不愿意继续接受服务<br>☐其他情况 | | | ☐超出服务范围<br>说明：<br>说明：<br>说明： | | |
| 服务对象知道个案已结束，并知道在有需要时如何得到服务 | | | | ☑是 | ☐否 |
| **四、结案后回访跟进计划** | | | | | |
| 在结案半年后进行 1 次回访，确定服务对象的变化是否巩固 | | | | | |
| 社会工作者（签名） | | 日期 | | | |
| 服务对象（签名） | | 日期 | | | |
| 督导者（签名） | | 日期 | | | |

表 4-20　个案工作个案转介表

<table>
<tr><td colspan="3">个案姓名：</td><td colspan="3">性别：</td><td colspan="2">年龄：</td></tr>
<tr><td colspan="3">社会工作者：</td><td colspan="3">接案日期：</td><td colspan="2">转介日期：</td></tr>
<tr><td colspan="8">个案来源：　□本人申请　□家属/亲朋申请　□其他（请注明）：</td></tr>
<tr><td colspan="8">转介/接案原因说明：</td></tr>
<tr><td colspan="8">服务对象基本资料：</td></tr>
<tr><td colspan="3">曾从事职业：</td><td colspan="3">籍贯：</td><td colspan="2">宗教信仰：</td></tr>
<tr><td colspan="6">爱好/习惯：</td><td colspan="2">与家人关系：</td></tr>
<tr><td colspan="8">主要照顾者资料：</td></tr>
<tr><td>姓名</td><td>关系</td><td>年龄</td><td>性别</td><td>职业</td><td>是否同住</td><td>联系方式</td><td>备注</td></tr>
<tr><td></td><td></td><td></td><td></td><td></td><td></td><td></td><td></td></tr>
<tr><td></td><td></td><td></td><td></td><td></td><td></td><td></td><td></td></tr>
<tr><td colspan="8">疾病：<br>□健康状况良好 □血压高/低 □眼疾，如白内障 □帕金森症 □气管病<br>□心脏病 □关节炎 □糖尿病 □中风 □肾病 □老年痴呆<br>□癌症 □失明/部分失明 □失聪/部分失聪 □肢体残疾<br>□精神病，请注明：　□疼痛症状，请注明：　□其他，请注明：</td></tr>
<tr><td colspan="8">自理能力：□完全自理，能行走 □半自理，能行走 □半自理，不能行走 □完全不能自理</td></tr>
<tr><td colspan="8">近期身体状况：□转好 □与往常比无改变 □有下降，有没有特殊状况（请注明）：</td></tr>
<tr><td colspan="8">最近六个月有没有以下事件发生：<br>□自己健康有转变 □家人健康有转变 □自己及家人经济状况转变 □亲人去世<br>□婚姻状况转变 □同住的室友有变化 □搬家 □其他：</td></tr>
<tr><td colspan="8">社会工作者评估：</td></tr>
<tr><td colspan="8">个案性质：□危机介入 □一般事件</td></tr>
<tr><td colspan="8">介入范畴：<br>□情绪困扰 □经济困难 □健康问题 □生活适应 □跌倒危机<br>□长者被虐 □护老者支援服务 □人际关系及支援 □善别/善终服务<br>□行为及精神问题 □自我照顾问题 □记忆及认知问题 □居住环境危机<br>□服务申请及支援 □其他：</td></tr>
<tr><td colspan="8">介入计划：（详见附件）</td></tr>
<tr><td colspan="8">督导意见：</td></tr>
</table>

## 案例分享

### 中断服务的刘爷爷

刘爷爷，65 岁，丧偶，子女在外地定居生活，早年因劳作过度导致行动不便，进行过股骨头手术治疗，但术后预后差，目前只能拄双拐走路。由于行动不便和性格内向且较悲观，刘爷爷常常独自一人在家，无人倾诉，逐渐丧失了对生活的信心。日常生活照料需求方面，社会工作者联合社区每周开展长效机制的邻里互助帮扶活动，满足刘爷爷的基本日常生活。在情绪支持与心理辅导需求方面，社会工作者通过每周 2~3 次打电话及入户探访，缓解刘爷爷的孤独感和悲观情绪，增强其对未来生活的信心。在社会交往需求方面，社会工作者积极帮助刘爷爷参与社区老年兴趣小组及社区各项活动，逐步建立和扩展刘爷爷的社交网络。通过 1 个月的个案服务，刘爷爷的情况得到了一定改善。这时，刘爷爷的女儿突然回到老家，要把刘爷爷接去北京，到自己身边照顾。由于服务对象变换了生活地区，服务无法继续开展，社会工作者与刘爷爷商量后进行了结案（结案记录表见表 4-21）。

**表 4-21　个案工作结案记录表**

| 服务对象 | 刘爷爷 | 个案编码 | | 社会工作者 | |
|---|---|---|---|---|---|
| 接案日期 | | | 结案日期 | | |
| **一、介入过程及现状总结** | | | | | |
| 1. 社会工作者提供的服务<br>(1) 完善帮扶体系。联合社区开展长效机制的邻里互助帮扶活动，帮助刘爷爷做家务、就医、购物等，满足服务对象的基本日常生活需求。<br>(2) 心理辅导和情绪支持。每周 2~3 次打电话及入户探访，社会工作者及志愿者陪伴服务对象聊天谈心，缓解其孤独感，调节悲观情绪，增强生活信心。<br>(3) 构建和拓展社交网络。鼓励并引导刘爷爷参与社区老年兴趣小组及社区各项活动，积极构建和扩展服务对象的社交网络。<br>2. 服务对象的情况变化和问题解决程度<br>(1) 服务对象的日常生活需求得到保障，并建立了长效社区邻里帮扶机制。<br>(2) 服务对象的情绪有了一定转变，孤独感降低，但对生活和自我仍存在部分消极认知。<br>(3) 服务对象能在社会工作者的帮助下参与社区活动，初步与同辈群体建立了友谊。 | | | | | |

续表

<table>
<tr><th>服务对象</th><th>刘爷爷</th><th>个案编码</th><th></th><th>社会工作者</th><th></th></tr>
<tr><td colspan="6">3. 结案理由<br>服务对象的日常生活照料、情绪支持与心理辅导、社会交往需求均得到一定的满足，但由于服务对象变换生活地区，服务无法继续开展，因此与服务对象协商结案。<br>4. 社会工作者的观察与总结<br>服务对象对社会工作者的服务表示满意，其生理、心理、行为情况得到了一定改观。在工作过程中，社会工作者发现，由于服务对象的儿女远在他乡及自身肢体不便的问题，情绪起伏大，因此在介入过程中要注重谈话的技巧，加强心理辅导，以缓解服务对象的情绪</td></tr>
<tr><td colspan="6">二、目标达成情况</td></tr>
<tr><td colspan="6">1. 服务对象的日常生活需求得到保障，并建立了长效社区邻里帮扶机制。<br>2. 服务对象有了倾诉对象，消极情绪有了转变，但仍存在消极认知。<br>3. 服务对象能在社会工作者的帮助下参与社区活动，交往能力有所提升，社交网络初步建立</td></tr>
<tr><td colspan="6">三、结案原因</td></tr>
<tr><td colspan="6">□ 目标达到　　□超出服务范围<br>□社会工作者认为不适合继续跟进　说明：<br>□服务对象不愿意继续接受服务　说明：<br>☑其他情况　说明：由于服务对象变换生活地区，服务无法继续开展，与服务对象协商结案</td></tr>
<tr><td colspan="6">服务对象知道个案已结束，并知道在有需要时如何得到服务　☑是　□否</td></tr>
<tr><td colspan="6">四、结案后回访跟进计划</td></tr>
<tr><td colspan="6">在结案半年后进行1次回访，以确定服务对象的变化是否巩固</td></tr>
<tr><td>社会工作者（签名）</td><td colspan="2"></td><td>日期</td><td colspan="2"></td></tr>
<tr><td>服务对象（签名）</td><td colspan="2"></td><td>日期</td><td colspan="2"></td></tr>
<tr><td>督导者（签名）</td><td colspan="2"></td><td>日期</td><td colspan="2"></td></tr>
</table>

**参考阅读：**


[1] 耿玉多．叙事治疗在老年社会工作中的应用［D］．济南：山东大学，2014.

[2] 陈静，江海霞．“互助”与“自助”：老年社会工作视角下“互助养老”模式探析［J］．北京青年政治学院学报，2013，22（4）：36-43.

[3] 谢立黎．社会养老服务体系下的老年社会工作本土化探索［J］．社会福利（理论版），2012（8）：12-18.

[4] 崔丽．老年社会工作中国化研究［D］．淄博：山东理工大学，2012.

[5] 陈伟，黄洪．批判视域下的老年社会工作：对社区居家养老服务的反思［J］．南京社会科学，2012（1）：70-77.

[6] 张景美．人口老龄化背景下我国老年社会工作的困境与选择［J］．才智，2011（1）：41-42.

[7] 包福存，邱云慧．老年社会工作研究综述［J］．重庆文理学院学报（社会科学版），2010，29（4）：147-149.

[8] 杜娟．“心理社会治疗模式”介入老年个案社会工作［J］．社会工作下半月（理论），2010（2）：12-14.

[9] 林典．老年社会工作在养老机构中的应用探讨［J］．社会工作下半月（理论），2008（12）：41-43.

[10] 凌小萍．我国老年社会工作的困境与选择［J］．理论界，2008（7）：208-209.

# 第5章

# 如何为老年人提供小组服务

本章主要从兴趣、教育、支持、成长、治疗 5 个主题入手，介绍老年社会工作如何通过小组向老年人提供针对性服务，满足老年人的多样化需求，推动服务目标达成；并重点介绍如何策划和实施老年小组活动，为社工站开展老年小组服务提供参考。

## 第一节　老年人兴趣小组服务

### 一、老年兴趣小组概述

#### （一）基本概念

老年兴趣小组的组员一般是由有共同兴趣爱好的老年人组成，以自愿参与为原则，以兴趣爱好为切入点，通过在小组中互相学习、互相扶持，提高老年人能力，共同完成目标，打造社区自组织团体。

根据灵活性特点，兴趣小组可分为开放小组或封闭小组，也可以前期是封闭小组，当小组的核心成员形成和活动时间固定后，再转化为开放小组，允许新成员加入小组。社会工作者的任务，首先是组织和协助小组组员对小组形成归属感，提升小组凝聚力；其次是提升小组解决矛盾的能力以及新旧成员互相融入的能力；最后是培养稳定的核心成员并形成社区自组织，学习整合社区资源，提升社会参与能力。

#### （二）服务内容

老年兴趣小组的服务内容广泛，涉及文学、戏剧、音乐、舞蹈、美术、书法、摄影、园艺、手工，以及各种体育项目等方面。

### （三）设计技巧

1. 如何设定小组目标

老年兴趣小组旨在帮助老年人搭建一个有相同兴趣爱好的社交平台，让老年人在小组活动中展现自己的特长，获得满足感与被尊重感，提升自我效能感，丰富老年生活。因此，老年兴趣小组的目标主要有三个：一是搭建社交平台，扩展老年人的交往对象范围，帮助老年人强化社会支持网络；二是通过兴趣爱好发掘老年人自身的能力，增强自信心，获得满足感，促进退休后的生活和心理适应力；三是以兴趣爱好为切入点培育社区团体，通过赋权增能，发展社区服务意识，提高社区参与度。

2. 如何设计小组内容

与其他小组相比，老年兴趣小组的内容设计较为简单，倾向于兴趣爱好类，因此在内容设计上能较好地实现复制。

3. 如何设计小组活动流程

老年兴趣小组的活动流程主要分为三个阶段。第一阶段是先做好需求调查，通过了解老年人的需求确定小组类型，然后遴选服务对象，之后确定工作目标。第二阶段是撰写小组方案。第三阶段是按照小组计划招募组员、开展服务，并在服务中进行过程评估。如果小组活动流程与目标不一致，则需调整小组方向。

4. 老年兴趣小组的类型

老年兴趣小组类型众多，常见的有手工类、娱乐类、文体类三种类型。小组类型不同，适宜的老年人群体、小组目标和小组过程中的注意事项也不同（见表 5-1）。

表 5-1 老年兴趣小组常见类型及区别

| 类型 | | 老年人群体 | 小组目标 | 场所要求和注意事项 | 社区参与方向 |
|---|---|---|---|---|---|
| 手工类 | 围巾编织、手工钩针、手工串珠等 | 低龄老年人、有康复需要的老年人 | 提高老年人动手能力，在小组中重拾自信 | 室内场所光线充足，准备好老花镜等 | 社区义卖、节日探访礼物 |

续表

| 类型 | | 老年人群体 | 小组目标 | 场所要求和注意事项 | 社区参与方向 |
|---|---|---|---|---|---|
| 娱乐类 | 戏剧、音乐、舞蹈等 | 低龄老年人 | 帮助老年人寻找同路人，搭建社交平台，鼓励参与社区服务并获得满足感 | 室内场所要有音乐器材，最好有全身镜 | 节日表演 |
| 文体类 | 八段锦、美术、书法等 | 低龄老年人 | 协助老年人寻找学习新事物的机会，发展新的兴趣爱好 | 户外体育类要准备好防暑物品及应急药物。文化类可以在室内开展，要有大桌子和用于晾干书画的空间 | 体育类：全民健身宣传。文化类：节日主题书画展、春节对联赠送等 |

5. 小组方案设计

兴趣小组初期、中期、后期的任务不同，服务设计也相应不同。

（1）小组初期。此阶段社会工作者的角色主要是领导者，任务是帮助小组建立信任关系，组织和协助小组组员对小组形成归属感，提升小组凝聚力和解决矛盾的能力。设计的文本资料一般包括小组计划书、小组评估表、小组过程记录表、活动签到表、满意度调查表等。

（2）小组中期。在小组关系稳定后，小组核心成员会慢慢形成，这时社会工作者的角色主要是促进者，任务是发掘和培养稳定的核心成员。

（3）小组后期。在对小组核心成员进行培育后，社会工作者需要组织小组成员进行选举。此阶段小组活动时间已经稳定，社会工作者的任务是协助小组形成社区自组织。设计的文本资料一般包括社区自组织成立表、核心成员花名册等。

## 二、老年兴趣小组活动设计

### （一）小组活动设计要点

一是根据老年人的生理、心理状况及社会角色进行内容设计。其一，考虑到大部分老年人患有不同程度的慢性病，小组活动内容须切忌高运动量、高难度、高危的环节。其二，考虑到老年人记忆力衰退、反应速度变慢，每节小组活动内容不宜太多，并要通过不断复习帮助老年人记忆。其三，通过分享环节，鼓励老年人分享经验和感受，让老年人增加自我满足感，也让社会工作者能评估组员的成效。

二是根据老年人的实际需求进行物资准备设计。其一，给老年人准备的资料，字号要尽量大些，颜色要对比鲜明，以方便老年人阅读。其二，考虑到部分老年人的身体状况，要准备急救药箱以及常用急救药品。

### （二）常见问题及应对

1. 组员沉默

由于小组信任关系没有建立，在分享环节常会出现组员沉默的情况。这时，社会工作者应使用鼓励的技巧，给予组员以支持和肯定。同时，要反思是否营造了安全的氛围让组员在安全的情况下发言，也需要评估是否通过破冰游戏等让组员尽快融入小组。

2. 组员冲突

随着小组成员关系的熟悉，当组员们积极发表自己的意见和想法时，常会出现意见分歧的情况，或者因核心组员之间竞争权力而出现冲突的情况。这时，社会工作者应及时介入处理冲突，协调组员之间的矛盾，通过坦白以及互相反馈的方法，让每个组员了解彼此的心声，让组员的目光重新回到小组目标上。

3. 反移情

在开展老年小组时，社会工作者可能会把老年人当成弱者进行过多保护，从而出现反移情现象。当老年人不接受帮助或者帮助老年人失败后，社会工作者往往会产生挫败感，甚至转化成愤怒。因此，社会工作者需要时刻对工作进行反思，必要时寻求督导的支持与帮助。

知识链接

## 移情及反移情

移情是一个精神分析用语，在心理咨询中使用频次比较多，是指来访者对咨询师产生的一种强烈的情感。在社会工作中，移情是指服务对象将过去对重要的人的情感或态度投射到社会工作者身上。

反移情是指咨询师把对生活中某些重要人物的情感或态度转移到了来访者身上。在社会工作中，反移情是指社会工作者将过去的个人经历或现在对该群体形成的感受和体验转移到服务对象身上。

## 三、老年兴趣小组案例

### （一）“益乐健康”养生操小组案例

1. 案例情境

（1）小组名称：“益乐健康”养生操小组。

（2）设计理念。随着我国人口的老龄化越来越严重，关于老年人的问题日益突出。许多老年人退休后大部分时间没有事情做，感到无聊，同时身体机能也逐渐下降，心理和身体都容易出现各种健康问题。五山街的老年人较多，社会工作者在平时的活动和电访中了解到许多老年人平时的运动方式只是散步，锻炼方式较为单一，身体机能没有得到有效的锻炼；同时，老年人大部分时间习惯待在家里不外出，与他人的交流也较少，容易产生孤独感、被排斥感，从而影响身心健康。本小组旨在为老年人提供一个学习养生操的机会，丰富老年人的体育锻炼形式，同时搭建一个老年人社交平台。

（3）需求分析。在小组活动开展之前，社会工作者对社区进行走访，了解老年人体育锻炼的情况，发现因社区空旷场地多，老年人会独自进行体育锻炼，缺乏组织性以及系统性，也缺乏持久的动力，因此社会工作者鼓励老年人参加小组，共同学习，互相鼓励。

（4）服务计划。包括理论分析、小组目标、小组性质、小组对象、活动设计等内容（见表 5-2）。

**表 5-2 “益乐健康”养生操小组服务计划**

<table>
<tr><th>事项</th><th>内容</th></tr>
<tr><td>理论分析</td><td>活动理论主张，老年人应尽可能长久地保持中年人的生活方式以否定老年的存在，用新的角色取代因丧偶或退休而失去的角色，从而把自身与社会的距离缩小到最低限度。社会应鼓励老年人积极参与力所能及的一切社会活动，为老年人参与社会活动提供条件。因此，社会工作者希望搭建一个运动交流平台，让积极锻炼的老年人带动运动少的老年人一起做养生操</td></tr>
<tr><td>小组目标</td><td>1. 总目标：调动老年人体育锻炼的积极性，搭建老年人社会交往平台。<br>2. 分目标：（1）80%以上的老年人学会八段锦动作。（2）80%以上的老年人能恒常参与小组。（3）发掘至少 1 名老年人成为社会工作者的助手</td></tr>
<tr><td>小组性质</td><td>兴趣小组</td></tr>
<tr><td>小组对象</td><td>××社区老年人，小组人数为 15 人</td></tr>
<tr><td>活动设计</td><td>1. 工作安排及进度
<table>
<tr><th>完成日期</th><th>工作内容</th><th>负责人</th></tr>
<tr><td>202×年 12 月 4 日</td><td>撰写计划书</td><td>××社工</td></tr>
<tr><td>202×年 12 月 7 日</td><td>小组招募</td><td>××社工</td></tr>
<tr><td>202×年 12 月 16 日～202×年 1 月 20 日</td><td>小组开展</td><td>××社工</td></tr>
<tr><td>202×年 1 月 20 日</td><td>撰写活动总结</td><td>××社工</td></tr>
</table>
2. 小组实施过程
<table>
<tr><th>小组节次</th><th>时间</th><th>本节目标</th><th>主要内容</th></tr>
<tr><td>第一节</td><td>202×年 12 月 16 日</td><td>介绍小组目标，互相认识和订立小组契约</td><td>（1）破冰游戏；<br>（2）自我介绍；<br>（3）介绍小组目标，订立小组契约</td></tr>
<tr><td>第二节</td><td>202×年 12 月 23 日</td><td>学习八段锦养生操动作，加强保健意识</td><td>（1）回顾小组契约；<br>（2）介绍八段锦；<br>（3）学习八段锦八式动作</td></tr>
<tr><td>第三节</td><td>202×年 12 月 30 日</td><td>回顾八段锦养生操动作，彼此鼓励，增强组员之间互动</td><td>（1）回顾上周八段锦动作；<br>（2）两人为一组继续练习，互相鼓励对方做得好的动作；<br>（3）讨论过去一周多少天坚持练习八段锦</td></tr>
</table></td></tr>
</table>

续表

<table>
<tr><th>事项</th><th colspan="4">内容</th></tr>
<tr><td rowspan="5">活动设计</td><td colspan="4">2. 小组实施过程</td></tr>
<tr><td>小组节次</td><td>时间</td><td>本节目标</td><td>主要内容</td></tr>
<tr><td>第四节</td><td>202×年 1 月 6 日</td><td>练习八段锦养生操动作，通过组员分享增加共鸣</td><td>（1）回顾上周八段锦动作；<br>（2）两人为一组，互相鼓励对方做得好的动作；<br>（3）讨论练习八段锦中遇到的困难以及如何克服的</td></tr>
<tr><td>第五节</td><td>202×年 1 月 13 日</td><td>练习八段锦养生操动作，发掘核心组员</td><td>（1）回顾上周八段锦动作；<br>（2）每人展示八段锦八式，选出动作标准的组员</td></tr>
<tr><td>第六节</td><td>202×年 1 月 20 日</td><td>构建社会交流平台，告知小组结束后转化为恒常小组，鼓励组员继续参加</td><td>（1）邀请上周动作标准的组员带领大家练习；<br>（2）共同回顾小组活动过程，分享心得；<br>（3）告知小组结束后转化为恒常小组，处理离别情绪</td></tr>
</table>

2. 案例分析

（1）过程分析。

第一节，社会工作者先自我介绍，并通过破冰游戏让组员介绍自己的名字、特长、兴趣爱好等。随后社会工作者向组员介绍小组目标，了解组员对小组的期望，共同制订小组契约，约定不迟到、请假提前告知、小组内分享讨论的事情不对外宣讲，为小组营造信任的氛围。最后社会工作者告知下节活动内容，让组员做好准备。

第二节，社会工作者先重温小组契约，并通过游戏再次让组员认识并且记住彼此。对于部分性格内向的组员，社会工作者通过引导、鼓励的方式让其慢慢融入。随后通过观看视频共同学习八段锦的动作。最后社会工作者鼓励组员在接下来的一周坚持在家练习八段锦。

第三节，社会工作者与组员一起回顾并练习八段锦的动作，然后两人一组继续练习。针对部分组员之间还不太熟悉、练习中较难配合的情况，社会工作者进行引导和鼓励。练习完后，大家回到小组中讨论上一周在家练习八段锦的次数。很多老年人反馈，由于家中有各种事情，导致无法坚持。

第四节，社会工作者与组员一起回顾并练习八段锦的动作，然后两人一组继续练习。在这一过程中，组员之间慢慢熟悉，信任也渐渐建立，更多去鼓励彼此，互相学习。练习完后，大家回到小组中讨论和分享坚持练习八段锦过程中遇到的困难以及是如何克服的。很多老年人反馈，自己还是没有习惯在家练习，离开小组后就很难坚持。部分老年人表示，两人一组的方式有利于坚持，并且有一组双方都比较活跃外向的老年人平常在社区相约一起练习，达到了坚持的效果。

第五节，社会工作者与组员一起回顾并练习八段锦的动作，然后邀请每位老年人在大家面前展示，最后大家一起选出动作标准的 3 位老年人。通过分享发现，其中一位老年人在来小组之前就每天上午和社区的伙伴一起做八段锦养生操，因此动作比较熟练。小组活动后，社会工作者和这位老年人沟通，期望他每周都能来与组员一起练习。老年人表示愿意，但是希望小组活动能够提前到上午进行。

第六节，社会工作者邀请上周选出来的 3 位组员带大家一起练习八段锦，并告知大家小组活动已经到达尾声。同时社会工作者也表示，小组活动不会结束，会转化为恒常小组，会带大家组建微信群，在群内提醒大家参加活动，×伯伯将会带领大家继续每周坚持练习。

（2）小组成效评价（见表 5-3）。

**表 5-3　“益乐健康”养生操小组成效评价**

| 目标 | 完成情况 | 评估方法 |
|---|---|---|
| 80%以上的老年人学会了八段锦动作 | 已达成 | 根据社会工作者的观察以及口头询问，参与活动的老年人均能做出八段锦，并熟记每一步动作的名称 |
| 80%以上的老年人能恒常参与小组 | 已达成 | 根据签到表统计，每次平均参与人数达到 80%以上，参与度较高，活动氛围较热烈 |
| 发掘至少 1 位老年人成为社会工作者的助手 | 已达成 | 通过组员推选出 3 位动作标准的老年人，并且其中一位是有经验并愿意协助的老年人 |

（3）社会工作者的反思。

本次小组提前采取了两种招募方式，招募人数基本达到社会工作者的预估。报名组员基本每节都会到，相对固定。本次小组组员参与度较高，活动氛围较热烈，往往活动结束后组员还会相互交流自己的心得，对于活动的评价也较好。

不足之处：一是通过前两次的场地布置发现，在临近活动开始时再搬动桌椅，时间会较为紧凑。因此后续调整为前一天临下班不需要再用到该场地时，就搬好桌椅、挂好横幅，这样老年人来到后社会工作者还可以与老年人进行交谈，了解一些近况。二是统一做准备运动会让早到的老年人比较无聊，可考虑在活动开始前循环播放教学视频，让组员随到随做准备运动，这样活动一开始就可以进行八段锦环节。

**（二）"乐唱欢聚，唱响红歌"唱歌恒常小组案例**

1. 案例情境

（1）小组名称："乐唱欢聚，唱响红歌"唱歌恒常小组。

（2）设计理念。某社区内 60 岁以上老年人主要为高校或单位教职工，受教育水平较高，有一定的退休金作为生活保障，空闲时间比较充足，并且对唱歌有一定的兴趣，需要一个平台去交流学习和结识相同爱好的朋友。根据以往服务显示，社区老年人对唱歌恒常服务参与度高，他们既能在活动中练习唱歌，又可以交友，也可参与社区服务。

（3）服务计划。包括理论分析、小组目标、小组性质、小组对象、活动设计等内容（见表 5-4）。

**表 5-4 "乐唱欢聚，唱响红歌"唱歌恒常小组服务计划**

| 事项 | 内容 |
|---|---|
| 理论分析 | 活动理论主张，老年人应尽可能长久地保持中年人的生活方式以否定老年的存在，用新的角色取代因丧偶或退休而失去的角色，从而把自身与社会的距离缩小到最低限度。社会应鼓励老年人积极参与力所能及的一切社会活动，为老年人参与社会活动提供条件 |
| 小组目标 | 1. 总目标：老年人展能平台，让老年人以歌会友，推动其参与社区志愿服务，促进老年人的社区参与度。<br>2. 分目标：（1）80% 的老年人能至少每周练习 2 首歌曲。（2）每年至少参与 1 次社区文艺表演 |

续表

<table>
<tr><th>事项</th><th>内容</th></tr>
<tr><td>小组性质</td><td>唱歌恒常小组</td></tr>
<tr><td>小组对象</td><td>××社区唱歌队老年人，小组人数为 12 人</td></tr>
<tr><td>活动设计</td><td>1. 工作安排及进度
<table>
<tr><th>完成日期</th><th>工作内容</th><th>负责人</th></tr>
<tr><td>202×年 1 月 5 日</td><td>撰写计划书</td><td>××社工</td></tr>
<tr><td>202×年 1 月 7 日～202×年 12 月 30 日</td><td>恒常小组每周三开展活动</td><td>××社工</td></tr>
<tr><td>202×年 12 月 30 日</td><td>撰写活动年度总结</td><td>××社工</td></tr>
</table>
2. 小组实施过程
<table>
<tr><th>时间</th><th>本节目标</th><th>主要内容</th></tr>
<tr><td>202×年每周三上午 9：00～12：00</td><td>每周练习 2 首歌曲</td><td>定期每周练习 2 首以上歌曲</td></tr>
<tr><td>团建</td><td>通过团建，提高团队凝聚力</td><td>鼓励队长组织组员一年两次团建，并通过团建分享感受</td></tr>
<tr><td>文艺表演</td><td>链接社区资源，提供展能平台</td><td>国庆中秋文艺表演</td></tr>
</table></td></tr>
</table>

2. 案例分析

（1）过程分析。在本年度唱歌恒常小组中，活动气氛高涨，组员积极有序参加活动。队长定期关心没有来的组员，并且组员之间会互相鼓励与配合，成员参与度高。

（2）小组成效评价（见表 5-5）。

**表 5-5　“乐唱欢聚，唱响红歌”唱歌恒常小组成效评价**

| 目标 | 完成情况 | 评估方法 |
| --- | --- | --- |
| 80%的老年人能至少每周练习 2 首歌曲 | 已达成 | 根据社会工作者观察以及队长访谈，本年度组内老年人能坚持每周至少练习 2 首歌曲 |
| 每年至少参与 1 次社区文艺表演 | 已达成 | 社会工作者链接社区资源，让唱歌队参与××街道养老院微型博览会开幕演唱 |

(3) 社会工作者的反思。本小组中有部分参与者是首次参加小组，可以引导新成员自我介绍，增进成员之间的关系，并邀请有经验的成员带新成员，活跃氛围，调动组员积极性。

## 第二节 老年人教育小组服务

### 一、老年教育小组概述

#### (一) 基本概念

老年教育小组是指在社会工作者的协助和指导下，利用老年组员之间的互动和小组凝聚力，促使老年人学习新知识、新方法，或补充相关知识之不足，改变其原来对于自己问题的不正确看法及解决方式，从而实现老年人的发展目标。

#### (二) 服务内容

根据全人观视角，老年人在“身心社”等方面都存在不同的需求。在身体健康方面，由于老年人体力下降、机体功能逐渐衰退，会产生一种恐病的心理。他们都希望自己能健康长寿，也希望社会能加强老年医疗保健，实现就医方便、病有所医，因此有学习疾病知识、健康管理知识的需求。在心理健康方面，由于老年人社会地位的改变，会发生种种心理上的变化，如产生孤独感、自卑感、抑郁、烦躁以及消极情绪等，因此有学习情绪管理知识的需求。在社会方面，由于时代变迁快，老年人有学习新知识的需求。因此，老年教育小组的服务内容主要集中在生理健康、心理健康和社会学习方面。

#### (三) 小组原则

一是帮助组员认识到自我存在的问题并产生自我解决问题的需求；二是促使组员确立新观念、开阔新视野，从而改变看问题的角度；三是开展干预服务，降低组员的问题行为特征，以达到改变自我的目的。

## 二、老年教育小组活动设计

### （一）小组活动设计要点

一是摒弃批判的态度，多接纳老年人成员；二是相信老年人能够改变；三是小组活动正式开始前，充分了解参加小组的老年人的需求、期望及兴趣，在充分沟通的前提下事先与组员建立初步的良好关系；四是每次小组聚会时，预先准备好活动内容和所需物资，并示范如何参与；五是每次小组活动最后，多用启发的方式协助老年人把参与活动的感受表达出来，并与小组宗旨联结起来，加强老年人对小组的认同；六是多用称赞的技巧，激发组员的自信心和参与小组的积极性；七是切忌选用过于复杂和抽象的游戏或程序，以免对老年人造成负面影响。

### （二）常见问题及应对

在开始阶段，小组组员相互认识和订立小组契约是增加小组安全感和信任感的重要手段。在塑造信任的小组气氛方面，有如下几种方法：一是主动与组员沟通，建立信任关系。可以运用同理心，站在组员的角度考虑问题，倾听他们的问题，并作出真诚有效的回应。二是创造机会让组员表达自己的想法，通过组员间的相互回馈和关怀自然地使组员相互间产生信任。三是寻找并强调组员之间的相似性。可以邀请组员分享人生经验或感兴趣的事，通过彼此之间的相似性，增强小组的凝聚力。四是澄清组员之间的误解。五是培养组员积极倾听他人意见的良好习惯。

在中期转折阶段，会出现小组冲突，如组员吵架、顶撞社会工作者、扯话题、粗口反驳、互指不是等。在处理小组冲突时，社会工作者最难做到的是保持客观不评判，容易循着自己的信念系统去评判谁对谁错。处理组员间吵架或冲突的主要方式有：一是及时制止双方，切勿放任或忽视；二是社会工作者先将自己的感受表达出来，再让冲突者说出其感觉和对立原因，问明双方希望如何解决以及这些解决方法可能产生的后果，并对双方的遗漏予以补充；三是将此冲突状况作为小组组员共同讨论的话题，避免类似的情况再次发生。

## 三、老年教育小组案例

### （一）独居老人居家安全教育小组案例

1. 案例情境

（1）小组名称：独居老人居家安全教育小组。

（2）设计理念。对独居老人来说，随着年龄的增长，他们的体力和脑力都有所下降，加之身边无人陪伴，居家养老安全隐患也会随之增加，一旦出现意外情况，很容易造成不可逆的损伤，甚至酿成不可挽回的悲剧。近年来，有关独居老人在家中摔倒、突发疾病，甚至离世无人知晓的事件时有发生，令人揪心。独居老人是否能够安全、幸福地度过晚年，已成为各级政府和社会各界关注的热点问题。因此，迫切需要为独居老人提供居家安全教育服务，提高其安全防范意识，使其掌握一定的自救脱险方法，优化居家生活安全措施，将安全风险降到最低。

（3）需求分析。服务对象是独居老人。独居老人一般是指年龄在 60 岁以上的无配偶、无子女，或配偶、子女一年以上不在本市居住的老年人。通过对 H 镇独居老人的生活起居与人身安全的需求调查发现，他们安全意识低，防范危险的能力弱，居家安全意识亟须加强。基于此，社会工作者计划运用小组社会工作对 H 镇独居老人开展居家安全教育服务。

（4）服务计划。包括理论分析、小组目标及服务策略、小组性质、小组对象、活动设计等内容（见表 5-6）。

表 5-6　独居老人居家安全教育小组服务计划

| 事项 | 内容 |
| --- | --- |
| 理论分析 | 1. 马斯洛认为，人的需要是由生理需要、安全需要、归属和爱的需要、尊重的需要、自我实现的需要从低级到高级构成的。安全需要主要表现为人们要求稳定、安全、受到保护、有秩序、能免除恐惧和焦虑等。随着年龄的增长，很多独居老人的体力和脑力都有所下降，加之身边无人陪伴，居家养老安全隐患随之增加，需要运用马斯洛需求层次理论帮助他们提高居家安全防范意识，增强自我保护及居家安全能力，安全、幸福地度过晚年。<br>2. 社会学习理论认为，人的行为是习得的，人们可以通过观察、模仿、学习他人的行为，改变原有的行为反应方式。很多独居老人缺乏居家安全防范知识，未能建立正确的自我保护意识，需要运用社会学习理论指导他们向生活方式健康积极的老年人学习，改变不合理的行为方式。<br>为提高独居老人的居家安全防范意识，增强自我保护及居家安全能力，社会工作者计划建立“耆来行动，乐享安居”独居老人居家安全教育小组 |
| 小组目标及服务策略 | 1. 总目标：通过讲解居家安全知识，提高独居老人的居家安全意识和应对能力。<br>2. 分目标：（1）80%的组员表示获得居家安全知识，认识到居家安全的重要性。（2）80%的组员表示居家安全防范意识和自我保护能力得到提高。<br>3. 服务策略：通过讲解居家安全知识（防火安全、防跌安全、用药安全、食物安全等），展示和使用居家安全器物，促进组员对居家安全知识的认识；通过组员角色扮演，分享遇到危险事故的经历和应急方法，让其他组员提建议，促进组员之间的相互交流，让组员认识到安全隐患无处不在，提高安全意识和应对安全隐患的能力 |
| 小组性质 | 教育小组 |
| 小组对象 | ××社区独居老人，小组人数为 10 人 |

续表

| 事项 | 内容 |
|---|---|
| 活动设计 | 第一节：别开生面，走近安全<br>具体过程：1. 相互认识：社工介绍自己及协助社工，并邀请组员介绍自己的姓名、年龄、住址、兴趣等。<br>2. 破冰游戏——“左右护法”：训练组员的注意力及反应速度，促进组员互动，增强人际交往。<br>3. 了解期望：社工介绍小组的目标、背景及每节小组课程的内容，引导组员说出对小组的期望。社工结合小组讨论修改小组目标。<br>4. 订立契约：社工与组员一起订立小组契约，明确小组制度，规范小组组员的行为。<br>5. 居家安全教育：社工派发居家安全小册子，进行知识点讲解，如居家照明、浴室安全、厨房安全、楼梯安全、卧室安全、家具安全、生活辅助工具等。<br>6. 填写小组前测表。<br>7. 社工作总结并简单介绍下节小组课程安排。<br>目的：促进组员认识和交流，了解小组期望，订立小组契约，介绍居家安全知识。<br>备注：事先准备好各种需要的条约，在组员想不出的时候可以以此进行引导。<br><br>第二节：居家安全，火灾自救<br>具体过程：1. 回顾小组：社工引导组员回顾上节的内容，了解组员订立了哪些措施来改善自己的居家安全情况，并介绍本节小组安排。<br>2. 知识讲解：社工向组员讲解关于居家安全——火灾自救的相关知识，并与组员做一次现场演练。<br>3. 分享和总结：邀请组员分享参与此次小组活动的内容。（1）学习到了什么？（2）有什么感想或收获？（3）之后怎么把所学到的知识运用到生活中？（4）对用火安全有什么新的认识、想法或建议。（5）对模拟报警有什么新的感受和想法。最后，社工作总结并简单介绍下节小组安排。<br>目的：让组员掌握居家安全教育中的安全防火知识。<br>备注：现场演练期间，保证组员的安全，防止出现跌倒等情况。<br><br>第三节：居家安全，跌倒防范<br>具体过程：1. 回顾小组：社工引导组员回顾上节的内容，了解组员在日常生活中的实际运用情况及感受，并介绍本节小组安排。<br>2. 经历分享：社工邀请组员讲述自己曾经跌倒的情况和应对措施。<br>3. 知识讲解：社工向组员讲解老年人跌倒的危险因素，如生理因素、病理因素、药物因素、心理因素、外在因素等。<br>4. 建立防跌倒个人干预措施：（1）增强防跌意识，加强防跌倒知识和技能学习；（2）坚持参加规律的体育锻炼，增强肌肉力量；（3）合理用药；（4）选择适当的辅助工具；（5）熟悉生活环境，如道路、厕所、路灯等； |

续表

| 事项 | 内容 |
| --- | --- |
| 活动设计 | (6) 衣服要舒适合身;(7) 调整生活方式;(8) 防治骨质疏松;(9) 把经常使用的东西放在不需要梯凳就能够拿到的地方。<br>5. 老年人跌倒后的处理方法:社工邀请组员进行现场演练,讲解老年人跌倒的现场处理方法。<br>6. 分享和总结:邀请组员分享参与此次小组活动的内容。(1) 学习到了什么?(2) 有什么感想或收获?(3) 之后怎么把所学到的知识运用到生活中?(4) 对跌倒防范有什么新的认识、想法或建议。(5) 对模拟跌倒起身有什么新的感受和想法?最后,社工作总结并简单介绍下节小组安排。<br>目的:加强组员对防跌知识的掌握。<br>备注:强调跌倒的危害、家居环境以及户外环境的防跌注意事项,加强组员对自己防跌风险的认识。<br><br>第四节:居家安全,谨遵医嘱<br>具体过程:1. 回顾小组:社工引导组员回顾上节的内容,了解组员在日常生活中的实际运用情况及感受,并介绍本节小组安排。<br>2. 了解组员平时食用的药品及用药习惯,提醒组员用药需要注意的安全:按时用药,按量用药,不私自停药,遵守医嘱,不舒服找医生。<br>3. 急救箱的设置:(1) 介绍急救箱的用途及好处;(2) 询问组员急救箱内应该放置的药品;(3) 结合每个组员的生活习惯和经历,自己家的急救箱内应该放置什么药品,整合出小组急救箱方案。<br>4. 分享和总结:邀请组员分享参与此次小组活动的内容。(1) 学习到了什么?(2) 有什么感想或收获?(3) 之后怎么把所学到的知识运用到生活中?(4) 对用药安全有什么新的认识、想法或建议?最后,社工作总结并简单介绍下节小组安排。<br>目的:促进组员对用药安全、应急箱的认识和了解。<br>备注:留意每位组员的专注程度,灵活处理突发情况。<br><br>第五节:居家安全,慎防中毒<br>具体过程:1. 回顾小组:社工引导组员回顾上节的内容,了解组员在日常生活中的实际运用情况及感受,并介绍本节小组安排。<br>2. 食品图片分类:社工把一堆食品的照片分置到桌子上,将组员分组,每个组拿出自己一顿饭宴请别人会用到哪些食材,并且把食材挑选出来。<br>3. 组员饮食安全讲解:社工观察大家所挑选的食材,并且询问为什么会挑选这种食材。让组员去思考哪些食材可以搭配在一起吃,哪些一起吃会产生危害,哪些一起吃有什么好处。<br>4. 组员相互交流:怎么辨别食品是不安全的,选择怎样的食品、品牌会比较安全,食用之前要使用哪些步骤可减缓食品的危害。<br>5. 食品安全法规:遇到食品问题的求救途径。<br>6. 分享和总结:邀请组员分享参与此次小组活动的内容。(1) 学习到了什么?(2) 有什么感想或收获?(3) 之后怎么把所学到的知识运用到生活中?(4) 对食物安全有什么新的认识、想法或建议?最后,社工作总结并简单介绍下节小组安排。<br>目的:介绍食物中毒的相关知识,让组员掌握食物安全方面的知识。<br>备注:尽量采取风趣幽默的方式介绍食物搭配,方便组员记忆。 |

续表

| 事项 | 内容 |
| --- | --- |
| 活动设计 | 第六节：耆来行动，乐享安居<br>具体过程：1. 小组过程回顾：社工运用 4F 分享法询问组员的感受、想法与收获。（1）回顾本次小组活动的流程，分别讲解每节小组活动做了什么、学到了什么、收获了什么？（2）有什么感想，最喜欢的是哪一节，为什么？（3）得到了哪些居家安全知识？（4）安全意识是否有提高？<br>2. 填写反馈表和后测表。<br>3. 社会工作总结，指出本次小组哪些流程是跟目标相关的。期望组员在日常生活中可以继续增加居家安全知识，提高安全意识与自我保护能力。<br>4. 社工组织长者老年人拍照留念，认可组员的收获与成长，处理离别情绪，结束小组，适当播放舒适的音乐，舒缓气氛 |

2. 案例分析

（1）目标达成情况。一是总目标达成情况。通过向组员讲述防火安全、防跌安全、用药安全、食物安全等知识并和组员分享经验与体会，促进了组员之间的交流与互动，组员的安全意识和应对能力得到提高，总目标达成。二是分目标达成情况。根据回收的 10 份反馈表，100%的组员都表示从小组中学习到了安全知识，其中，100%的组员学习到了居家安全和防跌知识，87.5%的组员学习到了食物安全、用药安全、防火安全知识。组员能热烈地参与讨论，并认真倾听其他组员的分享，认识到了居家安全的重要性，分目标 1 达成。组员能简单地列述预防居家安全事故的简单可行的方法，居家安全意识有所提高，并且 100%的组员的自我保护能力得到了提高，分目标 2 达成。

（2）社会工作者的反思。本次小组运用社会工作的价值、理念与方法，帮助独居老人认识到了自身安全需求，提高了独居老人的居家安全防范意识，增强了独居老人的居家安全自我保护能力。需要注意的是：开展此类活动时，一定要提前储备一定的知识量；面对组员争论时，要尽量采用幽默的言语、运用一些自己的案例来缓和气氛、解决尴尬。

### （二）农村留守老年人生命教育小组案例

1. 案例情境

（1）小组名称：农村留守老年人生命教育小组。

（2）设计理念。根据第七次全国人口普查数据，全国乡村 60 岁、65 岁及以上老年人的比重分别为 23.81%、17.72%，比城镇分别高出 7.99%、6.61%。这一显著的差异背后，是农村人口，尤其是青年人口向城镇转移。年轻人口前往城镇工作、生活，更多的老年人留在村里，使他们的养老问题越发凸显。农村留守老年人由于年迈、疾病多发、身边无人照料，其对衰老、疾病和死亡的焦虑与恐惧更甚于一般老年人，这对他们安享晚年产生了较大影响，因而迫切需要为他们提供生命教育服务。

（3）需求分析。服务对象是农村留守老年人。农村留守老年人是指赡养人持续 6 个月以上离开农村户籍地县域范围从事务工、学习、经商或其他生产经营活动，事实身边无赡养人或赡养人无赡养能力的 60 周岁以上的农村户籍居民。通过对 H 村留守老年人关于如何提升晚年生命质量以及对生命教育的需求程度进行调查，了解到他们有死亡教育和寻找生命意义的需求，包括了解如何临终话别、如何排解失去亲人的痛苦、如何坦然面对死亡、如何探寻生命意义等。基于此，社会工作者计划运用小组社会工作对 H 村留守老年人开展生命教育服务。

（4）服务计划。包括理论分析、小组目标及服务策略、小组性质、小组对象、活动设计等内容（见表 5-7）。

表 5-7　农村留守老年人生命教育小组服务计划

| 事项 | 内容 |
|---|---|
| 理论分析 | 1. 埃里克森认为，成年晚期面临的是自我调整与绝望期的冲突。当一个人回顾自己走过的一生感到自己的生活是充实的、有创建的、幸福的时候，那么他就会有一种圆满感和满足感，就不会惧怕死亡。很多处于人生最后阶段的农村留守老年人不能正确对待衰老、疾病和死亡，未能达到自我完善，内心冲突剧烈，因而可以运用埃里克森人格发展八阶段理论指导实务开展。 |

续表

| 事项 | 内容 |
|---|---|
| 理论分析 | 2. 社会学习理论认为，人的行为是习得的，人们可以通过观察、模仿、学习他人的行为，改变原有的行为反应方式。很多农村留守老年人缺乏对待晚年生活的热情，未能建立正确的生死观、生命观，需要运用社会学习理论指导他们向生活方式健康积极的老年人学习，改变不合理的行为方式。<br>3. 缅怀疗法。是指有意识地引导服务对象回忆人生中有价值、有意义的往事，以促使服务对象达到自我完善和整合。农村留守老年人处于生命的衰退期，自我价值感不高，需要运用缅怀疗法帮助他们提升尊严感和价值感。<br>为了增强农村留守老年人对生命的感知，提高他们的晚年生活质量，社会工作者计划组建“流金岁月，耆乐晚年”农村留守老年人生命教育小组 |
| 小组目标及服务策略 | 1. 总目标：通过回顾过往的人生，增强农村留守老年人面对生活的积极情绪。<br>2. 分目标：（1）80%以上的组员通过回顾过往的生活经历，收获生命的意义和价值。（2）80%以上的组员对未来的生活作出规划，积极面对今后生活。<br>3. 服务策略：通过介绍生命教育的相关内容，增进组员对生命教育的了解和认识；通过体验游戏，引导组员回顾“出生—死亡”的人生历程，思考生老病死的自然规律，树立正确的生死观；通过制作个人生命树，引导组员回顾过往的人生历程，正确认识生命老化的规律；通过创作人生金字塔，让组员收获人生价值，找到积极面对今后生活的力量 |
| 小组性质 | 教育小组 |
| 小组对象 | ××村老年人，小组人数为 10 人 |
| 活动设计 | 第一节：别开生面，漫步人生<br>具体过程：1. 相互认识：社工进行自我介绍，并邀请组员介绍自己的姓名、年龄、住址、兴趣等。<br>2. 破冰游戏——“反口令”。促进组员互动，增强人际交往。游戏规则：社工发出口令，组员做出相反的动作。如说“睁开眼睛”，则闭上眼睛；说“向左看”，则向右看；说“抬起左手”，则抬起右手；等等。<br>3. 了解期望：社工介绍小组的目标、背景及每节小组的内容，引导组员说出自己对小组的期望。社工结合小组讨论修改小组目标。<br>4. 订立契约：社工与组员一起订立小组契约，明确小组制度，规范小组组员的行为。<br>5. 社工作总结并简单介绍下节小组安排。<br>目的：促进组员认识和交流，了解小组期望，订立小组契约。<br>备注：事先准备好各种需要的约定内容，在组员想不出的时候可以以此进行引导。 |

续表

| 事项 | 内容 |
| --- | --- |
| 活动设计 | 第二节：生命宝贵，力行学习<br>具体过程：1. 回顾小组：社工引导组员回顾上节小组的内容，介绍本节小组安排。<br>2. 生命教育主题游戏——“雨点变奏曲”，促进组员互动，引导组员通过雨点变奏探讨人生常态。游戏规则：社工读一段文字，组员听到“小雨”“中雨”“大雨”词语时做出相应的动作（小雨：手指鼓掌；中雨：大力鼓掌；大雨：一边抬手一边鼓掌）。<br>3. 生命教育：社工派发生命教育书籍，讲解生命教育知识。<br>4. 填写小组前测表。<br>5. 分享和总结：邀请组员分享参与此次小组活动的内容。（1）有什么感想或收获？（2）对生命教育有什么新的认识、想法或建议？最后，社工作总结并简单介绍下节小组安排。<br>目的：介绍生命教育知识，增进组员对生命教育的了解和认识。<br>备注：可通过示范来讲解游戏规则。<br><br>第三节：探索生命，人生有序<br>具体过程：1. 回顾小组：社工引导组员回顾上节小组活动的内容，介绍本节小组安排。<br>2. 生命教育主题游戏——“生命探索之旅”。游戏规则：每人每次向社工领取一套卡牌，根据生命的成长过程依次排列婴儿时期、儿童时期、成年时期、中年时期、老年时期，排序正确即可获得奖励。<br>3. 分享和总结：邀请组员轮流分享参与此次小组活动的内容。（1）有什么感想或收获？（2）对人生历程有什么新的认识、想法或建议？最后，社工作总结并简单介绍下节小组活动安排。<br>目的：通过体验生命教育游戏，引导组员坦然面对衰老、疾病与死亡，建立健康生死观。<br>备注：注意游戏秩序和安全，保障游戏顺利进行。<br><br>第四节：回顾历程，关注生活<br>具体过程：1. 回顾小组：社工引导组员回顾上节小组活动的内容，介绍本节小组安排。<br>2. 社工将准备好的卡片和爱心贴纸分发给每位组员，引导组员根据过往的生活经历和生活状态选择相应的贴纸，制作生命贺卡。<br>3. 社工邀请组员轮流分享制作生命树贺卡的灵感。<br>4. 分享和总结：邀请组员分享参与此次小组活动的内容。（1）有什么感想或收获？（2）对生命老化有什么新的认识、想法或建议？最后，社工作总结并简单介绍下节小组安排。<br>目的：制作生命树，带领组员正确认识生命老化的规律。<br>备注：注意保管组员珍贵的作品。 |

续表

| 事项 | 内容 |
|---|---|
| 活动设计 | 第五节：正向规划，展望未来<br>具体过程：1. 回顾小组：社工引导组员回顾上节小组活动的内容，介绍本节小组安排。<br>2. 社工将准备好的卡片分发给每位组员，引导组员在卡片上写下对今后理想生活的规划以及心愿清单。<br>3. 社工邀请组员分享自己的心愿。<br>4. 分享和总结：邀请组员分享参与此次小组活动的内容。（1）有什么感想或收获？（2）对人生价值有什么新的认识、想法或建议？最后，社工作总结并简单介绍下节小组安排。<br>目的：创作人生金字塔，带领组员积极面对生活。<br>备注：引导组员学习积极的同龄人，重燃生活热情。<br><br>第六节：流金岁月，耆乐晚年<br>具体过程：1. 小组过程回顾：社工运用 4F 分享法，询问组员的感受、想法与收获。（1）回顾本次小组活动的流程，分别讲解每节小组做了什么、学到了什么、收获了什么、有什么感想？（2）最喜欢的是哪一节，为什么？（3）收获了哪些人生价值？（4）是否找到积极面对今后生活的力量？<br>2. 填写反馈表和后测表。<br>3. 社工总结小组，指出本次小组哪些流程是跟目标相关的。期望组员积极面对老年生活，提高晚年生活质量。<br>4. 社工组织组员拍照留念。<br>目的：认可组员的收获与成长，处理离别情绪，引导组员告别小组。<br>备注：适当播放舒适的音乐，缓解气氛 |

2. 案例分析

（1）目标达成情况。一是总目标达成情况。通过社会工作者向组员讲述生老病死、生命历程、人生价值等知识和组员分享自己过往的生活经历和感悟，促进了组员之间的交流和互动，增强了组员面对生活的积极情绪，总目标达成。二是分目标达成情况。根据回收的 10 份反馈表，100%的组员都表示通过阅读生命教育的相关资料和书籍，增进了对生命教育知识的了解，其中：100%的组员顺利完成卡片制作，在回忆童年时光和生活经历的过程中，收获了温馨的回忆；90%的组员在进行卡牌游戏的过程中，领悟了生老病死的必然规律。组员都会积极地分享自己的生命故事，也会认真倾听其他组员的分享，分目标 1 达成。80%以上的组员都能分享自己的养老生活规划、兴趣爱好和娱乐活动安排，会很自然地关心同龄人是如何做的，能够热情对待生活、积极面对老化，分目标 2 达成。

（2）社会工作者的反思。本次小组运用社会工作的价值、理念与方法，帮助农村留守老年人调整认知、接纳自我，勇敢面对生老病死，应对自我整合与绝望感的冲突，解决成年晚期的矛盾与问题，让他们能够度过幸福、充实的晚年。通过引导组员回忆与分享过往生活中重要、难忘、有意义的经历，让组员体会到了自身的价值和尊严，促进了组员建构自我认同，能使其以积极情绪面对老年生活，提高了农村留守老年人的幸福感。

## 第三节　老年人支持小组服务

### 一、老年支持小组概述

#### （一）基本概念

老年支持小组的组员一般是由具有某一共性问题的老年人或他们的家人组成的，通过组员彼此提供的信息、建议、鼓励和感情上的支持，以达到解决某一问题和成员改变的效果。在老年支持小组中，特别重要的是组员的关系建构、相互交流和相互支持。老年支持小组的最终目标是协助老年人从生命逆境和情绪困境中走出来，不单是学习如何面对特殊逆境而作出的调整，更是希望老年人能从事件中获得个人的成长，而在这一过程中，小组组员是最佳的支持系统。

老年支持小组主要表现为：小组的目的是帮助组员应付日常生活中的压力；社会工作者的角色是促使组员相互支持与帮助；工作焦点是组员相互分享、共同关注；维系因素是共同的苦恼及相同的经历；组员构成是曾经遭遇相同困难和苦恼的老年人；沟通方式是通过组员之间的分享和支持实现高度互动、公开沟通；信息自我披露程度是中度或高度；工作形式是非正式、平等地参与共同讨论。

### （二）服务内容

依据发展阶段，老年支持小组主要包括小组需求评估、小组策划、小组开展三个阶段的内容。

1. 小组需求评估

老年支持小组的首要步骤是需求评估。在需求评估阶段，主要是对所要服务的老年人的情况进行了解，确定目前的需求满足状况及成因，并根据成因的可变性和可控性，形成暂时性的需求评估结论，从而为支持小组工作计划的制订提供参考和基础。

**知识链接**

#### 常见小组需求评估方法

一是问卷调查法。社会工作者可将支持小组服务需要了解的信息细化为一个个小问题，然后制作成富有逻辑的问卷，通过老年人回答这些问题得到关键信息，从而更准确地设计支持小组环节。

二是访谈法。社会工作者可通过访问潜在的服务对象，了解他们各方面的需求和对一些重要问题的认识，从而得出在支持上存在哪些不足和服务期待。

2. 小组策划

一是明确支持小组的开展背景和目标。开展背景主要包括该小组成立的原因是什么，为什么要筹建该小组，该小组要满足老年人的哪些需求等。小组的目标则是列清通过小组工作的开展要满足老年人哪些方面的需求，以及能达到怎样的效果，以避免小组没有方向感和难以取得成效。

二是招募和筛选组员。招募合适的组员可通过如下方式进行：直接接触、在宣传栏张贴海报、通过村（居）委会宣传、通过自媒体公众号宣传、通过老年人之间相互宣传和推荐等。筛选组员方面则需考虑老年人是否有某一共性问题、是否具备参与该小组活动的能力、组员能否在小组中真正受益、组员参与小组活动的动机是什么等内容，应尽量选取人格特质、教育程度、成长背景、社会经济地位等都差不多的老年人进入小组。

三是明确小组性质。由于老年支持小组的组员同质性较高，需要一起面对和解决相同的困难与苦恼，因此一般以封闭性小组方式开展，以保证组员之间互动充分、角色稳定、凝聚力较强。老年支持小组的规模一般控制在6~12人比较理想。

四是准备活动场所。应尽量选择能够令人放松的场所，以营造轻松、非正式的氛围，且活动场所要大小适宜、布置温馨、光线明亮、温度舒适。

3. 小组开展

开始阶段的主要任务：介绍小组成员，明确小组的目标和组员的期望，讨论保密原则，制定小组规范。

发展阶段的主要任务：帮助组员按照小组计划进行，不要偏题，处理好组员之间的矛盾或不良情绪，提供和反馈信息，帮助组员分享和讨论。

结束阶段的主要任务：收集组员对小组的评价，以便测定小组是否实现预期目标；帮助组员认识到分离带来的正面感受，让组员看到小组给予他们的经验的重要意义，帮助组员巩固已经获得的经验和改变；让组员树立信心，协助组员制订计划，以适应外部情境。

4. 如何设计老年支持小组目标

一个好的小组目标，是能够让人了解到小组服务对老年人要做什么，以及在什么时候达成什么成效。制定准确的小组目标可遵循SMART原则。制定目标后，可以通过以下四个提问来检视目标是否合理：老年人的改变范围与原来的设想是否一致；目标是否站在老年人的立场；是否采用了可观测变化的动词，如认识、学会、做出、掌握等；各个目标之间是否出现重叠。

## 二、老年支持小组活动设计

### （一）小组活动设计要点

1. 小组活动的目标

小组活动的目标，包括总目标和阶段目标。在整体设计上，需紧扣小组目标，并保持阶段目标和总目标的统一。以独居老人支持小组为例，小组的总目标是缓解老年人的负面情绪，促进人际交往，建立社会支持网络；那么小组的阶段目标就要紧紧围绕这个总目标展开，在小组的不同阶段设置不同的分目标，且分目标与总目标一致。

2. 小组活动的参与者

在设计小组活动时，需考虑到组员的背景（包括年龄、性别、职业、文化背景等），以及小组内容是否符合目标老年人的身心特点、是否贴合老年人实际需要等。以独居老人支持小组为例，需考虑到老年人的居住环境、情绪状态、社交情况等方面的同质性，以便能令老年人相互间产生共鸣、互动并产生互助作用。

3. 小组活动的环节设计

小组活动的环节设计，需考虑各环节内容是否能有效促进老年人的充分参与，且每一阶段要由浅入深、环环紧扣，以配合小组发展各个阶段和符合小组目标。

4. 小组活动的成效设计

在设计小组活动时，成效设计不能忽视。社会工作者需根据小组目标梳理成效维度，提前设定小组各个环节如何收集成效素材，如老年人的行为观察记录、相关心理量表、成效评估问卷等，以便小组服务整体上一气呵成。

### （二）常见问题及应对

1. 组员隐私保护

在小组发展阶段，老年人会不可避免地分享个人较为隐私的内容。这时，社会工作者要告知每一位组员，要遵守小组协议的保密原则，承诺保护好其他组员的隐私，互相成为大家的支援，共同营造安全的小组氛围。

2. 组员抗拒参与

有些组员可能会因为性格原因，不喜欢围圈坐下来讲述自己的感受，或者拒绝参加小组的某些环节，其原因可能是这些组员还没有做好足够的心理准备或者不明白小组活动的价值。这时，社会工作者要尊重老年人选择参与或不参与该环节的权利，可以等在适当的时机邀请其参加，或者灵活转换活动方式促进老年人拥有另一种参与可能性，让老年人感受到被接纳和被尊重。

3. 组员谈话跑题

老年人的谈话比较容易跑题，从而导致小组活动的开展偏离小组目标。因此，社会工作者要时刻评估小组目标的实现程度，把握好讨论的内容、范围、时长等，及时进行限制和引导，保证小组的发展始终朝着小组目标进行。

## 三、老年支持小组案例——“风雨同路”独居老人支持小组

### （一）案例情境

1. 小组名称

“风雨同路”独居老人支持小组。

2. 设计理念

朋辈群体由于有共同的价值观念、生活阅历、生活模式，加之年龄相近，其看待问题的方式和角度都差不多，很容易对拥有相同经历的个体或群体产生认同感和归属感。在朋辈群体中工作，是促进老年人心理与社会健康发展的重要方式，能有效推动老年人积极参与社会生活。

3. 需求分析

随着人口老龄化程度日益加深和现代家庭结构缩减，老年人的空巢、独居特点更加突出。一些老年人较少出门会友打牌、跳舞健身、喝茶聊天，与他人沟通交流减少，更多的时间是独自在家做家务、看电视等，生活单调乏味，不仅精神文化需要得不到满足，社会交往也在慢慢退化。FC 社区是一个典型的老旧社区，年轻人普遍外出打工，60 岁以上老年

人有 2000 多人，社区老龄化严重，空巢、独居老年人居多。社会工作者在日常探访中发现，该社区的老年人在家庭支持、社会支持等方面相对薄弱，特别是独居老人，容易存在孤独、无助、抑郁等不良情绪。因此，社会工作者计划以支持小组为媒介，搭建独居老人朋辈交往互助平台，通过一系列的分享交流活动，增进辖区独居老人之间的互动、沟通与支持，缓解独居老人的孤独感和无助感，促进其身心健康，并完善其社会支持网络。

4. 服务计划

包括依据、目标、对象、性质、活动设计等内容（见表 5-8）。

表 5-8 “风雨同路”独居老人支持小组服务计划

| 事项 | 内容 |
|---|---|
| 理论分析 | 社会支持理论认为，社会支持是一种持久的社会集合，这个集合不但能增强个人的自我认识，而且还能增强个人对他人的期望。集合中对个体有支持性作用的他人，可以向有需求的个体提供包括认知、信息指导和情感支持等实际性的帮助。在社会支持理论视角下，社会工作者计划通过干预老年人的社会支持网络，以帮助其获得更多的支持力量。这种支持与帮助，不仅有客观的物质上的支持，还包括精神层面的鼓励，让老年人获得更多的精神支持，消除其孤独、悲伤等不良情绪 |
| 小组目标 | 1. 总目标：通过小组活动，组员能认识更多的社区老年人和服务资源，扩大社交领域，减少孤独感，建立社会支持网络。<br>2. 分目标：（1）每位组员至少认识 3 位朋友，并有良好的互动关系。（2）组员在小组中感受到快乐，获得朋辈支持。（3）每位组员至少知道 3 种社区养老服务资源 |
| 小组性质 | 支持小组 |
| 小组对象 | FC 社区独居老人，小组人数为 8~12 人 |

续表

<table>
<tr><th>事项</th><th>内容</th></tr>
<tr><td>活动设计</td><td>第一节　相见恨晚<br>目的：<br>1. 建立小组，工作人员与小组成员相互认识。<br>2. 营造轻松、舒适的团体氛围。<br>3. 组员自我介绍，初步建立成员之间的归属感。
<table>
<tr><th>时间</th><th>目标</th><th>内容</th><th>物资</th></tr>
<tr><td>5 分钟</td><td>组员和工作人员相互认识</td><td>工作人员做自我介绍、致欢迎词，并邀请组员做自我介绍</td><td>茶水、相机、签到表</td></tr>
<tr><td>5 分钟</td><td>让组员了解小组的目标和内容</td><td>向组员说明小组的目标和内容</td><td>小组计划书</td></tr>
<tr><td>10 分钟</td><td>组员之间初步认识，打破沉默，说出参加小组的期望</td><td>组员围圈而坐，进行“击鼓传花”热身游戏：工作人员击鼓，选出第一名组员开始介绍，然后由刚才介绍结束的组员击鼓选出下一个介绍的人，以此类推</td><td>鼓棒一根、小玩偶一个、椅子若干</td></tr>
<tr><td>15 分钟</td><td>彼此了解后，开始当天活动，使组员之间增强信任度</td><td>游戏“大风吹”：最开始由工作人员说“大风吹”，组员与志愿者一起说“吹什么”，然后工作人员说出一样组员身上有的东西；当组员意识到自己身上有这样东西时就要马上举手示意，若哪位组员反应慢或未举手，则由这位组员开始说“大风吹”，以此类推</td><td></td></tr>
<tr><td>10 分钟</td><td>增进组员的凝聚力和归属感</td><td>介绍小组规范，并邀请组员说出自己的意见。工作人员收集意见，在当节结束后整理，下节开始时公布正式版</td><td>白板、油性笔</td></tr>
<tr><td>10 分钟</td><td>鼓励组员表达心愿，同时了解别人的愿望</td><td>组员写下自己的愿望，工作人员组织制成愿望树</td><td>卡片、树形纸、笔、固体胶</td></tr>
<tr><td>5 分钟</td><td>结束语</td><td>工作人员总结当节活动，告知下节活动的时间和内容</td><td></td></tr>
</table>
</td></tr>
</table>

续表

<table>
<tr><th>事项</th><th>内容</th></tr>
<tr><td>活动设计</td><td>第二节　生活对对碰<br>目的：<br>1. 让组员表达独居生活的状态。<br>2. 组员了解彼此的生活状态。<br>3. 初步形成共鸣与支持性氛围。<br>
<table>
<tr><th>时间</th><th>目标</th><th>内容</th><th>物资</th></tr>
<tr><td>5 分钟</td><td>回顾上节内容，介绍本节内容</td><td>简单回顾上节内容和小组规范正式版，肯定组员的配合，介绍本节内容</td><td></td></tr>
<tr><td>10 分钟</td><td>热身游戏，加强彼此之间的认识</td><td>活力手指操：工作人员带领组员一起学习一遍活力手指操，让组员调整到最佳状态</td><td>投影、音乐</td></tr>
<tr><td>5 分钟</td><td>组员能够反馈感受</td><td>邀请组员说说热身后的感受，体会小组支持性氛围</td><td></td></tr>
<tr><td>15 分钟</td><td>分享生活体验</td><td>“人生树”：由组员自主选择代表自己目前状况的“红苹果”（代表良好的能对老年人形成有利支持的因素）或者“青苹果”（代表老年人对现状不满意的因素）贴在“人生树”上。“红苹果”上面的描述有“我行动方便”“我身体比较健康”“我有自己的兴趣”等。“青苹果”则是“我活动不方便”“我感到孤独”“我身体不好”等</td><td>写好文字的红色、绿色便笺纸，大白纸</td></tr>
<tr><td>15 分钟</td><td>讨论分享</td><td>引导组员进一步分享和讨论目前的生活状态和生活态度，并思考有哪些积极的改变方法</td><td>记录本</td></tr>
<tr><td>10 分钟</td><td>总结</td><td>组员们相互表达同理心及期望改变的愿望</td><td></td></tr>
</table>
</td></tr>
</table>

续表

<table>
<tr><th>事项</th><th>内容</th></tr>
<tr><td>活动设计</td><td>第三节　风雨同路<br>目的：<br>1. 引导组员表达自己生活的无助感和寂寞感。<br>2. 寻找应对无助感和寂寞感的途径。
<table>
<tr><th>时间</th><th>目标</th><th>内容</th><th>物资</th></tr>
<tr><td>5 分钟</td><td>回顾上节内容，介绍本节内容</td><td>简单回顾上节内容，肯定组员的配合，介绍本节内容</td><td></td></tr>
<tr><td>10 分钟</td><td>热身互动，让组员进一步形成支持氛围</td><td>合唱《漫步人生路》：组员围坐一起，由工作人员引领组员一起唱歌，让组员在歌词中感受到力量和朋辈的共鸣</td><td>投影、音乐</td></tr>
<tr><td>20 分钟</td><td>分享感受</td><td>引导组员回忆过去的生活，肯定以往的自己，并选取唱歌最积极的组员首先分享他以前的生活及成就，接着让大家轮流分享感受。然后组织组员讨论有哪些途径可以更好地走出无助寂寞的昨天</td><td>白板、油性笔</td></tr>
<tr><td>20 分钟</td><td>让组员找到排解寂寞的方法，感受到朋辈支持</td><td>制作植物拼贴画：1. 工作人员引导每两个老年人组成一队利用现场提供的风干的树叶、根茎、干花等物料，制作自己喜欢的画作。在与植物相处的间隙，感受生命的力量和朋辈的支持。2. 每位组员找出其他组作品的优点，并予以赞赏和肯定</td><td>一批风干的树叶等、图画纸、胶水、颜色笔</td></tr>
<tr><td>5 分钟</td><td>总结</td><td>工作人员总结当节活动，告知下节活动的时间和内容</td><td></td></tr>
</table>
</td></tr>
</table>

续表

<table>
<tr><th>事项</th><th>内容</th></tr>
<tr><td>活动设计</td><td>第四节　社区有“宝”<br>目的：<br>1. 帮助组员寻找可利用的社区养老资源。<br>2. 组员获得寻求支持性资源的方法。
<table>
<tr><th>时间</th><th>目标</th><th>内容</th><th>物资</th></tr>
<tr><td>5 分钟</td><td>回顾上节内容，介绍本节内容</td><td>简单回顾上节的内容，肯定组员的配合，介绍本节内容</td><td></td></tr>
<tr><td>10 分钟</td><td>热身</td><td>将一样东西藏起来，每人限时一分钟。第一个人进屋来找时，大家都不理他，无论问任何问题都不理。第二个人进屋来找时，大家都给予热心帮助，可以告诉他藏的是什么、藏在哪里，任何疑问都可以得到解答</td><td>适合老年人吃的食物</td></tr>
<tr><td>10 分钟</td><td>加强组员对互助支持的重视</td><td>让大家体会到当自己需要帮助时，没人帮助和被无视的感觉，希望大家都能在生活中相互帮助和支持，以缓解平日独居时的无助感和寂寞感</td><td></td></tr>
<tr><td>10 分钟</td><td>让组员了解除小组支持外，还存在支持性的社区养老资源</td><td>工作人员介绍社区现有的养老服务资源，如医院、养老院、护理站、日间照护中心、居家养老服务等</td><td>养老服务资源清单</td></tr>
<tr><td>10 分钟</td><td>让组员获得发掘资源的能力</td><td>引导组员分享和讨论还有哪些资源可以利用，以及一起寻找资源的方法</td><td></td></tr>
<tr><td>5 分钟</td><td>总结</td><td>工作人员总结当节活动，告知下节活动的时间和内容</td><td></td></tr>
</table></td></tr>
</table>

续表

<table>
<tr><th>事项</th><th>内容</th></tr>
<tr><td>活动设计</td><td>第五节　回顾与未来<br>目的：<br>1. 为整个小组活动作总结。<br>2. 评估小组活动效果。<br>3. 引导组员明确活动结束后自己的生活方向。
<table>
<tr><th>时间</th><th>目标</th><th>内容</th><th>物资</th></tr>
<tr><td>5 分钟</td><td>回顾上节内容，介绍本节内容</td><td>简单回顾上节的内容，肯定组员的配合，介绍本节内容</td><td></td></tr>
<tr><td>5 分钟</td><td>回顾整个小组活动</td><td>回顾并分享整个小组活动的内容，感谢组员和志愿者的大力支持，鼓励组员日后继续参加此类活动，让生活更加丰富</td><td>过往几节的活动照片</td></tr>
<tr><td>10 分钟</td><td>告知结束</td><td>讲述此次小组即将结束，邀请组员对整个小组活动进行评价，注意组员们的情绪变化并进行安抚</td><td>服务反馈表</td></tr>
<tr><td>20 分钟</td><td>总结评价</td><td>邀请每位组员对大家说一句最想说的话，可以是对这次活动的感受，也可以是对其他组员的感谢或祝福，或是对自己的肯定</td><td></td></tr>
<tr><td>10 分钟</td><td>总结和纪念</td><td>工作人员总结此次小组服务，提醒组员在小组结束后充分利用小组和社区的支持性资源，最后合影留念</td><td>相机</td></tr>
</table></td></tr>
</table>

### （二）案例分析

1. 目标达成情况

（1）总目标达成情况。通过 5 节小组活动，12 位同社区的独居老人组员建立了更加良好的邻里关系，拓宽了每位组员的社交关系，相互之间能分享彼此的生活状态、生活琐事及应对困境的解决方法等，在社区中有了更多的联结和支持力量；小组中组员们一起学习和分享了辖区内养老服务资源，在知识和资源的分享中提升了组员们寻找和获取资源的能力。总目标达成。

（2）分目标达成情况。在每一节的讨论及合作环节，组员都是以3人为一组进行，中间亦适当轮换组别，每位组员至少能认识3位朋友，并能在组内有良好互动，故分目标1达成。通过小组过程观察，组员相互认识后，一起经历了小组各项环节，组员们都能很放松、愉悦地交流和互动，尤其是经过第四节的支持游戏，让组员懂得了彼此支持的重要性，并表示会更加珍惜聚会的时间，故分目标2达成。通过与组员一起梳理社区内的养老资源，组员们表示至少知道了3种社区内的养老服务资源，并表示日后会利用好这些资源提升自己的养老生活质量，故分目标3达成。

2. 社会工作者的反思

一是调动独居老人的参与积极性并不是件容易的事，因为独居老人的价值观、生活状态、社交状态已经形成较固有的模式，如果把握不好，容易被组员的消极、负面情绪反噬。因此，社会工作者应在前期多接触同类老年人，多了解、多研究其生活习性和情绪，以积累服务的信心和技巧，这样才能从独居老人的身心特点出发设计小组活动。二是社会工作者要调整好自己的心态，保持自信、正面、多维的状态，这样才能调动组员的参与积极性，实现互动中的彼此接纳、建立联结和相互支持，从而在潜移默化中嵌入支持小组的关键元素。三是社会工作者应在不同阶段定位好服务角色，这样才能更好地挖掘和提升组员的能力。

## 第四节 老年人成长小组服务

### 一、老年成长小组概述

#### （一）基本概念

老年成长小组是指通过组员之间的互动，促使老年人从思想、情感和行为等多方面觉醒并深刻反思，从而获得成长。老年成长小组的最终目的是帮助老年组员了解、认识和探索自己，发挥潜能，从而最大限度地启动和运用自己的内、外在资源，促使其在情绪、态度和行为等方面获得改变，促进个人正常健康地发展。仅从名称上即看得出，老年成长小组与其他老年小组有着较大的区别，老年成长小组的目标不是病理性的治疗与康复，也不是社会性的倡导与抗争，而是侧重老年组员对个体的自我认知和了解，从而推动老年组员的自我发展。

**（二）服务内容**

老年成长小组的服务对象大体可分为健康活跃的老年人和敏感衰弱的老年人两大类。针对健康活跃的老年人，小组内容可以交往为主，关注老年人的生理、心理和社会功能的改进，侧重老年人融合于社会生活的能力成长。针对敏感衰弱的老年人，小组内容可以生活适应为主，舒缓老年人的群体生活压力、挑战，降低各方面带来的负面影响，提高其生活质量。最常见的成长小组内容主要包括个人、家庭关系和社区互动三个层面。其中，个人层面包括老年人的自我照顾、心理情绪调整、社会交往、掌握现代社会知识等内容，家庭关系层面包括老年人处理与子女的关系、解决矛盾冲突的办法等内容，社区互动层面包括获取社区资源的方法、克服获取资源中的顾虑和恐惧等内容。

**（三）设计技巧**

1. 如何设定小组目标

老年成长小组的目标设定必须充分考虑机构的目标、组员的目标，以及社会工作者的目标，围绕老年组员的共同成长来设定。目标设定不能倾向于活动，要注重服务对象的改变（知识、态度、信念、行为等方面）；可分为总目标和分目标，分目标必须回应总目标，且需遵循SMART原则。

2. 如何设计小组内容

一份完整的小组设计内容一般应包含小组背景、指导理论、小组成员、小组活动流程及时间安排、经费预算、预期效果及评估方法等，老年成长小组也不例外。

小组背景是开展成长小组的依据，即为什么开展本次成长小组。小组背景的摸查与否决定了小组活动开展是否有需求基础，主要涉及三方面工作：了解社区老年人的成长问题及需求；分析导致问题出现的因素；社会工作者解决问题的介入点有哪些，即通过什么方式解决问题和满足需求。

指导理论是成长小组工作的理论依据，即选择的理论、方法或模式要与服务对象的特征相吻合。一般分为两大类：第一类是阐释型理论，即解释社会问题或社会现象的理论，重点解决老年人的社会问题是什么及为什么，从而帮助社会工作者更好地分析老年人的社会需求，精准把握需求。第二类是指导型理论，即指导如何开展实践工作的理论，重点解决社会工作者从哪些方面介入。

小组成员是小组的灵魂。在招募过程中，要充分考虑老年人通过哪些渠道能更容易获得报名信息。

在小组活动流程及时间安排上，要考虑老年人参加小组活动的时间不宜过长，一般以 90 分钟左右为宜，时间的分配上应充分考虑小组开场白、热身游戏、成长互动，以及总结分享环节。

经费预算是小组活动的保障，涉及游戏道具、激励的礼品、茶水等。需要注意的是，老年成长小组有时候会因应组员的需要安排部分低偿服务，即收取老年人的一些费用，这需要选定一位老年人做财务管理者，让其做好财务记录并且定期将财务记录在小组内公开。

预期效果是小组的最终目的，也是小组存在的价值，即小组结束后老年组员的收获和成长是什么，可以从态度、价值观、情绪、行为等多个维度进行考察。

最常见的评估方法有调查法、观察法、测量法等。调查法包括问卷调查、组员个别访谈、小组座谈及电话回访等，用到的评估工具有活动反馈问卷、个别访谈提纲、小组座谈提纲，以及回访提纲等。观察法包括社会工作者观察以及小组观察员观察，用到的评估工具是观察列表。测量法分为前后测和单后测，用到的评估工具是科学的量表，例如老年人焦虑情绪管理能力的成长可以借助焦虑量表等标准化的量表进行测量。

## 二、老年成长小组活动设计

### （一）小组活动设计要点

1. 接纳老年人，相信老年人能够改变

在督导时，很多一线的社会工作者会提到，小组中有的老年人很固执，总是跟组内其他的老年人吵起来，连他本人都说自己“没办法改了，这辈子就这个脾气”，社会工作者也不知道应该如何处理。遇到这种情况时，社会工作者要接纳老年人，要相信老年人是一定能够改变的，这正是成长小组的使命所在。

2. 考虑老年人的特征和能力

老年成长小组的设计要符合老年人的特征和能力。比如，在一场老年小组热身游戏中，工作人员设计了“过山车”环节，显而易见，这不仅不符合高龄老年人的生理特征，也会给组员和机构带来一定的风险。因此，在小组活动开展前，社会工作者一定要综合了解组员的年龄、人生阶段、性格、职业、兴趣爱好、能力等情况。

3. 充分经验分享和互动

与儿童青少年相比，老年人有着更多的生活经验、更强的思考能力和表达能力。因此，在设计老年小组活动时，社会工作者应更多地考虑经验分享环节的设计，预留更多的时间让老年人分享自己的经验与感受，既可以设计口头分享环节，也可以借助卡片、书信、互动游戏等方式调动分享。

### （二）常见问题及应对建议

成长小组常见的问题呈阶段性特点，在不同的阶段出现的问题有所不同。一是在小组初期阶段，社会工作者容易遇到组员“偏题”的问题。例如运用广场舞开展的自我情绪管理能力成长的小组，结果小组组员们对于广场舞过于感兴趣，一边跳一边跟组员聊家常，导致社会工作者较难介入成长话题的探讨。为了避免出现这一类的问题，社会工作者应该在小组第一节具体介绍小组的目标、内容和计划，做好小组契约，每位组员需认真阅读契约并且签名，大家一起遵守小组契约。二是在小组中期阶段，随着组员之间关系的逐渐熟络，容易出现排斥或者冲突的情况。小组冲突本身不是坏的事情，处理恰当有时反而能起到解决问题和提升团体动力的效果。面对小组冲突最好的解决办法是预防小组冲突，社会工作者应评估小组冲突的性质大小，例如一个老年人组员在成长小组的热身环节摔倒，社会工作者紧急将受伤组员送医，受伤组员在路途中表示是另外一位组员推他才导致他摔跤的，这里涉及推搡致摔倒导致的医疗费用等问题，可建议当事人报警处理，社会工作者做好情绪安抚及配合调查的工作。如果冲突性质不恶劣，情节轻微的，并且是社会工作者能力范围内可以处理的，要第一时间制止冲突，化解双方敌意，保持良好沟通的渠道，若双方暂时不能保持沟通，可借助组员的力量将两位当事人分开，双方冷静后再沟通处理。三是在小组后期阶段，组员们容易出现行为倒退，情感上不舍得小组结束的情况。社会工作者在遇到此问题时，要客观评估小组目标的达成情况，如果小组目标确实已经达成，那就处理小组组员的离别情绪，同时开展有仪式感的小组结束活动，有效缓解组员的离别情绪。

## 三、老年成长小组案例

### （一）“愉悦身心，健康同行”老年人情绪健康成长小组案例

1. 案例情境

（1）小组名称：“愉悦身心，健康同行”老年人情绪健康成长小组。

（2）设计理念。健康是老年群体最关注的问题。健康的定义可以很狭窄，即身体健康，也可以很广泛，即身体、心理和社交三方面的健康状态。城市社区有很多老年人退休在家，他们的空余时间变多，生活逐渐趋于平淡，交际圈、生活圈也逐渐变小，身体健康状况每况愈下，加之子女的关怀与照顾不足等，这些都会影响老年人的心情，甚至使他们产生负面情绪，消极面对生活。因此，社会工作者应发挥积极作用，关注城市退休老年人的心理健康问题，通过开展专业的社会工作活动，借助放松治疗、音乐疗法等形式，与老年人一起认识自我情绪、探讨情绪管理的方法，协助老年人减少心理冲突，促进老年人与他人的交流与相互支持，让老年人

保持良好的情绪状态，积极愉悦地面对人生。

（3）需求分析。在心理层面，退休老年人有抒发负面情绪、放松心情、提升生活自信心的需求；在认知层面，退休老年人有学习掌握情绪管理方法、积极面对人生的需求。

（4）服务计划。包括依据、目标、对象、性质、活动设计等内容（见表5-9）。

**表5-9　“愉悦身心，健康同行”老年人情绪健康成长小组服务计划**

<table>
<tr><th>事项</th><th colspan="2">内容</th></tr>
<tr><td>理论分析</td><td colspan="2">从“健康老龄化”“积极老龄化”视角出发，运用社会工作专业知识与技巧，对广州市××社区退休老年人开展心理健康方面的小组服务</td></tr>
<tr><td>小组目标</td><td colspan="2">1. 总目标：通过交流和分享心理健康知识，提高退休老年人疏解压力和负面情绪的能力和信心，培养他们积极乐观的生活态度。<br>2. 分目标：（1）80%的老年人掌握了疏解压力与负面情绪的方法，并能有效面对。（2）80%的老年人提升了应对压力和负面情绪的自信心</td></tr>
<tr><td>小组性质</td><td colspan="2">成长小组</td></tr>
<tr><td>小组对象</td><td colspan="2">广州市××社区退休老年人，小组人数为8~12人</td></tr>
<tr><td rowspan="5">活动设计</td><td>招募方式</td><td>社区宣传招募、居委会推荐、社会工作者访谈邀请</td></tr>
<tr><td rowspan="4">活动简述</td><td>第一节：<br>引导老年人相互熟悉，营造温馨轻松的小组氛围；介绍本次小组的性质、目标、内容和时间安排等，征求组员意见，商定小组契约</td></tr>
<tr><td>第二节：<br>引导老年人学习情绪与压力相关知识，探索压力来源及其影响，正确辨识自身与他人情绪，并通过活动和分享促使老年人互相了解与熟悉</td></tr>
<tr><td>第三节：<br>协助老年人分析自己负面情绪背后的原因，培养其积极面对负面情绪的态度，并通过游戏互动增强老年人之间的熟悉度与信任感</td></tr>
<tr><td>第四节：<br>协助老年人掌握调节情绪的方法，挖掘处理负面情绪的方法，通过与他人分享获得互助的力量与支持，放松身心，悦纳情绪</td></tr>
</table>

续表

| 事项 | 内容 | |
|---|---|---|
| 活动设计 | 招募方式 | 社区宣传招募、居委会推荐、社会工作者访谈邀请 |
| | 活动简述 | 第五节：<br>处理组员的离别情绪。回顾小组历程，巩固收获和成长，并鼓励将所获运用于实际生活中，激发老年人互助的力量。深化小组体验，提供进一步学习和服务的资源。组员一起评估小组效能，检验整个小组的效果，协助老年人展望小组结束后的生活，增加其面对困境的信心 |
| | 小组预期困难及解决办法 | 1. 困难：活动气氛过于沉重，或者老年人参与度不高；小组活动过程中老年人的问题没有得到解决或者还有疑惑。<br>2. 解决办法：通过游戏活跃气氛，在每节小组活动结束后布置家庭作业，让老年人对小组活动有所期待；小组活动结束后，可向老年人详细了解问题情况，有针对性地给予建议与安慰 |

2. 案例分析

（1）目标达成情况。根据反馈表，87.5%的组员表示至少掌握了一种小组所分享的调适心情的方法，并能有效面对压力与负面情绪，目标 1 达成。根据反馈表，100%的组员与其他组员有互动交流，85%的组员表示能够得到他人的帮助、获得成长，提升了应对压力与负面情绪的自信心，目标 2 达成。

（2）社会工作者的反思。随着老年人的身体机能退化和社会角色淡化，负面情绪常常会袭来，有些老年人有应对的方法，但是大部分老年人还没有做好心理准备，需要及时给予帮助和支持，这是本小组存在的意义。从小组成效来看，总体效果不错，但是如何将小组的影响面、惠及面扩大，是社会工作者需要思考的。比如，社区中还有多少这样的老年人？仅仅依靠一个小组能够满足需求吗？能否通过评估需求群体的数量培养社区志愿者，扩大服务的覆盖面？这是小组交给社会工作者的思考题，需要在接下来的服务中进行需求评估和资源整合。

### （二）“耆英璀璨”老年人展能小组案例

1. 案例情境

（1）小组名称：“耆英璀璨”老年人展能小组。

（2）设计理念。城市社区有很多刚刚退休的老年人会存在较多的不适应，他们刚刚从社会舞台上退下来，身份转变还没有完成。这些老年人多数“身怀绝技”，有一定的时间和精力去参与社区事务。在实务工作中，我们常常称为“有能老年人”。在原来的工作岗位上，这些有能老年人发挥着重要的作用，他们突然退休了，容易引起心理上的落差，从而怀疑自我价值、产生“老了无用”的消极观念，这给其退休生活带来了较大影响。因此，社会工作者应给予足够重视，可以针对有能老年人开展自我认识探索，帮助他们转变思维观念、充分调动潜能，让他们在社区中展现能力、发挥余热，从而提升对自我价值的认可，提高退休生活质量。

（3）需求分析。在心理层面，退休老年人亟须提升对自我价值的认可，降低对自我的否定，调整对自我无能的看法，学习发挥余热的技能；在社区层面，退休老年人需要一个实现自我价值的服务平台。

（4）服务计划。包括理论分析、目标、性质、对象、活动设计等内容（见表 5-10）。

**表 5-10 “耆英璀璨”老年人展能小组服务计划**

| 事项 | 内容 |
|---|---|
| 理论分析 | 本次小组运用了活动理论。活动理论认为，活动水平高的老年人比活动水平低的老年人更容易感到生活满意和更能够适应社会；老年人应尽可能长久地保持中年人的生活方式以否定老年的存在，用新的角色来取代因丧偶或退休而失去的角色，从而把自身与社会的距离缩短到最小。因此，社会工作者在小组中运用社会工作专业知识与技巧设计环节，为老年人提供更多的参与平台和机会，鼓励老年人发挥余热，积极参与他们力所能及的一切社会活动 |
| 小组目标 | 1. 总目标：提升老年人对自我价值的认可，增强社区服务技能，搭建社区参与平台，充分参与社区事务。<br>2. 分目标：（1）80%的老年人能够提升对自我价值的认可；（2）80%的老年人能够在志愿教学服务的组织技能方面有所成长；（3）80%的老年人得到展示能力的机会，能够承担暑期儿童教学服务 |

续表

<table>
<tr><th>事项</th><th>内容</th></tr>
<tr><td>小组性质</td><td>成长小组</td></tr>
<tr><td>小组对象</td><td>××社区老年人，小组人数为 8~12 人</td></tr>
<tr><td>活动设计</td><td>
<table>
<tr><th>事项</th><th>内容</th></tr>
<tr><td>招募方式</td><td>社区宣传招募、居委会推荐、社会工作者访谈邀请</td></tr>
<tr><td rowspan="5">活动简述</td><td>第一节：<br>促进组员相互认识；征求组员意见，商定小组契约，引导大家遵守契约；了解组员平时的退休生活状态以及对退休生活的看法，引导组员分享对自我的看法以及参与小组的期待；与组员共同确定本次小组的性质、目标、内容和时间安排等</td></tr>
<tr><td>第二节：<br>增强组员之间的凝聚力；分享组员各自在工作岗位上的特长，给予组员机会以展示自己的水平，促进组员之间相互欣赏；向组员介绍社区儿童的兴趣班需要，提高组员社区参与的社会价值感和自信心</td></tr>
<tr><td>第三节：<br>向组员介绍社区活动的概念、内容、注意事项等，提升组员对社区活动的统筹、策划、实施的认识；初步搭建教学平台，令组员发挥自己所长</td></tr>
<tr><td>第四节：<br>鼓励组员独立开展社区儿童教学，促进组员社区服务能力发挥，加强社区儿童与组员之间的互动；总结和分享活动成果，增强组员对自身价值的认同感</td></tr>
<tr><td>第五节：<br>回顾小组历程，分享组员参与社区教学的感受；为组员派发社区参与荣誉奖，并与组员合影表示感谢，鼓励组员今后更多地走进社区；与组员一起评估小组效能，检验整个小组的效果</td></tr>
<tr><td>小组预期困难及解决办法</td><td>1. 困难：搭建的教学平台中，学生书画水平参差不齐，而老年人对专业的要求又比较高，从而影响了老年人的教学关注度和参与度，降低了老年人对社区参与价值的认可度。<br>2. 解决办法：提前与老年人沟通社区的平台状况；招募学生时，建议按照学生的书画水平进行分组，以有利于老年人调整不同班级的教学关注度</td></tr>
</table>
</td></tr>
</table>

2. 案例分析

（1）目标达成情况。根据反馈表，90%的老年人表示对自己的退休生活有了新的认识，对自我价值有了更高的认可，故目标 1 达成。90%的老年人表示自己学会了志愿教学服务的组织技巧，以后不用社会工作者带领也能知道如何策划社区服务，志愿服务能力有所提升，故目标 2 达成。80%的老年人承担了暑期社区儿童教学服务，教学内容为三个儿童兴趣班的硬笔、毛笔、绘画学习，不仅为社区儿童提供了丰富有趣的暑期课程，而且获得了社区家长的好评，老年人自己也表示非常开心，没有想到自己在社区如此被需要、如此受欢迎，并表示以后周末也可以继续参加社区的服务，故目标 3 达成。

（2）社会工作者的反思。本次小组既发挥了有能老年人的自我价值，也让他们习得了参与社区服务的相关技能，真正实现了老有所为、老有所学；小组活动不仅受到老年人的欢迎，也满足了暑期儿童及家长的需要。第一次尝试这种小组服务的模式就获得了较大的成功，这也给社会工作者带来了反思：小组如何延续？能否思考一种长效服务机制来满足有能老年人和社区儿童及家长的需要呢？能否成立一支老年志愿者服务队，让这些有能老年人在继续学习成长的同时能更好地发挥余热呢？这是值得思考的方向。接下来，社会工作者需要了解小组成员对于后期服务延续的意见，征求意见后可考虑成立一支老年志愿者队伍，继续延续服务。

## 第五节　老年人治疗小组服务

### 一、老年治疗小组概述

#### （一）基本概念

老年治疗小组是协助老年人从失调的行为、认知到恢复“健康”状态的小组工作手法。老年治疗小组重在“治疗”、解决当下的失调状态，引导每一个成员找到解决问题的方法，逐步恢复健康状态。

#### （二）服务内容

老年治疗小组的服务对象，是那些不适应社会生活或因关系网络破裂而出现行为、认知问题的老年人。工作内容主要是识别问题、分析原因、提出工作目标与解决方案、评估小组工作方案的有效性。实施治疗小组，识别问题是核心，就像医生诊断病情一样，准确判断“病症”才能有效设定小组的工作目标。对于社会工作者而言，实施治疗小组不但要有理论与实务经验，而且要具备一定的社会资源链接能力，掌握医疗、心理等方面的知识。

老年治疗小组类型较多。例如农村独居老人，他们无人陪伴、社交较少，存在厌世情绪，就可以结合老年人怀旧的特点，通过缅怀小组，引导老年人开启生命历程回顾，追忆不同阶段的人生经历，重构人际关系支持网络，从而提升自我价值、发现生活意义。又如患有抑郁症的老年人，在服用药物的情况下，社会工作者可以尝试邀请老年人参加抑郁症治疗小组，通过小组活动，引导他们发现导致抑郁的因素，提供诉说内心压抑情绪的渠道，从而宣泄情绪、获得他人的抚慰和认同。总之，治疗小组是针对不同服务群体以具体问题为导向而开展的。其他的治疗小组还有美沙酮治疗小组、家庭暴力治疗小组等。

**（三）设计技巧**

1. 如何设定小组目标

老年治疗小组的目标设定需要从老年人的问题识别开始，深度挖掘小组成员的共性挑战，对症下药，从而清晰确定治疗目标。老年治疗小组的问题挑战包括：因子女或亲人长期不在身边，无人倾诉和依靠，导致孤独寂寞、精神空虚、情绪低落；因经济压力大，导致对老年生活产生无力感，情绪低落；因个人性格被排斥，缺乏社会支持网络，导致出现过激行为；因生理机能退化，行动不便，导致社会交往减少，缺乏安全感；因突发事件，产生消极厌世的生活态度；因患上抑郁症等疾病，导致不按时就医服药或者情绪化；等等。

因此，社会工作者要根据预估的问题判断老年人的潜在服务需要，并结合社区资源和团队的工作方法进行小组目标设定。例如，协助建立互助精神慰藉网络，开展心理疏导，稳定老年人情绪；协助老年人回顾过往，消除不愉快情绪；协助老年人链接资源，提高生活积极性，减轻心理压力；协助老年人认识自己、学会沟通、改善自身形象，获得邻里认同；为老年人提供自我照料或居家生活技巧，提高生活能力，提升自信心；协助老年人识别突发事件引起的情绪波动因素，提供缓解强烈悲伤情绪的方法，重建生活信心；协助老年人了解疾病的诱发因素，提供日常护理与情绪疏导方法，减少不适应症状；等等。

2. 如何设计小组内容

治疗小组比其他小组更加需要专业知识或者专业人员的支持。小组的内容设计上倾向于行为认知的正向改进。小组在实现可复制、可操作的同时，更加要关注小组成员的症状消退。

首先，社会工作者要找到“同病相连”且愿意参与的小组成员。因为组员拥有相似的症状更利于形成互助和同理感受，能让小组成员更容易敞开心扉。

其次，在内容设计上，需要暴露问题，多设计一些自我披露环节，引导成员释放自我，表露内心恐惧或者忧虑之处，想方设法提高小组成员互助解决问题的积极性。对于内向或者不善于表达的成员，可以文字书写、关键词表达等方式来解决。社会工作者应表现出倾听尊重的态度，通过点头肯定、眼神回应等给予支持。同时，社会工作者可以通过分发家庭治疗作业，让成员把小组所学技能延展到日常生活中，从而触发小组成员的改变。

最后，小组的评估是重中之重，是衡量小组成败的关键。一方面是评估小组成员的主观感受；另一方面是通过某些量表进行前后测来评估小组的工作成效。

## 二、老年治疗小组活动设计

### （一）小组活动设计要点

除了小组工作的共性设计要点外，老年治疗小组还需注意以下方面：一是聚焦问题，识别问题背后的共性诱因，从而更加精准地完成治疗目标。二是预先了解和分析小组成员的需要、期望、兴趣及背景，提前准备服务资源，以便顺利地与老年人建立工作关系，帮助老年人更快地融入小组。三是相信老年人能够改变，同时也要有一定的心理预期，即改变老年人的行为和认知的时间会比较漫长，治疗未必能够“一次”到位。四是给予组员更多积极的支持和生命的期许，特别是对于情绪低落或者已经表现出自杀倾向的老年人，正能量的输入尤为重要。五是老年治疗小组相对于其他老年人小组更加有难度，需要社会工作者涉猎不同的专业领域，拥有多元化的专业知识和扎实的实务能力，以应对“治疗”过程中组员的各种反应和提问。六是小组结束后的效果评估和经验教训总结，都能成为社会工作者或者机构的组织过程资产，可以为后续的治疗小组优化提供良好的基础。

#### （二）常见问题及应对

1. 组员隐私保护

由于治疗小组的老年人存在不同程度的“病症”，对自身隐私保护比较敏感，因此，遵守小组协议的保密原则、承诺保护好其他组员的隐私，共同营造安全的小组氛围，是保障每一个组员顺利完成小组活动的关键。

2. 社会工作者被质疑

由于大多数社会工作者不具有专业医疗、康复等领域的背景，或者是由于年纪等原因，可能会在小组活动过程中被老年人挑战，或者被质疑专业性。因此，在开展治疗小组前，社会工作者一定要充分认知和实践小组的主题；同时，可以寻求外部专业人员的支持，保障在小组设计或者与组员沟通的过程中，呈现相对的专业性。

### 三、老年治疗小组案例

#### （一）案例情境

1. 小组名称

老年缅怀治疗小组。

2. 设计理念

据了解，××村现有 60 岁以上老年人 600 多名。其中，有部分老年人在 60~65 岁时已经丧偶，子女都外出打工，老年人处于独居状态，情绪低落。社会工作者在走访中发现，老伴儿过世后的老年人缺乏照料与陪伴，经常想念老伴儿；还了解到，老年人有一个共同特征，就是较少出门，经常把自己关在家里，虽然他们也知道这样不好，但又无可奈何。因此，社会工作者计划依托村内具有相似背景的老年人，通过缅怀往事，增强老年人的幸福感和健康度，扩大他们的社交网络，实现互帮互助。

3. 需求分析

结合老年人的需要表述和对实际情况的观察，社会工作者了解到具有一定社群特性的老年人具有治疗倾向：经常表达消极情绪、交际圈子越发缩小、自我封闭不愿意对外交往等，需要社会工作者协助他们发现内心的失落原因，缓解消极情绪，重新发现生活价值。

4. 服务计划

包括理论分析、小组目标、小组性质、小组对象、活动设计等内容（见表 5-11）。

**表 5-11　老年缅怀治疗小组服务计划**

<table>
<tr><th>事项</th><th>内容</th></tr>
<tr><td>理论分析</td><td>埃里克森的人格发展理论将人格的发展分为 8 个时期，认为每个时期都有一个独特的发展任务。如果外在环境有利于个体顺利实现这一发展任务，则人格就会健康发展。其中，第八个阶段即成熟期（65 岁以上）的核心，是应对自我整合与绝望的冲突。为有效完成此生命任务，老年人通过回顾和整理自己的一生，确认或重新定义自己的生命意义与价值，接纳和原谅曾经的遗憾和坎坷，重新获得生活的存在感、充实感</td></tr>
<tr><td>小组目标</td><td>1. 总目标：为丧偶独居老年人提供释放不愉快情绪的机会，树立积极生活的信心。<br>2. 分目标：认知方面，70%的组员重构生活期望；行为方面，70%的组员重构生活支持网络</td></tr>
<tr><td>小组性质</td><td>治疗小组</td></tr>
<tr><td>小组对象</td><td>农村社区 60~65 岁的丧偶独居老年人，小组人数为 6~8 人</td></tr>
<tr><td>活动设计</td><td>1. 工作安排及进度
<table>
<tr><th>完成日期</th><th>工作内容</th><th>负责人</th></tr>
<tr><td>202×年 7 月 1 日</td><td>撰写计划书</td><td>××社工</td></tr>
<tr><td>202×年 7 月 4 日</td><td>小组招募</td><td>××社工</td></tr>
<tr><td>202×年 7 月 10~20 日</td><td>小组开展</td><td>××社工</td></tr>
<tr><td>202×年 7 月 21 日</td><td>撰写活动总结</td><td>××社工</td></tr>
</table></td></tr>
</table>

续表

<table>
<tr><th>事项</th><th>内容</th></tr>
<tr><td>活动设计</td><td>2. 小组实施过程
<table>
<tr><th>小组节次</th><th>时间</th><th>本节目标</th><th>主要内容</th></tr>
<tr><td>第一节：破冰</td><td>7 月 10 日</td><td>介绍小组目标、互相认识和订立小组契约</td><td>破冰游戏，自我介绍；介绍小组目标，订立小组契约</td></tr>
<tr><td>第二节：回忆同学少年</td><td>7 月 12 日</td><td>回忆进入社会工作前的个人经历，回忆过去，引起共鸣</td><td>以社会工作者自己的人生经历，激发组员回忆往事的兴趣，提高组员参与小组的积极性。（需要提前要求组员准备好过去的照片或者能够代表对应年代的物件）</td></tr>
<tr><td>第三节：想当年</td><td>7 月 14 日</td><td>回忆与伴侣的过往点滴，发现过去的美好与遗憾</td><td>分享与伴侣的过往经历，将美好与遗憾都有所记录</td></tr>
<tr><td>第四节：尽诉心中情</td><td>7 月 16 日</td><td>直面过去，宣泄内心的不安情绪</td><td>将心里的想法，通过不同形式进行表述，向“过去”的某人进行“倾诉”，放下心里的遗憾</td></tr>
<tr><td>第五节：希望在明天</td><td>7 月 18 日</td><td>表达对未来的期望，或者依然无法解开的心结，获取他人帮助</td><td>表达对未来的期待，以及希望大家如何帮助，让生活更有活力</td></tr>
<tr><td>第六节：活在当下</td><td>7 月 20 日</td><td>通过完成“家庭作业”、反馈感受，提出更加实际可行的方案</td><td>分享“家庭作业”的实践感受，从中得到支持与鼓励</td></tr>
</table>
</td></tr>
</table>

### （二）案例分析

1. 过程分析

第一节：社会工作者首先进行自我介绍，然后通过破冰游戏让组员基本相互熟悉。随后向组员介绍小组目标，了解组员对小组的期望，共同制定小组契约，并为小组营造信任的氛围。最后告知组员下节预告，让组员做好准备，并布置“作业”，让组员提前准备好过去的照片或者能够代表对应年代的物件。

第二节：社会工作者先重温小组契约，然后通过游戏再次加强组员之间的关系。随后组员轮流介绍带来的照片或物件的故事，社会工作者对每个人的物件的故事做关键词记录，并关注组员提到的心情感受。最后，与所有组员共同回顾所有人的童年时代，将愉快和悲伤都逐一回顾，鼓励组员相互拥抱或握手结束本节小组活动。

第三节：社会工作者与组员一起回顾上节内容，然后让每一个组员介绍自己找到的与伴侣在一起的旧照片、旧物品，并介绍印象最深、最快乐、最难过的经历。最后，社会工作者鼓励组员相互拥抱或握手结束本节小组活动。

第四节：社会工作者与组员一起回顾之前的小组活动内容，然后邀请组员表达对过去的内心情感，同时将内心情感写下来放在信封中，或者使用某些物品代表自己的心情。在这一过程中，社会工作者给予组员更多机会和时间去表达自己内心的感受。最后，社会工作者鼓励组员相互拥抱或握手结束本节小组活动。

第五节：社会工作者与组员一起回顾生命历程的快乐与遗憾，并邀请各位组员共同讨论并提出对当下生活的顾虑，以及解开顾虑的想法。然后社会工作者邀请组员做一个对未来设想的“家庭作业”，例如，把对未来的期望写成文字，或者是画一幅画；做一件之前很想完成，但是一直没有做成的事。最后，社会工作者鼓励组员相互拥抱或握手结束本节小组活动。

第六节：社会工作者对整个小组内容进行集体回顾，并邀请组员分享在小组活动过程中的感悟，让组员重新审视过去、观察现在身边的人，找到好好活着的理由以及方法。最后，社会工作者以拥抱的形式与组员共同结束小组活动。

2. 小组成效评价（见表 5-12）

**表 5-12　老年缅怀治疗小组成效评价**

| 目标 | 完成情况 | 评估方法 |
| --- | --- | --- |
| 70%的组员重构生活期望 | 已达成 | 组员能表达清楚对过去的遗憾、对生活的构想 |
| 70%的组员重构生活支持网络 | 已达成 | 组员通过小组新生找到 1 名邻里支持人员 |

3. 社会工作者的反思

本次小组活动需要聚焦服务对象，征得服务对象同意，确认其参与意愿，避免治疗失效。小组后续，建议对部分没有取得效果的组员进行个案跟进，了解其生活状态。不足之处是：部分回忆环节可能会引起老年人的情绪波动，社会工作者要及时进行安慰，给予时间让组员释放情绪，不要强行要求组员停止哭泣。在小组活动的环境布置上，要考虑使用柔和的灯光、带扶手靠背的座椅等，让组员可以坐稳。有些组员可能找不到一些有代表性的物件或者照片，社会工作者可能需要提前协助组员准备。

**参考阅读：**

［1］梅陈玉婵，齐铱，徐永德．老年社会工作［M］．上海：格致出版社，2009：194-196.

［2］全国社会工作者职业水平考试教材编写组．社会工作综合能力：中级［M］．北京：中国社会出版社，2018：154-155.

［3］刘向阳．当前我国老年社会工作的困惑与选择［J］．首都师范大学学报（社会科学版），2004（3）：104-108.

［4］江娅．老年社会工作的理论基础［J］．中国青年政治学院学报，1998（2）：113-116.

［5］张景美．人口老龄化背景下我国老年社会工作的困境与选择［J］．才智，2011（1）：41-42.

［6］包福存，邱云慧．老年社会工作研究综述［J］．重庆文理学院学报（社会科学版），2010，29（4）：147-149.

［7］林典．老年社会工作在养老机构中的应用探讨［J］．社会工作下半月（理论），2008（12）：41-43.

［8］凌小萍．我国老年社会工作的困境与选择［J］．理论界，2008（7）：208-209.

［9］王瑞华．社区自组织能力建设面临的难题及其成因［J］．城市问题，2007（4）：64-69.

第6章

# 如何为老年人提供社区服务

开展老年社会工作的重要场所是社区。因此，社工站社会工作者应充分利用社区内的公共服务中心、卫生服务中心、驻区单位、社会组织、村（社区）自治组织和志愿者等正式和非正式资源，由社区为老年人提供服务，这对老年人正常的社会生活、社会参与、社会支持网络建立等均具有积极意义。本章将从老年人社区居家养老服务、老年人教育服务、老年人权益保护服务三类较常见的老年人服务，介绍社工站社会工作者如何为老年人提供社区层面的服务。

## 第一节　老年人社区居家养老服务

### 一、老年人社区居家养老服务概述

#### （一）基本概念

社区居家养老服务是指利用社区正式和非正式照顾资源为社区老年人提供服务。老年人随着身体机能的自然老化，在日常生活起居、自我保护等方面均需要得到照顾。同时，对于老年人而言，也可能面临退休后角色转换、没有经济来源、社交生活减少、身边熟悉的家人或亲友去世等情况，而导致其出现抑郁的情绪，因此老年人更需要精神和情感上的照顾。社工站社会工作者既可利用社区内的资源为老年人提供照顾服务，也可以通过组建老年人服务志愿者组织、老年人互助组织等方式为老年人提供非正式的照顾服务。

社区居家养老是中国特色的社会化养老服务体系的重要组成部分，其特质是以居家为基础、社区为依托、机构为补充、医养相结合，不断满足老年人多层次、高质量的养老服务需要。

知识链接

### 社区照顾

社区照顾是指社区中各方成员组成的非正式网络与各种正式社会服务系统相配合，在社区内为需要照顾的人士提供服务与支持的过程。社区照顾主要有两种形式：“在社区照顾”（care in the community）和“由社区照顾”（care by the community）。

“在社区照顾”是指将一些服务对象放在社区内并为其开展服务。其本质是将原来的与外界隔绝的机构照顾转移至社区，正式部门提供的服务在社区照顾上仍然扮演着相当重要的角色，非正式的部门，如家庭、邻居和朋友等则扮演着辅助性的角色。

“由社区照顾”是指由家庭、亲友、邻居、志愿者等所提供的照顾和服务，其核心是强调动员社区内的资源，为受照顾者提供的必要的服务。它意味着照顾的责任主要来自社区，而政府的服务仅限于在特殊的情况下被使用，且被视为最后的手段。

**（二）服务内容**

社工站社区居家养老服务内容主要有两个方面：一是居家养老与社区互动方面。在社区开展养老、孝老、敬老等倡导和宣传活动，营造良好的社区居家养老氛围，同时发挥社工站的资源动员与链接功能，引导和发动社区居民、社区自治组织、社区内企业参与居家老年人的照顾和服务。比如为失智老年人的照顾者提供喘息计划，社会工作者可以充分动员服务对象的邻居、社区内的志愿者、高校大学生志愿者等资源，定期帮助照顾失智老年人，让照顾者和家庭成员有喘息的时间和处理家庭事务的时间。又如高龄老年人健康守护服务，社会工作者可以充分整合乡镇（街道）卫生院、村（社区）卫生室的公共医疗服务资源，针对高龄老年人常见的疾病定期组织义诊服务，动态掌握高龄老年人的健康状态，并与其家庭成员及时沟通，做好疾病预防和及时照顾。二是机构养老与积极老龄化方面。发挥专业优势，提高养老服务设施的使用效率和效能，进入乡镇（街道）、村（社区）敬老院或养老院中，与敬老院或养老院共同开展丰富老年人精神生活、情感需要、社会参与的活动。

知识链接

**社区居家养老常见服务内容**

1. 生活护理。一是个人卫生护理，协助老年人进行洗漱、饮食、如厕、穿衣等；二是生活起居护理，定期晾晒、更换床上用品，保持床铺清洁等。

2. 助餐服务。一是集中制餐，并提供场地供片区老年人定点用餐；二是上门送餐，通过送餐运输工具将餐食送至老年人家中供其食用；三是协助制餐，护理员于老年人家中制作餐食供老年人食用。

3. 助浴服务。一是上门助浴，护理员于老年人家中为其提供洗浴服务；二是外出助浴，选择有资质的公共洗浴场所或有公用沐浴设施的养老机构，为老年人提供洗浴服务。

4. 助洁服务。一是居室保洁，包括卧室、厨房、卫生间等居室保洁；二是物品清洁，包括家具、器物等物品保洁。

5. 洗涤服务。一是集中送洗，将老年人的衣物集中至有资质的洗衣机构或有洗涤设施的养老服务机构进行洗涤；二是上门清洗，护理员于老年人家中为其进行洗衣、晾晒。

6. 助行服务。一是陪同散步，陪同老年人在居住地附近散步；二是陪同外出，陪同老年人前往周边某区域。

7. 助医服务。一是陪同就诊，陪同老年人前往医院就诊；二是代为配药，根据医嘱为老年人配药、购药。

8. 康复辅助。在专业人士的指导下，利用专业的康复器具为老年人提供专门的康复护理。

9. 代办服务。一是代购物品，按老年人要求为其代购商品；二是代领物品，按老年人要求为其代领钱款、证件、单据等物品；三是代缴费用，按老年人要求为其代缴各项公共事业费用或其他费用。

10. 相谈服务。一是谈心交流，与老年人交谈，为其舒缓心情、排遣孤独；二是读书读报，为老年人阅读图书、报刊等。

## 二、老年人社区居家养老服务活动设计

### （一）活动设计要点

1. 注意老龄特征

老年人因年龄层次不同，其生理年龄特征和社会年龄特征也有很大差异。比如，刚退休的老年人，社会工作者的服务应侧重于社会角色调整、社会交往变化、慢性疾病预防、社区参与等方面；高龄老年人，社会工作者的服务应侧重于居家安全、居家照护、慢性疾病护理等方面。另外，活动内容要照顾老年人的身体、心理特征，比如不能设计运动量大的活动、活动时间不宜过长、活动内容不宜复杂等。

2. 注意类型特征

不同类型的老年人因居家环境、社会经济、家庭成员支持等不同，其面临的困境也有很大差异。比如，空巢老年人，社会工作者的服务应侧重于生活照顾、安全照顾、情绪抚慰等方面；失智失能老年人，社会工作者的服务应侧重于日常照护、适当的社会活动等方面；留守老年人，社会工作者的服务应侧重于情感服务、防电信诈骗、公共服务资源使用等方面；失独老年人，社会工作者的服务应侧重于家庭照顾、医疗陪护等方面。

### （二）常见问题及应对

1. 经济支持方面的诉求

社工站的老年服务对象，既是老年人，也是民政服务对象。所以，其不单面临一般老年人老化带来的诸多需求，而且在基本生活保障、疾病治疗、居住安全等方面也存在现实困境。在实际工作中，社会工作者经常会面对老年服务对象提出经济方面的需求的情况，比如疾病治疗、住房条件改善等。面对这些情况时，社会工作者一方面要落实社会救助政策；另一方面要积极

争取社区正式资源与非正式资源，以满足和保证服务对象的基本生活需要。

2. 长期照护方面的诉求

空巢老年人、失智失能老年人、失依老年人等均是典型的民政服务对象。其社会支持力度薄弱，存在长期照护方面的需求。由于社工站的人力、物力等有限，在面对有长期照顾诉求的老年人时，就需要社会工作者做大量发展性社会救助方面的工作；在人力方面可以培育一支能够长期提供为老服务的志愿者队伍，在物力方面可以整合社区内多方面的资源，在家居清洁、送餐送医服务等方面给予积极回应。

知识链接

### 发展型社会救助

发展型社会救助的核心思想是在保证贫困者基本生活条件的基础上更注重人力资本、社会资本和市场机会开发，将传统的"再分配型社会救助"转变为"社会投资型社会救助"，并提出积极社会救助在具体的体制设计上需要突出以下内容：在坚持社会救助基本生活保障的基础上，给予贫困家庭中的儿童和老年人更多关注，对贫困家庭开展更多的支持性服务以提升其可行能力，在引入"工作导向性福利"的过程中更要注重劳动力的社会保护。发展型社会救助是要形成"物质+服务"的救助方式。社会工作参与社会救助是要为救助对象提供心理疏导、资源链接、能力提升、社会融入等服务。

## 三、老年人社区居家养老服务案例

### （一）案例情境

1. 活动名称

"义诊活动送健康，志愿服务暖人心"中医特色理疗义诊活动。

2. 活动背景

M 村是 H 省一个少数民族聚集的村庄，其特征是交通不便、人口分散。M 村 2021 年的人口基本情况，全村人口 2366 人，其中老年人口 478 人。驻村社会工作者在全村老年人口健康调查中发现，在 478 人中，有风湿性关节炎患者 89 人（占 18.6%）、眼疾患者 43 人（占 9.0%）、心血管病患者 31 人（占 6.5%）、高血压和骨质疏松患者 205 人（占 42.9%）。本次活动是针对本村患有风湿性关节炎、高血压、骨质疏松的服务对象，开展中医特色理疗义诊服务。

3. 服务计划

包括问题分析、活动目标、服务对象、活动内容等内容（见表 6-1）。

**表 6-1 “义诊活动送健康，志愿服务暖人心”中医特色理疗义诊活动服务计划**

| | |
|---|---|
| 问题分析 | 造成 M 村老年人患有慢性疾病的原因有很多，其中与生产方式和生活环境有很大关系。M 村以种植水稻为主要的生产方式，因地处山区，无法实现机械化生产，人们长期在水田劳作诱发风湿性关节炎，且当地气候潮湿，冬季取暖设备简陋。针对这种情况，社会工作者虽无力改善本村生产方式和生活环境，但可以链接当地医疗资源，为老年人提供与疾病有关的知识和成本较低的中医保健方式方法 |
| 活动目标 | 1. 总目标：让参与者了解如何在冬季做好慢性疾病基本保健的方式方法，对自身疾病有基本认识，并掌握 1 种有助于其疾病保健的中医理疗方式方法及日常饮食。<br>2. 具体目标：（1）100%的老年人了解与其疾病有关的冬季保健常识。（2）100%的老年人通过义诊后能够掌握 1 种有助于其疾病保健的理疗方法 |
| 服务地点 | M 村村委会办公室 |
| 服务对象 | M 村老年人 |
| 参与单位 | S 乡社会工作服务站、S 乡卫生院、W 市中医院 |
| 服务时间 | 202×年 12 月 5 日：9：00~17：00 |
| 活动内容 | 活动 1：冬季慢性疾病自我保健和饮食讲座。由 W 市中医院的专业医生进行冬季慢性疾病自我保健和饮食讲座，使参与者了解与自身疾病相关的冬季自我保健方式方法和饮食中需要注意的细节。让参与者在活动前填写关于慢性疾病自我保健认识量表，在活动结束后填写活动满意度量表，作为本次活动的评估。<br>活动 2：中医诊断和日常理疗义诊。由 S 乡卫生院和 W 市中医院医生合作，一起为参与活动的老年人进行常规体验、中医诊断和日常理疗服务。每位参与者完成体检和体验后，填写活动体验和满意度量表，作为本次活动的评估 |

### （二）案例分析

1. 过程分析

（1）前期准备方面。在链接卫生院和中医院资源方面，本次活动得到了 S 乡政府的大力支持。M 村村委会也给予了大力支持，安排义诊人员用餐、组织老年人参与等。但也存在一些不足，原计划是开展为期两天的活动，但因为两家义诊单位在协调时间上有困难，所以活动就安排为两期，每期一天。

（2）实施过程方面。活动 1 按照计划开展，服务对象与讲授者有充分的互动；但在活动前未能向服务对象解释清楚讲座的主要内容，导致在讲座中服务对象多次提出讲座主题之外的内容，影响了活动的整体效果。活动 2 按照计划开展，中医诊疗后会让服务对象体验有助于其疾病保健的理疗方式，但因参与人数较多，且器械有限，很多服务对象不愿意等待，所以诊断结束后就回家了，影响了让每个参与者掌握 1 种有助于其疾病保健的理疗方法的目标达成。

（3）后期评估方面。活动结束后，社会工作者分析了活动 1、活动 2 满意度量表，并访谈了两家义诊单位、乡政府、村委会和部分村民对活动的看法。

2. 活动成效评估（见表 6–2）

**表 6–2　活动成效评估表**

| 目标 | 达成情况 | 评估方法 |
|---|---|---|
| 100%的老年人了解与其疾病有关的冬季保健常识 | 63%的老年人了解与其疾病有关的冬季保健常识 | 根据满意度量表、访谈 |
| 100%的老年人通过义诊后能够掌握 1 种有助于其疾病保健的理疗方法 | 47%的老年人通过义诊后能够掌握 1 种有助于其疾病保健的理疗方法 | 根据满意度量表、访谈 |

3. 社会工作者的反思

本次活动采取村委会通知方式招募参与人员。有 95 名老年人参与活动。本次活动得到乡政府和村委会的大力支持，在组织、协调方面比较顺利。活动现场氛围热烈，参与的服务对象认为活动对他们有帮助，因时间原因未能参与的服务对象很期待下次的活动。

不足之处：一是带来的中医理疗器械有限，每个服务对象体验理疗需要一定的时间，导致很多服务对象需要等待，有些服务对象因家中有事情就没有体验理疗。二是艾灸、拔火罐虽然简单易学，但是熟练操作还需要多次练习，通过一次体验老年人无法学会。

## 第二节　老年人教育服务

### 一、老年人教育服务概述

#### （一）基本概念

老年人教育主要包括针对老年人自身需要的教育和在社区层面开展的提升老年人认识、减少老龄歧视、营造敬老爱老护老氛围的社区教育。

老年人自身需要的教育主要是指老年人适应社会变迁方面的教育。比如，随着信息技术、人工智能技术的广泛应用，老年人有学习网上购物、电子支付等技能的需要；同时，如何提升老年人对电信诈骗的识别和防范也成为老年人教育的重要内容。

社区层面的老年人教育的主要目的是通过社区教育令公众在知识、信念、行为方面对老年人有积极正向的认知。比如，在知识方面，社会工作者可以向公众介绍老年人的特点、老年人的生理心理社会变化等方面的知识，增强公众对老年人的认知；在信念方面，可以通过改变"老年人无用""老年人不用学习"等陈旧观念，让公众接受"老有所为""老有所学""积极老龄"等观念，营造敬老、护老、爱老的友好社区环境；在行为方面，可以开展社区老年人生命故事展、孝敬老年人模范家庭宣传等为老服务社区活动。

知识链接

## 社区教育

社区教育模式的基本假设。陈丽云认为，教育是塑造社会意识形态及行为模式的社会化过程，是社会延续和进步的基础。教育能够改变个人的行为与思想，以及家庭和群体的意见，甚至能够改变社会政策和社会制度。每一个人都有能力不断学习并改善自己的生活，包括自我接纳、建立和谐的人际关系、认识社区文体、积极参与谋求改善的行动。社区教育的目标是塑造有知识、有能力及以社区发展为己任的好公民，促进居民增强掌握自己命运的信心和能力，改善自己的生活，教育和动员群体积极投入社区服务，争取权益。

社区教育的工作对象。一是以某一特定社区居民为对象，通过教育性活动，协助提升居民的社会意识。二是以广大社区居民为对象，通过教育性活动，增加民众对机构所提供服务的认识，减少误解，争取社区在精神和物质方面对机构及其提供服务的认可和支持。

社区教育的分类。陈丽云、黄锦宾根据教育的基本目标将社区教育分为三类：一是补偿式教育，是指针对普通大众对社会结构、投诉路径、公民权益等缺乏认识的状况，在社区中开设一些成人教育课程或其他教育机会，使居民弥补未受到正规教育的知识。二是控制式教育，是指政府推动的一些强调市民行为的规范教育，重点在于控制不守公德和秩序的行为。三是解放式教育，是指在知识、行为、态度和价值观念等方面发挥个人的潜能和积极性，汇集个人及集体力量，创造公平的社会秩序。

### （二）服务内容

老年人教育的内容要结合老年人的需要和老年人的社区生活环境来设计。一般情况下，满足老年人自身需要的教育主要有生活新技能教育、老年社会心理自我照护教育、老年兴趣爱好技艺教育、老年疾病预防教育、老年健康饮食教育等内容。社区层面的老年人教育主要有老年知识宣讲、爱老文化宣传、组织助老活动等内容。

## 二、老年人教育服务活动设计

### （一）活动设计要点

1. 满足老年人自身需要的教育活动设计要点

由于老年人生理老化、行动不便，针对老年人自身需要的教育活动要简单易学、重操作性，语言表述要生活化，教育方式宜采用参与式、体验式，时间上尽量安排在周六、周日上午，且每次活动时间控制在60分钟以内为宜。

2. 社区层面的老年人教育活动设计要点

一是多开展敬老、爱老、护老榜样人物和事件的社区教育宣传活动，多利用案例分享和现身说法等活动效果较好的形式。二是多开展一些能够带动少年儿童、青壮年、老年人都参与的活动，增强参与者的相互了解和彼此互助。三是利用好中秋节、重阳节、春节等传统节日开展活动。四是利用老年人丰富的生活、工作经验，多开展一些隔代教育活动，增进隔代间的情感，减少隔阂。

### （二）常见问题及应对

1. 消极情绪

有些老年人存在消极心态，在面对自己行动不便、退休、视听力下降、患有慢性疾病时，会认为自己对家庭没有什么贡献，是一个拖累。在服务中，社会工作者要特别注意这类服务对象，进行个人层面干预的同时，要多开展一些老年人自我认识方面的教育活动，增强这类老年人与其他老年人群体间的互动。

2. 照顾压力

有些老年人可能面临照顾多个孙辈或残障子女的压力，社会工作者一方面要为这类老年人提供减轻其照顾压力的服务，另一方面要为这类老年人开展照顾孙辈或残障子女的日常照顾教育。

## 三、老年人教育服务案例

### （一）案例情境

1. 活动名称

“孝风暖心间，浓情度中秋”孝道孝风宣传社区教育活动。

2. 活动背景

D社区是H省一个拆迁集中安置的“村改居”社区，各种公共服务设施不是很完善，有些家庭因一次性得到较多拆迁补偿款存在不理性消费的情况，有些家庭因拆迁补偿款使用意见不合出现家庭矛盾。据社会工作者了解，在拆迁之前，村里很少有因为钱财问题出现家庭矛盾的，不善待老年人的情况也只是个别一两户。但是拆迁后，随着家庭居住环境的改善和家庭有了一定的存款，家庭矛盾在增多，不善待老年人的情况也在增多，仅2021年就出现了7次老年人与子女起冲突、子女打骂老年人的情况。针对这一状况，社会工作者希望借着传统中秋佳节开展一次孝道孝风宣传社区教育活动。

3. 服务计划

包括问题分析、活动目标、服务对象、活动内容等内容（见表6-3）。

表6-3 “孝风暖心间，浓情度中秋”孝道孝风宣传社区教育活动服务计划

| | |
|---|---|
| 问题分析 | 造成D社区老年人与子女起冲突、子女打骂老年人现象增多的原因有很多，但主要原因是生活方式的转变和家庭成员在如何使用补偿款上意见不同。社会工作者认为，如果直接介入存在这些情况的家庭，可能会面临多方面的挑战，所以希望先通过相关孝敬老年人的社区教育宣传，在社区中营造敬老、爱老、护老风气，然后再做个别家庭的干预服务 |
| 活动目标 | 1. 总目标：挖掘D社区孝敬老年人典型个案，进行表彰宣传，营造氛围，为进一步开展杜绝老年人遭受家庭暴力等社区教育活动起好步。<br>2. 具体目标：（1）通过社区居民推荐，评选10户孝敬老年人的模范家庭，予以表彰宣传。（2）整理10户孝敬老年人的模范家庭的故事，在社区做固定展板宣传。（3）有50户以上的家庭参与现场表彰活动 |
| 服务地点 | D社区活动中心 |
| 服务对象 | D社区居民 |

续表

| | |
|---|---|
| 参与单位 | G街道社工站、D社区居委会 |
| 服务时间 | 1. 模范家庭评选活动：202×年12月1~20日<br>2. 模范家庭展板宣传：202×年12月21日起（展示1年）<br>3. 模范家庭表彰活动：202×年1月3日9：00~11：30 |
| 活动内容 | 活动1：模范家庭评选活动<br>第一步：由D社区居委会成员、社区内德高望重的老年人和每个单元楼选出的2名代表共同组成孝敬老年人模范家庭评委会，讨论制定评选标准，并张榜公告评委会成员名单和评选标准，接受社区居民监督。<br>第二步：由评委会推荐10户拟评选模范家庭名单，由每个单元楼的2名代表和社会工作者组成民意调查组，进入每个家庭，当面告知本次活动的目的及评选规则，并对10户拟评选模范家庭进行匿名书面表态。如果同意率达到51%，即确认为当选家庭；如果同意率低于51%，重新进行推荐和民测。最终确定10户入选家庭，并张榜公布。<br>活动2：模范家庭展板宣传<br>第一步：在社区招募30名青少年志愿者作为模范家庭故事整理团队，并对30名志愿者开展家庭采访技巧培训（包括采访要点、录音设备使用、拍摄技巧等内容）。<br>第二步：根据采访整理模范家庭典型故事。<br>第三步：制作宣传展板，在居委会选出的固定地点展出。<br>活动3：模范家庭表彰活动<br>邀请区、街道老龄委相关领导出席表彰活动，向入选家庭颁发奖牌和奖品。入选家庭分享家庭故事并发表获奖感言，志愿者团队分享采访感受。为吸引社区居民踊跃参与，表彰环节设计了现场抽奖环节 |

### （二）案例分析

1. 过程分析

（1）前期准备方面。本活动得到D社区居委会的大力支持，将孝敬老年人模范家庭评选作为社区每年例行活动，并制定活动奖励办法。同时，本活动也得到区、街道老龄委的支持，并安排相关负责人出席本次活动。

（2）实施过程方面。活动1：评选活动如期开展，不过在评选多少户家庭方面，评委会存在不同意见，有的委员提出按比例评选，有的委员提出按楼栋评选，经讨论和综合考虑，最后决定选出10户。在评选标准方面，经过多次讨论，评委会最终确定将孝敬老年人、家庭和睦、家庭理性消费等作为核心指标。活动2：之所以招募30名青少年志愿者，主要是想让青少年认识孝敬老年人的意义，培养他们敬老爱老的行为。虽然在活动前对志愿者进行了相关培训，但仍有个别小组的采访情况不理想，又进行了补充采访。活动3：表彰活动吸引了61户家庭参与其中，但因社区活动中心场地所限，来晚的居民没有地方坐，有些居民就早早回家了。

（3）后期评估方面。活动结束后，社会工作者走访了入选家庭、参与颁奖现场活动的居民、志愿者和居委会成员，大家对本次活动表示很满意。居委会主任认为，此类活动要多组织几次，这样社区才能慢慢形成孝敬老年人的新风尚。

2. 活动成效评估（见表6-4）

表6-4 活动成效评估表

| 目标 | 达成情况 | 评估方法 |
|---|---|---|
| 通过社区居民推荐，评选10户孝敬老年人的模范家庭，予以表彰宣传 | 完成 | 表彰名单 |
| 整理10户孝敬老年人模范家庭故事，在社区做固定展板宣传 | 完成 | 宣传专栏 |
| 有50户以上的家庭参与现场表彰活动 | 完成 | 满意度量表、活动签到表 |

3. 社会工作者的反思

本次活动得到社区居委会的大力支持，并将活动作为本社区常态活动，这为宣传敬老、爱老、护老思想提供了一个很好的切入点和平台。值得思考之处：一是在评测方式上，有的团队成员提出，民意调查花费了大量的时间和精力，是否可以采取网上投票的方式，这样可以省很多时间；但是从活动的目的来看，入户评测不仅是完成评测，还可以通过宣传与社区居民建立良好的关系。二是在志愿者方面，刚开始社会工作者还有顾虑，担心青少年志愿者无法胜任这项工作；但是从实际情况来看，虽然有几组进行了二次采访，可是青少年志愿者的热情很高，并表示社工站今后有活动还想参与。团队成员认为，组织志愿者参与机构活动，重点是激发志愿者参与活动的热情，营造志愿服务氛围，社会工作机构要在志愿服务质量保障上将工作做细。

## 第三节　老年人权益保护服务

### 一、老年人权益保护服务概述

#### （一）基本概念

《中华人民共和国老年人权益保障法》规定：国家保障老年人依法享有的权益。老年人有从国家和社会获得物质帮助的权利，有享受社会服务和社会优待的权利，有参与社会发展和共享发展成果的权利。禁止歧视、侮辱、虐待或者遗弃老年人。

#### （二）社区层面的老年人权益保护实务

社会工作者在社区层面开展的老年人权益保护的实务内容主要包括：老年人社区组织建设、老年人组织领导能力训练、老年人自我增权行动等。

老年人社区组织建设。老年人社区组织一般包括老年协会、老年兴趣组织、老年志愿组织等。社会工作者的主要任务是协助制定组织目标、定位组织功能和结构、制作章程、制订工作计划、制定日常事务工作，以及备案为社区社会组织或者注册为社会组织等。

老年人组织领导能力训练。组织领导能力是一个组织使命达成、任务实现、资源保障的基础。组织领导能力训练一般包括沟通技巧、会议技巧、演讲技巧、管理技巧、关系技巧等。社会工作者的主要任务是充分挖掘组织领导者的自身优势，注重组织领导团队间的优势互补，有针对性地提升组织领导的各项领导能力。

老年人自我增权行动。增权是社会工作实务的核心，也是社区工作的实务重心。老年人因为身体机能退化和社会角色的减退，容易产生自惭形秽的感觉，面对社会年龄歧视时更容易产生无用（无权感）的认知。无权感是老年人维护自身权益最大的障碍。社会工作者需要开展多类有助于老年人正向认识老化的活动，也需要同老年人一起行动，在社区倡导每个个体均有得到关怀、使用公共资源与服务的理念。

知识链接

## 社区社会组织和增权

1. 社区社会组织。社区社会组织是指由本社区为主的居民、法人和其他组织自愿发起，以社区为主要活动区域，以服务社区居民、满足社区需求、推动社区发展为宗旨的非营利性社会组织。社区社会组织可以按照社会团体或社会服务机构（民办非企业单位）形式登记成立。达不到登记条件的社区社会组织，可以以社、站、队、中心、组等作为组织形式，按规定进行备案；街道办事处（乡镇人民政府）可以支持经备案的社区社会组织依法参与政府购买服务，在办公场所、活动经费、人才培养等方面给予支持。社区社会组织的成立、变更和注销登记按照有关法律法规执行。登记为社会团体的社区社会组织的名称由“行政区划名称+社区（村）名称+业务领域+社会团体组织形式”组成；登记为社会服务机构（民办非企业单位）的社区社会组织的名称由“行政区划名称+社区（村）名称+字号+业务领域+社会服务机构（民办非企业单位）组织形式”组成。

2. 增权。陈树强在《增权：社会工作理论与实践的新视角》一文中提出：“增权”是和“权力”及“无权”密切相关的。所谓权力不外乎是指人们所拥有的能力。但值得注意的是，这种能力不仅表现为一种客观的存在，而且表现为人们的一种主观感受，即权力感。正是这种权力感可以增进人们的自我概念、自尊、尊严感、福祉感及重要感。无权也不单是指人们缺乏能力或资源，亦是指人们会通过一种内化过程形成一种无权感。正是由于存在着这种无权感，使得人们指责和贬低自己，进而陷入无权的恶性循环。增权是一种理论和实践、一个目标或心理状态、一个发展过程、一种介入方式，并不是“赋予”服务对象权力，而是挖掘或激发服务对象的潜能。

## 二、老年人权益保护服务方案设计

### （一）方案设计要点

1. 老年人社区组织建设方面

在老年人社区组织建设方面，社会工作者需注重组织使命的设置，即组织使命需要组织发起者共同讨论并得到发起者认同。同时，需要认真考虑组织日常运作经费如何获得，以及如何激励负责人的积极性和负责人变更后组织如何正常运转。

2. 老年人组织领导能力训练方面

在挑选老年人组织领导能力训练的培训者方面，建议邀请当地具有影响力的同类组织负责人，这样更能激发参与者的信心和学习积极性。在培训方式上，建议多采取实地考察、典型个人成长故事分享等方式进行。在培训周期上，建议每次培训的内容不要过多，但学习的时间最好能够固定，这样有助于形成良好的学习氛围和巩固学习成效。

3. 老年人自我增权行动方面

在老年人自我增权行动方面，社会工作者需协助老年人充分认识其作为公民的基本权益和老年人权益。同时，要通过培训、讲座、典型个人故事分享等方式提升老年人的自信心和集体行动力。

### （二）常见问题及应对

1. 老年人社区组织建设方面

一是组织负责人因搬家等客观原因不得不离开所在社区。这时，组织需要补选新的负责人。一般情况下，社会工作者要建议组织负责人，要将培养接班人作为组织负责人的既定任务，提前培养接班人。二是组织没有日常工作经费来源。在组织培育中，社会工作者要将组织成立后日常工作经费来源作为培育工作的重点工作之一，可协助组织向村（居）委会申请场地、物资及经费。

2. 老年人组织领导能力训练方面

常见问题是组织领导者参与培训的动力不足。针对这种情况，社会工作者可结合组织实际工作中出现的组织领导困境，有针对性地开展训练活动，借参与者想解决问题的动力增强学习培训的效果。

3. 老年人自我增权行动方面

常见问题是，老年人觉得自己年老，对社会和家庭没什么贡献，基本过得去就可以。针对这种情况，社会工作者一方面需要做好老年人对公民基本权利的教育工作；另一方面要创造各种机会，与老年人一起工作，让老年人在行动中感受到自己的价值和行动意义。

## 三、老年人权益保护服务案例

### （一）案例情境

1. 活动名称

Z 村老年协会成立活动。

2. 活动背景

Z 村是 H 省一个苗族聚集村，通过精准扶贫工作逐步形成乡村旅游为主要产业的村庄。Z 村有丰富的自然景观，同时也有丰富的文化资源，如苗鼓、苗绣、苗拳、苗歌等，饮食上还有特色酸鱼、腊肉等。感受苗族文化、品尝苗族特色美食、居住苗族吊脚楼，已成为本村吸引游客的旅游宣传内容之一。在这些项目中，苗鼓是村里的年轻人都能够熟练展示的，而其他如苗绣、酸鱼制作等只有村里的老年人能够展示和制作。刚开始，老人们还很有热情，但是时间久了，老人们感觉压力很大。

3. 服务计划

包括问题分析、活动目标、服务对象、活动内容等内容（见表 6-5）。

表 6-5　Z 村老年协会成立活动服务计划

| | |
|---|---|
| 问题分析 | 社会工作者入村后，对 Z 村老年人面临的这一问题作了细致调查。调查发现，全村有老年人 158 人，其中：女性老年人都会唱苗歌、刺苗绣、腌酸鱼、做腊肉；男性老年人都会制作腊肉，但没人会刺苗绣，会唱苗歌的有 91 人，能打苗拳的有 7 人。对老年人而言，唱苗歌、刺苗绣、打苗拳只是老人们闲暇之余的一些娱乐；而腌酸鱼、做腊肉只在每年的稻谷收购季节、腊月入冬后，才会制作一些供家里人食用。但现在因旅游需要，变成了常态行为。部分老年人力不从心，部分老年人想做但不会，部分老年人说赚的钱都让子女用了……这些现象的背后，既有因旅游带来的生活方式转变问题，也有老年人权益保护问题，还有文化传承问题。社会工作者与村委会、村里的老年人进行了多次沟通。老人们认为，应成立自己的组织，一方面组织村里熟练掌握腌酸鱼等手艺的老年人向村里的青年人传授这些技艺；另一方面保护村里老年人在乡村旅游中的利益 |
| 活动目标 | 1. 总目标：通过成立 Z 村老年协会，将村里的老年人组织起来，以组织方式传递苗族文艺技艺，保护老年人在乡村旅游中的利益。<br>2. 具体目标：（1）完成 Z 村老年协会成立筹备工作。（2）组织 Z 村老年协会成立大会 |
| 服务地点 | Z 村 |
| 服务对象 | Z 村全体老年人 |
| 参与单位 | M 街道社工站、Z 村村委会 |
| 服务时间 | 1. Z 村老年协会成立筹备：202×年 10 月 1~30 日<br>2. Z 村老年协会成立仪式：202×年 11 月 1 日 9：00~11：00 |
| 活动内容 | 活动 1：Z 村老年协会成立筹备<br>第一步：邀请村里德高望重的老年人、村委会成员、村里苗族技艺精湛的老年人组成 Z 村老年协会成立筹委会，推荐产生筹委会组长 1 人、副组长 2 人、秘书长 1 人，成员若干。<br>第二步：召集筹委会会议，讨论协会使命、组织架构、协会章程。社会工作者根据讨论中面临的实际需要，及时给予文本、分享等协助。筹委会全体成员认同后，将这些内容在村里张榜公布，收集村民反馈意见。<br>第三步：召开筹委会会议，根据章程规定，拟定协会会长候选人、副会长候选人、秘书长候选人、苗歌队队长候选人、苗鼓队队长候选人、苗绣队队长候选人、苗拳队队长候选人、腌制酸鱼队队长候选人、制作腊肉队队长候选人，并张榜公布候选人情况，收集村民反馈意见。<br>第四步：筹备成立大会各项工作 |

续表

| | |
|---|---|
| 活动内容 | 活动 2：Z 村老年协会成立仪式<br>第一步：村书记宣读关于成立本村老年协会的意见。<br>第二步：筹委会负责人宣读选举程序和候选人、监票人、唱票人名单，在社会工作者等会务人员的协助下，逐一进行投票。（这一环节要充分考虑部分老年人行动不便和老年人不识字等情况，采取合适的投票方式）<br>第三步：唱票人公布投票结果，筹委会负责人宣读当选成员名单。<br>第四步：村书记给当选者颁发聘书。<br>第五步：协会会长代表组织发表当选感言，并组织全体成员表决协会章程 |

### （二）案例分析

1. 过程分析

（1）前期准备方面。社会工作者了解老年人需求后，多次与 Z 村村委会沟通，并得到村委会支持，然后组织成立协会筹委会。通过筹委会，完成了协会成立前的各项准备工作，并将成立协会一事向当地乡政府民政办作了说明。

（2）实施过程方面。一是在筹委会准备成立协会的各项工作中，社会工作者虽然做了大量协助工作，但在协会日常经费来源方面，最后讨论的结果还是由协会自己想办法，这可能会影响到协会的长足发展。二是在确定协会会长人选方面，遇到了村里不同姓氏之间的冲突问题。三是在成立仪式的投票环节，由于老年人数量较多和现场协助工作人员不足，花费了大量时间。

（3）后期评估方面。活动结束后，社会工作者采访了村委会成员、协会当选人员、老年人和其他村民，大家都觉得成立协会能够将村里的老年人组织起来，可以一起做很多事情。社会工作者后期仍需要继续跟进协会建设工作，比如如何发挥协会作用、如何保护老年人在乡村旅游中的权益、如何以组织方式参与本村乡村旅游、如何实现协会日常活动经费自由等。

2. 活动成效评估（见表 6-6）

表 6-6　活动成效评估表

| 目标 | 达成情况 | 评估方法 |
| --- | --- | --- |
| 完成 Z 村老年协会成立筹备工作 | 完成 | 过程材料 |
| 组织 Z 村老年协会成立大会 | 完成 | 成立大会材料 |

3. 社会工作者的反思

根据 Z 村老年人在乡村旅游中面临的各种挑战和权益可能受损的情况，社会工作者推动本村老年人组建老年协会。根据社区组织的各项工作内容，社会工作者协助 Z 村老年人完成了协议成立筹备工作并顺利举办协会成立大会。不足之处是：在协会筹备阶段，没有较好地处理村里不同姓氏之间的诉求；在协会成立大会举办过程中，没有动员村里青年人作为会务志愿者。

**参考阅读：**

［1］徐永祥，孙莹．社区工作［M］．北京：高等教育出版社，2004.

［2］张和清，杨锡聪，等．社区为本的整合社会工作实践：理论、实务与绿耕经验［M］．北京：社会科学文献出版社，2016.

［3］陈龙，何龙．老龄化进程下我国老年人权益保障困境分析和制度安排研究［J］．前沿，2015（2）：117-120.

［4］陈树强．增权：社会工作理论与实践的新视角［J］．社会学研究，2003（5）：70-83.

［5］成海军．我国居家和社区养老服务发展分析与未来展望［J］．新视野，2019（4）：78-83.

［6］中央财政支持居家和社区养老服务改革试点补助资金管理办法［EB/OL］. http://www.gov.cn/gongbao/content/2017/content_ 5222958.htm.

［7］培育发展社区社会组织专项行动方案（2021—2023 年）［EB/OL］.https：//www.mca.gov.cn/article/xw/tzgg/202012/20201200030935.shtml.

第7章

# 社工站老年社会工作实践伦理及应对

对很多的社工站社会工作者而言，其提供专业服务的工作场域就是其土生土长、非常熟悉的生活场域。这有利于服务关系的建立和走访调研等工作的开展，社会工作者在动员社区资源方面也有着天然的人际优势。但这种优势也是一把“双刃剑”，在工作开展过程中，社会工作者极易陷入“两难”境遇。本章将介绍社工站社会工作者面临的“两难”境遇是什么，以及如何应对。

## 第一节　老年社会工作的专业伦理

大多数乡镇社工站社会工作者在熟悉的地域开展老年社会工作，多重身份的设定使得他们在开展服务的过程中不得不正视一个问题——专业角色与人之常情让其容易陷入社会工作伦理困境。

**知识链接**

### 社会工作实践伦理及困境

社会工作实践伦理是指社会工作者在社会工作实践过程中自身所应尊崇的伦理价值，以及在处理服务对象、同事、服务机构，以及社会之间的关系过程中应当遵守的伦理原则。用拆字组词的方式进行解说，“伦”即“人伦”，指人与人之间的关系；“理”即“道理”，指事物本身的次序与规律的含义。因此，“伦理”可以这样理解：维持在社会互动过程中形成的各种具有亲疏远近特征的关系所产生的规律，即社会工作者所坚持的价值与原则。

社会工作伦理困境是指社会工作者在实践中遇到的，在道德上难以取舍、难以找到解决方案的模糊境地。上文所述，人际关系及人们坚持的价值观存在差异性，若所有价值观同时进入一个人的脑海，并且没有按照秩序进行排列，将会相互冲突，不知如何选择，继而造成困境。

## 一、老年社会工作中常见的专业伦理

社工站社会工作者在老年社会工作中常会涉及一些服务伦理，主要包括多重角色中、服务立场中、服务礼仪中和服务准备中四种不同的服务伦理。

### （一）多重角色中的服务伦理

案例分享

#### 组内有亲人

社会工作者小张23岁，通过笔试、面试和综合测试等程序，竞聘成为一名乡镇社会工作者。她除了配合基层民政完成日常事务，还要完成社工站的服务指标，其中一项就是运用专业的方法为老年人提供“乐享银龄”系列服务，通过个案工作、小组工作和社区工作等专业介入，促进积极老龄化战略目标的实现。

小张通过查阅档案、入户走访，基本摸清辖区内老年人的基本情况。通过与民政办同事的分工合作，初步将老年人的情况进行分类：在需求层面，辖区内老年人有基本生活照料需求、各项救助补助办理需求、稳定经济来源需求、健康及医疗照护需求、丰富文娱需求、学习照顾孙辈技巧需求等；在年龄层面，分为低龄老年人与高龄老年人；在行为能力和主观能动层面，分为“低自助能力”老年人、“一般自助能力”老年人和“高自助能力”老年人。

与此同时，小张还从名单中找到了自己的亲人：奶奶、堂爷爷家的奶奶、姑爷爷、自己以前同学的爷爷奶奶、民政办主任的父亲和母亲，以及一直在小张家买鸡蛋的两位老年人和曾经帮小张介绍过男朋友的两位老年人。

上述案例中，小张陷入多重角色的两难困境。小张除了“社会工作者”身份外，还扮演着其他因血缘、地缘与业缘等关系所确定的多重角色。对于辖区内的老年人而言，对小张的不同身份也有不同的期待。因此，小张在开展专业社会工作服务的同时，也在扮演一位好邻居、好孙女、好朋友等角色。多重角色集于一身的小张，如何有效地平衡各种关系的利弊呢？

社工站社会工作者在身份上与在地服务对象有着专业关系、亲属关系、邻里关系、朋友关系等多重人际交往关系。乡村社会多为熟人社会，熟人关系网使社会工作者处于两种甚至两种以上的身份纠结中。

**（二）服务立场中的服务伦理**

案例分享

**口碑与经费的纠结**

社会工作者大李正在为辖区内老年人开展一个小组服务，他最近遇到了挺大的困扰。由于服务对象（小组成员）中的一半是大李非常熟悉的邻里街坊，小组同质性较大，小组契约被执行得非常顺利，大家也非常认同这个小组的发展与走向。因此，在小组中后期时，组员提出了“能不能继续多加两节活动，以便多学一点技能……”的问题。

出于对服务对象负责与进一步巩固服务效果的初心，以及希望达到街坊邻居们的要求以继续保持良好、能干的晚辈形象，大李非常愿意加两节活动。但是机构人手有限，加两节活动就会影响到下一个小组的安排；与此同时，也会超出机构对于活动经费的预算，还会影响到其他项目的资金分配。

大李陷入了两难，一方面是购买经费相当低和拨款不及时造成的机构经济危机；另一方面大李又想在邻里街坊中留下好口碑、为邻里办实事、提升老年人群体的“自助”能力。

上述案例中，大李陷入服务立场的两难困境。一切以服务对象为中心，就会直接导致自己的时间分配不够，继而影响其他服务对象接受服务的效果，同时也会给机构带来直接的经济上的不平衡、超出经费预算，甚至面临财务审计上的风险。因此，在服务对象的利益与其他机构事务的安排相冲突、不能兼顾的时候，大李的抉择变得艰难。

社工站社会工作者与辖区的服务对象是服务与被服务的关系。从这一角度来讲，在服务过程中，社会工作者应保持中立的价值立场，遵循非批判、接纳等基本原则，保持同理、尊重、真诚等基本态度；并在此基础上，运用专业的态度客观、真诚地保证服务对象的利益最大化，解决社会问题，促进社会发展。

**（三）服务礼仪中的服务伦理**

**案例分享**

### 穿新裙子的小张

社会工作者小张约了服务对象刘奶奶，准备前往刘奶奶家聊一聊她当初作为知青下乡的往事。小张想着刚好前几天买了一件十分漂亮艳丽的裙子，若今天穿出去，那么探访出镜的照片会很好看，可能还会得到刘奶奶的赞美，心里顿时美滋滋的。

到刘奶奶家门口才发现门是关着的，很显然房子的主人不在家。后面小张通过询问刘奶奶的邻居才得知她此时正在田地里劳作。小张急忙赶过去，果然在田地中央发现了刘奶奶的身影。可自己穿着新买的裙子，不太愿意下到田间去，这是她事先没有预料到的；但是为了探访工作能快速完成，她直接和刘奶奶提议先回家将探访工作做完，然后再让刘奶奶去田间劳作，这给刘奶奶带来了较大的探访压力。

上述案例中，小张陷入服务礼仪的两难困境。关于着装的问题，小张可以照顾刘奶奶的喜好，穿比较轻便的平底鞋、耐脏的裤子和颜色素雅的衣服，从而拉近彼此距离。探访前，小张若了解到刘奶奶这几日忙着在地里收红薯，忙着红薯干的晒制，那么便可以为了不耽误刘奶奶的日常劳作，一边帮刘奶奶收红薯，一边聊聊她的知青往事。这样，既能轻松完成自己的探访任务，又不会给刘奶奶带来过多的探访压力。

在基本的社会工作价值观和伦理守则的指导下，社会工作者应注意一些服务礼仪：除了语言表达要清晰，要熟悉在地民俗习惯和地方文化外，穿着也要得体。由于乡镇社会工作者对服务对象、服务场域都比较熟悉，熟悉的语境下的表达方式和非语言交流方式都已经形成一定的模式，习惯和文化融入也不会带来过多的困扰，且工作内容主要为入户、探访、田野调研等，因此着装应以轻松、大方、安全为主。同时值得注意的是，为老年人提供服务时，着装方面相对于其他群体应该稍加保守与传统一些，要考虑到老年人情感和文化理解上的差异性，要贴近老年人的生命历程与生活习惯。

知识链接

### 社会工作服务礼仪

社会工作服务礼仪是指社会工作者在社会工作实践过程中自身所表现出来的一种礼仪形态，如握手礼仪、微笑礼仪、站姿礼仪、坐姿礼仪、行走礼仪等。对于社会工作者来说，做好服务工作，不仅需要职业技能，更需要懂得服务礼仪规范，包括热情周到的服务态度、敏锐的观察能力、良好的口语表达能力，以及灵活、规范的事件处理能力等。

### (四) 服务准备中的服务伦理

案例分享

#### 一波三折的广场舞协会

社会工作者小张第一次探访赵奶奶，希望赵奶奶发挥原来在文艺队工作的优势，作为核心成员组建村级“银发飞舞”广场舞协会。会谈过程很顺利，小张觉得很有成就感。探访快要结束之际，小张表示广场舞协会的核心成员将于下周召开筹备会，其中包括王奶奶和刘奶奶。小张回到家之后，赵奶奶打电话说她身体不适，不能胜任该工作，并明确拒绝后续的相关工作安排。小张百思不得其解，明明探访的时候并无听说赵奶奶身体有恙，且赵奶奶对于组建广场舞协会表现出相当大的热情，可是为什么转眼事情就发生转折了呢？

小张回到办公室，与赵奶奶所在村的主任通了电话，阐述了自己的困惑。村主任一听，连忙和小张解释了起来。原来，赵奶奶和刘奶奶有积怨，十多年过去了，两人依旧不说话、不来往。

上述案例中，小张面临服务准备中的两难困境。在服务准备过程中，小张没有很好地收集到赵奶奶社会环境方面的人际关系问题及需求信息，从而导致赵奶奶在得知与自己积怨已久的刘奶奶也是广场舞协会的核心成员后，打电话推辞组建村级“银发飞舞”广场舞协会这一工作，这为组建工作的进一步开展带来了困扰。

收集服务对象资料是服务准备工作的一项重要内容，在此基础上才能做好服务对象需求评估等工作。与此同时，更要做好思想准备。准备工作是整个服务过程的前奏，其内容非常细致琐碎，面对的群体又是老年人，多重需求与多重背景交织，专业理论与技巧的习得并不一定能提供给社会工作者全部的参考标准与实务指导，社会工作者甚至要在专业服务的基础上延伸与探索出更多具有本土特色的“专业技巧”。因此，乡镇社会工作者在开展老年人专业服务之前，应做好充分的、稳定的思想准备工作。

## 二、老年社会工作中的专业伦理责任

结合乡镇社会工作者的专业服务内容与老年人对专业服务的需求，老年社会工作的专业伦理包括尊重和维护老年人的最佳利益、尊重老年人的自决权利、遵循服务过程中的保密与“人在情境中”等专业原则（见表7-1）。

其中，老年人最佳利益的尊重与维护，可以通过给予其自尊上的满足与愉悦来实现。一定程度上，这也是尊重老年人自决权利的一种表现。相信老年人自己的处世经验，可以极大地增强其自信心，保障其自我决定的能力与动力。在实际开展服务过程中，不得在未经服务对象允许的情况下将相关资料信息泄露给第三人，这是赢得服务对象信任的基本条件，同时有助于建立良好的专业关系。社会工作专属技巧之一便是同理心，即对服务对象的行为及其背后的原因“感同身受”。履行好以上所列老年社会工作中的专业伦理责任，可以有效避免伦理困境所引发的冲突与对峙。

**表 7-1　老年社会工作中的专业伦理责任**

| 责任 | 说明 |
|---|---|
| 尊重和维护老年人的最佳利益 | 社会工作者开展专业服务的责任之一就是要对服务对象负责，即最大可能地维护服务对象的利益。对于老年人而言，身体健康、安全照料、稳固收入、精神文娱是其基本需求，乡镇社会工作者在日常工作中理应最大限度满足其需求。上述需求基本上都已在国家的相关公共政策上得到满足，但在这些需求之外，对老年人的一些特殊性需求也应该进行回应 |
| 尊重老年人的自决权利 | 尊重老年人的自决权利与社会工作专业伦理的内容是一致的。社会工作的干预过程非常重视人们主观能动性的发挥，要相信老年人具有比较大的潜能、能够充分发挥主体性、掌握一定的决定权，并应受到家人朋友的尊重，从而促进自身发展。但这种自决也是有前提的。通过评估，如果老年人不具备自决能力，或其决定明显有损于其自身生命安全、经济利益，或者有损于他人与社会的利益，那么社会工作者应及时中止“自决权”的发挥 |

续表

| 责任 | 说明 |
| --- | --- |
| 遵循服务过程中的保密 | 为老年人开展专业服务时，老年人的一些生命经历、身体状况、家庭情况并不适合公开。乡镇（农村）的老年人一般思想较保守，需要维护其在子孙与乡邻面前的长辈形象，因此他们会格外在意“面子”。涉及老年人的一些健康、收入、生命史等隐私情况，应在征求老年人同意之后，再将其公开或者选择小范围公开。写进文书里的信息，也应让老年人知情并征得其同意 |
| 人在情境中 | 本土的乡镇社会工作者比较熟悉服务场域的基本情况。“人在情境中”的第一种理解是“理解老年人所在的自然与社会环境”，第二种理解便是对于老年人的人文背景要进行深入了解。乡镇社会工作者的年龄整体比较年轻，时代变迁使得他们对于老年人的生命经历不一定能“感同身受”，也无法完全做到正确而专业的“同理”。因此，“人在情境中”作为专业伦理的重要内容之一，就是要尽可能地去理解老年人的生命经历 |

## 第二节　老年服务常见伦理困境类型

在上一节中提到，乡镇社会工作者在为老年人提供服务时，应在专业身份立场上最大化地维护老年人的利益、尊重老年人的自决权利、为老年人保密，以及运用“人在情境中”的思路尽可能地“同理”。在真实的老年社会工作场域，乡镇社会工作者往往会陷入更复杂的伦理困境中。

### 一、服务对象自决的困境

案例分享

#### 拒绝机构养老的“高爷爷”

高爷爷的儿子与儿媳在城里照顾患病的孙子，高爷爷常年一个人在家，生活暂且自理，能洗衣做饭，但是腿脚不便，不能出远门。儿子时常托进城跑运输的中巴车司机带一点菜回来给高爷爷。社会工作者小张从2022年开始就时常去探望高爷爷，虽然高爷爷乐观爽朗，生活经济条件尚且过得去，但小张总感觉他年纪大了，不能长时间独处。于是小张与高爷爷沟通，是否叫儿子回来照顾他，或者安排高爷爷去镇上的养老院，这样起码有人照应。

小张的建议被高爷爷客气地拒绝了。高爷爷一直强调自己身体健康不需要人照顾，不想给儿孙添麻烦；加之自己有儿子养老，更不用去养老院。

上述案例中，小张面临服务对象自决的伦理困境。一方面，小张认为高爷爷年纪较大，不能长时间独处。一是高爷爷自身安全问题得不到保障，可能会发生意外；二是他身边没有一个伴儿，会产生孤独的情绪。若让儿子回来照顾他，或者让他去镇上的养老院，情况会改善许多。另一方面，高爷爷认为自己的生活可以自理，没有必要麻烦别人，并基于传统的观念，认为养儿防老天经地义，更没有必要去养老院。小张与高爷爷价值观念的冲突，出现了两种不同的意见。如何选择，是小张目前遇到的难题。

面临这一困境，小张要积极运用服务对象自决的原则妥善处理所遇到的问题，尊重高爷爷的意见及坚持的理由，相信高爷爷有作出决定的能力并能对自己负责。与此同时，小张也应该陈述自己先前想法的理由，并协助高爷爷进行两种选择方案的利弊分析，避免其在非理性情绪主导下作出决定，促使其做好理智有效的抉择。

知识链接

### 服务对象自决

服务对象自决，是指服务对象拥有决定自己的生活或与生命发展相关的一系列的权利。因为社会工作服务的前提是承认人是有价值的，人们有能力来自己对自己负责；同时，承认人们的尊严，维护人们的生命质量，鼓励服务对象尽可能地决定自己的行为和生活方式，鼓励人们对自己的生命发展负责。

对于乡镇社会工作者而言，老年人拥有的自决权往往还包含如下几个方面的基本内涵：第一，老年人是生命历程中的“勇者”。老年人从过去艰难困苦的岁月里走过来，经历了许多的挫折与斗争，因此老年人有勇气去对自己的事情进行自决。第二，老年人是生命历程与生产活动中的“智者”。老年人的生活与生产经验丰富，他们用一辈子的时间沉淀了许多具有智慧的结论，而这些结论有助于老年人自决。第三，自决是有范围的。老年人在非理性情绪主导下、在意识不清晰的情况下、在受协迫的情况下或是影响他人安全与利益的情况下，不能让其完全自决。第四，即使老年人行使自决权，社会工作者也应在此之前做出几套方案并告知其每套方案的影响及后果。第五，老年人作出决定后，社会工作者应为其链接相应的资源，帮助其更好地应对后续生活、解决后续问题，保证其潜能得到最大限度的发挥。

是否能够作出有利于老年人自身发展的决定，是由老年人的文化水平、认知、文化背景的高低与生活态度的积极与否等因素决定的，这是社会工作者处理服务对象自决伦理必须考虑的。乡镇社会工作者服务的老年人许多是高龄老年人，其决定涉及的影响与后辈几代人相关。在农村这样一个“人情社会”，评估老年人的决定是否真正科学与客观、是否真正利己利他，这是乡镇社会工作者的服务独特性之一。

## 二、保密的困境

**案例分享**

### 庄爷爷的“黄昏恋”

庄爷爷是社会工作者小张的服务对象，二人接触已经有两年了，他很信任小张。一天早上，庄爷爷给小张打电话，让小张陪他去一趟民政局。小张到了庄爷爷家，接上庄爷爷时，询问了庄爷爷去民政局办什么事情。庄爷爷开心地告知小张，他要跟隔壁村“三队”（村小组第三组）的杨老太结婚，并表示要学年轻人的样子，今天去“扯”个结婚证去……

小张的第一反应是认为老年人有婚姻自由，也有追求幸福的权利，这是一件好事。他继续追问，为何庄爷爷的儿子儿媳不陪他去？庄爷爷犹豫了一下，说道：儿子儿媳并不同意他和杨老太的婚姻……小张知晓后开始犯难，一方面，他知道庄爷爷是真心喜欢并且想要和杨老太结婚、一起过日子；另一方面，他又似乎能预见，若庄爷爷瞒着儿子儿媳去领了结婚证，家庭矛盾必将十分激烈，还会产生许多无法估计的冲突。因为在农村，老年人的婚姻一般都得不到支持，老年人再婚问题会被许多人认为是“老不正经”；同时，还意味着儿子儿媳的赡养压力和生活成本增大，且会引发丧葬冲突。

小张顿时感觉到十分为难，因为自己遇到了伦理难题，该如何抉择呢？是否应该将这一消息告诉庄爷爷的家人？结婚这件事情是否可以由庄爷爷自主决定？是否要入乡随俗，尊重当地本土文化，告诉庄爷爷这样做的后果？庄爷爷儿子儿媳对此事的情感冲突又将如何解决？因此，小张顿时感觉到十分为难……

上述案例中，小张面临着保密的伦理困境。一方面，小张为庄爷爷与杨老太即将喜结连理而感到高兴；另一方面，在进一步了解情况时发现，庄爷爷是瞒着儿子儿媳偷偷进行着一系列行为活动。专业伦理告诉小张需要帮助服务对象保守秘密，可人情世故（个人的价值观）又提醒小张与此同时也要关注到他人的利益。

面临这一困境，小张需要积极与庄爷爷进行沟通交流，明白其真实想法与用意，并在征得庄爷爷同意后，主动联系其儿子儿媳并进行协商。对于乡镇老年社会工作而言，保密更多地在于老年人觉得难为情的地方，即他们觉得会被人“说闲话”的问题。值得注意的是，有些保密的问题可能年轻人认为无所谓，但老年人认为这是“面子”大事。所以，在老年社会工作中，还会存在社会工作者与老年人两者对于“保密”的认知问题，要注意对保密事项边界的认知差异。

知识链接

### 保　密

一般是指社会工作者在提供专业服务的过程中，尊重服务对象的秘密，包括服务对象的情绪状态、生活困境、遭受过的特殊事件、服务对象对于服务的诉求、服务对象对于问题解决后的打算和发展等。未经服务对象允许，不能将其信息告诉其他人。

在乡镇社会工作者展开专业服务时，涉及保密议题的内涵一般包括如下几个方面：

第一，保密的对象不仅是服务对象熟悉的人，也包括不熟悉的人；第二，社会工作者若要将服务作为案例或者作为专业研究材料公开或者开展交流，也应获得服务对象的同意；第三，即使服务对象未主动提出保密事宜，出于专业敏感性和专业服务原则，社会工作者也应提前告知其相关事项；第四，保密的范围是有限的，即保密原则必须是以遵守法律和法规为前提，服务对象要求保密的内容应该不影响其自身或者他人的生命健康，不影响个人或社会利益。

## 三、双重关系的困境

案例分享

### 偏护与委屈

社会工作者小张为村里的老年妇女开展了一个“钩针家居用品制作”的小组活动。小张请到了县职业技术学院的专业老师来村里为组员授课，教授了如何制作一些实用的茶杯垫、沙发垫、杯套、披肩、装饰品等家居用品。经过一段时间的制作，组员的手工技艺有了极大的提升。小张链接资源找到了一家饰品店，将组员制作的产品放到饰品店进行寄卖，所得收入即各自制作的工艺品的售价。

小张的这个活动，不仅增加了组员的自我效能感、发挥了人到暮年的主观能动性，也直接为组员增加了经济收入，小张感觉此次活动很有意义。可是经过两个月的售卖之后，由于作品的花色、设计感和制作工艺有差距，不同组员的收入有了鲜明的对比。一天，李奶奶与王奶奶直接找到小张质问，说小张是“钩针家居用品制作小组”里许奶奶的姨外孙女，所以她们怀疑小张偏心，在售卖的时候对许奶奶的产品加强了销售，并且表示怀疑小张在小组活动中是不是教了许奶奶更多的技法等。小张感到很委屈。在开展小组活动时，由于许奶奶是自己的姨婆婆，因此自己确实有时候会多关怀几句，可是出于专业服务的立场，小张并没有对许奶奶有更多的偏护。

上述案例中，小张面临着双重关系的困境。一方面，许奶奶是小张的姨婆婆，所以其在开展小组活动时确实会多关怀几句，这也在所难免；另一方面，李奶奶与王奶奶质疑小张利用亲情关系重视销售许奶奶的作品，这让小张很委屈，因为小张受到了服务对象的误解，她心里明白自己并没有做出如此出格的行为。

面临这一困境，小张需要及时与李奶奶、王奶奶进行沟通，表明自己坚持专业立场，除出于亲情关系对许奶奶进行了礼貌问候外，再没有更多的偏袒；并以适当的方式告诉奶奶们，每个人都很努力，但是每个人在兴趣或动手能力上会存在差异，因此组员的收入会有鲜明的对比。与此同时，小张也要牢记，平等地对待小组成员是对社会工作者的要求，社会工作者可以积极问候各位小组成员，尽量确保她们都受到关注，保持平衡感。

乡镇社会工作者的专业关系有双重甚至多重关系。许多乡镇社会工作者的服务对象其实可能是熟人，甚至是自己的亲属、邻居。因为熟悉，在收集资料、问题判断的时候可能无法做到中立。这里需要尤其注意，自己的熟人关系、亲属关系会不会影响到专业服务的开展？且对于其他服务对象而言，这种熟人关系会不会造成其他人的既得利益的损失？若社会工作者能意识到这些冲突，那么多重身份下的专业关系如何保持中立、如何保持清醒既是一个巨大的挑战，也是一个诱人的机会。

知识链接

## 专业关系

社会工作专业关系是基于专业的服务而建立的一种合作的助人关系。社会工作价值伦理促进专业关系的建立，专业关系是开展专业服务的第一步。良好的专业关系意味着良好的助人关系，有助于问题的解决；而专业关系建立效果不理想，则有可能无法展开后续服务，会提前结案或者转介。

乡镇社会工作者开展专业服务时的专业关系比较复杂，在一般的专业关系的理解基础上还要考虑“熟人社会”的特殊性。整体而言，专业关系的内涵包括：第一，专业关系是社会工作实务干预过程中必不可少的阶段，对社会工作的服务效果产生直接影响；第二，专业关系也建立在一定的“人情与面子”关系之上，不一定是绝对的理性关系；第三，专业关系的建立受一定的主观因素影响，社会工作者的形象、语言艺术与服务对象的认知水平、文化程度等影响专业关系的建立；第四，还存在其他与专业关系平行的多重关系；第五，专业关系的建立是动态的过程，随着服务的推进，随时会受到积极或消极因素的影响。

### 四、知情同意的困境

案例分享

**善意谎言的纠结**

小张是一名本地的乡镇社会工作者，最近在做老年群体救助服务的相关工作。黄奶奶是他的服务对象，最近在为丈夫的病情担忧，因为子女不常回家，基本上靠她一个人撑着。在了解了黄奶奶的家庭情况后，小张帮助黄奶奶将其丈夫送入医院进行治疗。黄奶奶因为身体不便，就在家中等候消息。经过医生的检查，发现其丈夫患有癌症，进行手术会有一定的风险，且需要一大笔费用；不进行手术，病情便会恶化。病情及医生的建议需要告诉黄奶奶，但告知之后，黄奶奶是否能够承受得住？家庭成员的责任是否会得到实际的履行？两个子女是否有能力支付这笔费用？众多问题迎面而来，小张应当如何选择呢？

上述案例中，小张面临着知情同意的困境。告诉服务对象实情是社会工作者的职责，但出于人文关怀，小张可能会选择将真相替之以善意的谎言。但隐瞒这一消息，对黄奶奶是否公平呢？小张已经知晓黄奶奶丈夫的真实病情，在取得了基本的信任与期待的情况下，往往会出于不愿让黄奶奶受打击的目的而选择隐瞒。但是若黄奶奶日后得知真相，必定会埋怨小张。从专业的角度来看，这种选择没有让黄奶奶充分知情，也没有做到尊重与平等。

面对这一困境，小张应该如实告知黄奶奶自己的专业资格、专业价值与伦理、工作模式与方法、相关干预经验，以及本次服务的干预策略等具体事项，尊重黄奶奶的知情权，先知情、后同意，合理解决黄奶奶目前遇到的问题。

知识链接

### 知情同意

社会工作价值层面上的知情同意，是指与服务对象确定了专业服务关系后，社会工作者有责任向服务对象说明自己的专业资格、专业价值与伦理、工作模式与方法、相关干预经验，以及本次服务的干预策略等具体事项，提前进行相关问题的阐明，让服务对象充分知情。这既是社会工作尊重与平等价值的体现，也是对机构负责的表现。服务对象知情而后同意，亦是自决权充分得到行使的表现。尤其是在一些付费的服务当中，社会工作者应将所有的干预策略、干预过程做出书面或口头的协议，通过协议让服务对象充分了解专业干预的所有流程。

（目前，乡镇社会工作者的专业服务还没有完全严格地按照这一套实务流程来开展。老年社会工作往往都是带着政府“兜底”的初衷去开展的，即使社会工作者是第一次到访，但只要是“乡政府的人”，服务对象往往都持有信任和期待的态度。乡镇社会工作者的专业服务往往也夹杂着民政的服务和救助内容，甚至社会工作者本身就有多重的工作内容，因此在老百姓当中的威信自然较高；加之乡镇社会工作者大都是本地人，在熟人社会里，不需要专业的知情同意权的刻意实施，社会工作者的身份和那张熟悉的脸，就是最好地让服务对象“知情”的方式。——编者注）

## 五、多元文化的困境

案例分享

### 男孩的偏执

王太太已经80多岁了，身子骨很硬朗，儿子儿媳都在身边尽孝，照顾她的生活起居。可是她过得并不开心。社会工作者小张了解到，王太太几乎天天都在家里骂人，与儿子儿媳过不去。而背后原因其实很简单：王太太的儿子和儿媳未能生儿子，只生了三个女儿，两个嫁到外地、一个是女婿入赘。王太太认为，儿媳未能给自己生一个孙子，只生了三个孙女，这是不守妇德，也是不孝之举。她已然“土埋到了脖子”的人，她没脸到“地底下”（指的是人去世后）去见她的丈夫与祖宗。王太太在家天天咒骂她的儿媳为“绝户”，并且告诉儿子以后儿媳去世后，照片与名字不能上堂屋里的神龛。

小张了解到此情况后，十分不理解在现在这个平等与开放的社会，王太太对“生儿子”这件事情仍如此偏执。小张感觉到问题的关键还是在王太太的心结上，但是也不知道如何化解这个僵局，于是向督导求助。

上述案例中，小张面临着多元文化的伦理困境。一方面，王太太坚守儿媳不生男孩是不孝的传统文化教条，因此与儿媳之间的关系如同水火；另一方面，小张的文化参考框架是平等与开放的社会所倡导的自由生育，尽管明白传递香火是王太太的心结，但是在不同的文化参考框架下，小张对于如何化解这个僵局感到十分茫然。

对于乡镇社会工作者来说，理解服务对象的多元文化，就是一种理解人之常情与共情的能力。在上述案例中，王太太认为，生儿子才是香火延续、传宗接代的表现。她所生活的大部分的年代，人们都受这个观念的深刻影响。也正是因为她自己生了个儿子，她现在方能享受饮食起居被人照料的“好日子”。这样一种信念是一个将近百岁老年人的毕生“信仰”，是作为一个女人最值得一提的事情。而现代社会的包容与文明，不是王太太生命历程中的主战场，甚至她与这种文明的发展是脱节的，所以小张试图解开王太太的心结，定是困难重重。

年青一代的乡镇社会工作者接受的是更丰富与多元的信息，然而这种文明放到广大老年人身上，并非所有的都能得到接受与传承。乡镇社会工作者的多元文化能力，是试图去理解老年人的思想，理解看似封建、野蛮、落后、粗鄙的思想理念背后老年人们经历了什么、他们毕生的信念是什么，需要真切地去了解与分析，以便找到切入的“痛点”。

知识链接

### 多元文化

在社会工作服务过程中，要实现较好的同理心、发挥共情能力，需要对在地的本土文化有深入了解。而这种本土文化，在中国这样一个统一的多民族国家之中则表现为“对多元文化的理解”。多元文化不仅是指文化形式的多样性，也体现为同一种文化样态在不同地域所呈现出的多样性。只有将专业服务立足在地文化多样性的基础之上，才能真正地推动社会工作在地化发展。

理解社会工作者的多元文化能力，尤其是乡镇社会工作者的多元文化能力，往往包括以下基本内涵：第一，乡镇社会工作者必须了解在地文化及其对当地居民所产生的影响，以及这种在地文化的精神力量；第二，乡镇社会工作者应具备对服务对象的文化背景有效理解的基础知识，在提供专业干预时，能将对服务对象文化背景的敏感转化到服务的策略与过程之中；第三，乡镇社会工作者对于多元文化背后的社会本质可能尚且无法辨别，但社会工作者应结合专业教育，对于服务对象的民族、宗教信仰、行为方式、认知模式、婚姻状况、生产能力等进行逐步探索；第四，乡镇社会工作者有对于探索多元文化的持续热情，能慢慢地熟知、尊重在地文化并对与服务实践相关的文化议题保持敏感性。

## 六、专业能力的困境

案例分享

### “丧亲”的悲痛体验

社会工作者小简与赵奶奶在服务过程中形成了非常好的专业关系，小简不仅帮助赵奶奶解决了许多困难，在后续个人潜能发挥的过程中，还有更多专业干预策略之外的互动。小简在赵奶奶身上找到了被外婆疼爱的感觉，而赵奶奶也把小简当成自己的亲外孙女看待。不幸的是，赵奶奶有一天因病突然离世，小简接到乡政府民政办主任电话并被派往赵奶奶家慰问，同时要求对赵奶奶亲属做哀伤辅导，小简连忙赶往了赵奶奶家。

在去往赵奶奶家的路上，小简开始回忆与赵奶奶相处以来的点点滴滴，于是眼泪忍不住地落下。到了赵奶奶家，看到老人平静地躺在灵堂里，音容已逝，小简放声痛哭，无法自已。小简多次试图平静下来，完成自己的专业任务，可是始终无法平静地与家属交流，陷入了与家属同样的丧亲的悲伤之中。

直到葬礼完成，小简仍然无法完成对赵奶奶亲属的哀伤辅导。同时，小简对自己的专业能力也产生了极大的怀疑：为何自己不能做到价值中立？为何自己反而陷入了服务对象的情绪中？为何自己没有控制反移情发生的能力？小简向督导反映：我太情绪化，我不适合做社工，我也不是一名合格的社工。

上述案例中，小简面临专业能力的伦理困境。临终关怀一直是社会工作者所面临的难题。小简与赵奶奶在服务过程中建立了非常好的专业关系，在对赵奶奶投入大量情感后，面对其去世的事实很难做到价值中立，甚至会沉浸在悲伤的情绪中，这很正常，是人之常情、天经地义。在本案例中，小简产生了反移情，即在赵奶奶身上找到了被外婆疼爱的感觉，于是将自己对外婆的爱转移到了赵奶奶身上。如何有效克服反情感转移，是每一位社会工作者都值得仔细思考的问题。

然而专业能力的不足，对于乡镇社会工作者来说可能更多的是一种“无力感”。在服务过程中，社会工作者本身因为缺少专业的理论和实践知识，加之受自己的一些独特的情绪或者经历影响，许多时候在解决服务对象的问题层面效果并不是非常理想，所以自己也会有无力感，从而否定自己的专业能力。而本案例中，虽然小简过度悲伤、未能开展哀伤辅导服务，看似反移情严重影响了服务，但是恰恰体现了“在地知识”：本就是非常熟悉的人情社会，比起在逝者面前的理智和专业，感同身受的悲伤能更多地给予赵奶奶亲属以支持。因此，专业能力并非绝对的理性，也鼓励乡镇社会工作者对于一些“土路子”建立起一定的自信。

知识链接

### 专业能力

社会工作者的专业能力一般指专业服务能力，包括专业知识和职业能力。专业知识是指应遵循的社会工作的价值伦理，即平等、尊重、民主、接纳、诚信、助人自助、自决等专业原则；与此同时，还应具备心理学、社会学、政治学、管理学等多学科综合知识，应熟悉与服务对象问题及需求相关的法律、法规与政策知识。而职业能力是指社会工作者熟练运用个案工作、小组工作、社区工作、社会工作行政等社会工作专业方法为服务对象解决问题。

乡镇社会工作者的专业能力与上述概念所包括的内容有一些差距。一般会认为，专业能力有如下几个方面的内涵：第一，专业能力的发挥是在社会工作专业理论体系的指导下发展的；第二，专业能力包括专业知识、专业技术、专业价值理念、专业敏感性与专业自信，对于乡镇社会工作者来说，专业能力还包括一定的在地经验；第三，专业能力的评价没有标准，不以问题是否解决、服务对象的需求是否满足等要素来评价好坏，社会工作者所发挥的能力大小也不影响对其专业性高低的评价。

## 七、其他可能涉及的伦理议题

乡镇社会工作者的服务时刻都在“人情社会”里，时刻都要用社会工作的专业伦理守则来权衡：该不该拿服务对象家里的鸡蛋？在工作时间，能不能为了找到真实原因陪服务对象喝上一杯？在个案服务期间，能不能接受服务对象提出的帮自己介绍对象这件事？与自己有亲戚关系的老年人能不能成为自己的服务对象？……乡镇社会工作者对于每件事的反思“该不该”“能不能”，事实上就是专业服务本土化的体现。由于服务内容与服务范围越来越广，乡镇社会工作者还会碰到更多“该不该”“能不能”的境况。不管碰到什么样的问题，都要牢记保护生命原则、差别平等原则、自由自主原则、最小伤害原则、生命质量原则、隐私保密原则与真诚原则等。

## 第三节　老年服务常见伦理困境应对

本节主要从入户排查、救助服务、家庭辅导服务、社会支持网络建立、临终关怀五类常见的服务入手，对在这些老年社会工作服务中常见的伦理两难进行说明。

### 一、老年服务伦理困境应对程序和处理原则

伦理困境是指社会工作者在实践中遇到的一种在道德上难以取舍和难以找到满意方案的模糊境地。主要是因为各种不同的价值观之间相互冲突，感觉都很有道理，但又只能做“单项选择”。俗话说，办法总比困难多。只要我们有心将这个问题纳入解决的范畴，就一定会有所收获。

伦理困境有着严谨的应对步骤。首先，我们应当知晓自己所遇到的是何种伦理困境，发现矛盾和冲突；其次，明确可能受伦理抉择影响的个人、团体和组织；再次，找出暂时可行的办法并进行效益评估；最后，结合涉及的因素进行全面考察并选定最终解决方案。

社会工作者在进行最终解决方案的选择时，应参考伦理困境处理的原则。相当于一个标准的它，可以促成理智有效的决定。详细内容说明见表 7-2。

表 7-2　老年服务伦理困境应对程序和处理原则

| 事项 | 说明 |
| --- | --- |
| 伦理困境应对程序 | 20 世纪 90 年代，国际社会工作界的伦理专家曾提出了伦理决定的一般步骤，供社会工作者在实践中参考，主要有：认识案件的伦理问题，包括分析社会工作者自身的价值观、责任和义务；清楚识别任何个人、团体或组织影响伦理决定的境况；正确认识伦理行动的各个过程以及参与其中的人，分析可能存在的利益和风险；深入了解作出支持或反对有关伦理决定的理由；向同事和相关的专家进行咨询；作出伦理决定并记录决定过程；监督和评估伦理决定 |
| 伦理困境处理原则 | 伦理困境处理原则主要包括：保护生命原则（最高原则，即保护生命原则高于其他所有伦理原则）、差别平等原则（既要以平等的方式对待服务对象，又要尊重服务对象的差异性，即平等待人和个别化服务的理念）、自由自主原则（充分保障服务对象的自由和自主，以提高服务对象的能动性和参与能力）、最小伤害原则（尽力保护服务对象的利益不受到侵害，尽可能实现利益最大化）、生命质量原则（在直接和间接两个服务层面，通过社会服务和政策干预，以满足服务对象的需要，不断提升服务对象的福祉、促进服务对象生活水平的提高及社会融入的程度）、隐私保密原则（一旦签订服务协议，社会工作者在提供服务的各个环节，要始终遵守保护服务对象个人隐私和相关信息的承诺，以保护其权益不受侵犯）、真诚原则（在服务过程中社会工作者要坦诚对待服务对象，适当地呈现自我，以建立相互信任的工作关系）七大原则 |

## 二、社工站日常老年社会工作中的伦理困境应对

### （一）服务对象自决伦理困境应对

**案例分享**

#### 拒绝社交的李奶奶

李奶奶 70 岁了，早年丈夫去世，后来儿女们各自成家都去了城里，她也就成了村里的独居老人。李奶奶年轻时便不善与人打交道，年老后身边无亲人陪伴，便越发不喜与人交往了。因此，她与邻里的关系不是很好。所幸，李奶奶身体一直不错，日常起居问题不大。但年纪大了，像高血压

这类的慢性疾病，总是无可避免的。

有一天，李奶奶在家不慎摔伤，幸好遇上政府工作人员上门排查房屋安全隐患，被及时送医。虽然经医生诊断，李奶奶这次没有摔伤骨头，休养一段时间便没有什么大问题了，但养伤期间的日常起居还是受到了一些影响。出于李奶奶需要照顾的实际情况，乡政府决定派社会工作者小徐去李奶奶家中，为其在养伤期间提供服务。

在与李奶奶相处的过程中，小徐发现，李奶奶性格孤僻、生活模式单一，经常一个人发呆，社会支持网络几近“瘫痪”，生活质量也不高。出于各方面考虑，在与李奶奶相处一段时间后，小徐便与当地乡镇政府领导联系，商议是否可以将李奶奶送到养老院。因为在养老院中有许多热心的老年人，他们可以相互帮助、彼此陪伴，且李奶奶在生活质量上也会有所提高。在确定李奶奶符合入住养老院的条件后，小徐向李奶奶说了这件事，但李奶奶以“我一个人习惯了，不喜欢和人打交道”的说法拒绝了小徐的提议。小徐并未放弃，因为在最近与李奶奶的交往中，她发现李奶奶只是不知道该怎么和人打交道，并不是抗拒与人交往。在后续的交涉中，李奶奶仍表示拒绝，但她说出了自己的真实想法：她不是认为住养老院不好，但是自己已经老了，住养老院肯定要花许多钱，不知道子女是否会同意，也不想再给子女添麻烦。而且，因为长期不与人打交道，她害怕自己不能和养老院的老年人好好相处。

在获悉老年人的真正担忧后，小徐开始考虑与其子女取得联系，并思考如何让老年人感受到来自养老院的善意。

1. 此案例涉及的伦理困境议题

一是服务对象自决。虽然李奶奶不善与人交往，但是她拥有绝对的自主决定权。尽管社会工作者小徐综合多方面原因认为，入住养老院是李奶奶目前的最好选择——不仅可以重建社会支持网络，还可以改善生活质量，但是李奶奶目前的精神状态是可以理智地作出决定的，因此，小徐知道要充分尊重服务对象的意愿、尊重李奶奶作出的决定。尤其是在知晓李奶奶的决定与其子女有重要关联时，小徐也能够理解李奶奶会在乎家人对此决定的态度。

二是知情同意。在知晓李奶奶的担忧后，小徐开始思索以怎样的方式和策略帮助李奶奶解决担忧。但是不管采用何种策略、是否与其子女取得联系，小徐都要告知李奶奶，必须在其同意后才能采取行动；否则，很可能会让李奶奶处于被动立场，甚至会使其对“被安排”产生一种“社会工作者在越权”的感觉，即“你有什么资格做这些，我是否同意了”等想法。

2. 此案例伦理决定的决策模式（过程）

第一步：征得李奶奶同意后，与其子女取得联系，说明李奶奶的情况，询问他们的建议。

第二步：与养老院取得联系，通过举办活动让李奶奶了解养老院的生活，并让她尝试与养老院的老年人接触。

第三步：整个服务过程中，结合李奶奶的家庭实际情况，多与当地政府部门和社会组织联系，了解李奶奶可以享受哪些政策补贴或支持，以保障其基本生活。

3. 此案例伦理问题处理原则

通过筛选，有两个后续处理原则。一是自由自主原则，充分保障服务对象的自由自主，提高其能动性和参与能力。二是生命质量原则，通过社会服务和政策干预，在直接服务和间接服务两个层面满足服务对象需要，不断提升服务对象福祉、生活水平和社会融入的程度。在后续处理过程中，一方面，小徐要明确服务对象自决原则，不可凭主观判断李奶奶的决定的好坏，无论采用何种策略都要告知李奶奶，征得同意后才能实施；另一方面，李奶奶属于高龄老年人，政府会有相应的政策补贴，小徐要结合专业和政策去改善李奶奶的生活质量。

4. 给社会工作者的建议

一是尽可能把问题的解决办法放到整个家庭当中。老年人的照料最终要回归家庭，只有在家庭和谐融洽的氛围中老去，才是真正地安享晚年。二是为老年人争取对家里的事、对自己的事的话语权，充分发挥年老的价值。三是理解老年人的“面子”问题。在老年人的观念中，养老院是带有“没有人养老”“浪费钱”等意味，尤其是对于农村老年人，他们中的绝大多数是十分排斥养老院的，会认为子女将其送到养老院是不孝之举。所以，社会工作者应尽可能地同理老年人，理解老一辈的信仰和观念。

**（二）保密伦理困境应对**

案例分享：庄爷爷的“黄昏恋”（见前文，略）

1. 此案例涉及的伦理困境议题

一是保密。小张进行服务时，与庄爷爷签订了保密协议，因此，在未经服务对象允许的情况下，不能将其信息告诉给其他人。出于对小张的信任，庄爷爷告诉了他为什么去民政局不带上自己子女的原因。但是，庄爷爷的决定不能损害第三人的利益。与隔壁村杨老太结婚，儿子儿媳的赡养压力和生活成本将增大，且会引发丧葬冲突。例如，庄爷爷的哪一任妻子在“百年后”可以写进族谱？哪一位可以摆在神龛上？一系列的问题将随之而来，需要考虑保密和不保密将导致的后果。

二是服务对象自决。庄爷爷身体健康，且智力没有缺陷，完全具备自决能力。但是，不排除他是处于情感亢奋状态而作出此类决定。当事情已成定局时，改变可能就会变得困难；若不改变庄爷爷的想法，就要承担这一选择所带来的后果。庄爷爷是否已经充分地考虑到了两种不同选择会带来的两种结局？

2. 此案例伦理决定的决策模式（过程）

第一步：个人层面。主动向庄爷爷表达自己内心的真实想法，适当和庄爷爷商量，协助其进行理智的自我决定。如：“我十分尊重您的决定，但是瞒着家人不是长久之计，家人迟早是会知道的，我们可以试着说服家人，或者想一些更好的解决方法，您看这样行吗？”

第二步：家庭层面。在得到庄爷爷同意后，进一步做其家人的思想工作，指出庄爷爷内心的真实想法。可以从多方面进行考虑，如老年人的陪伴与幸福、社会政策的养老支持等，打消子女养老、丧葬负担的顾虑，视情况给予其专业性建议。

第三步：邻里层面。可以作“夕阳红”婚姻的知识宣传，让大家了解真实的内容以及当事人选择这一条路的原因与意义；并进行资源链接，如政策资源的信息共享等，兑现诺言。

3. 此案例伦理问题处理原则

通过筛选，后续处理原则是最小伤害原则，即尽力保护服务对象的利益不受侵害，尽可能实现利益最大化。在后续处理过程中，小张要向庄爷爷表明会保守这个秘密，未经其同意不会告诉第三人，也会尊重庄爷爷的决定。同时，也要告诉庄爷爷这样做的后果，并提出可行性建议，由庄爷爷自行选择。比如做好庄爷爷及其家人两方面的工作、进行家庭辅导等，既满足庄爷爷的需求，又维护家庭的和谐，保证家庭功能的正常发挥。

4. 给社会工作者的建议

“夕阳无限好，只是近黄昏。”老年人在意的多是陪伴，以缓解自己的孤独感。一是要综合考虑各自的因素，进行需求排序，找到最重要、最需要解决的需求问题。二是尽量同理服务对象的需求，做到价值中立，既不偏袒服务对象，也不伤害服务对象。三是家庭是一个整体结构，服务对象作为其中的一个环节，需要得到家庭成员的关注与理解。四是改变个体观念并非真正能够解决问题，只有家庭观念发生改变，个体的改变才会持之以恒。

**（三）双重关系伦理困境应对**

**案例分享**

### “冒昧”的礼物

为全面贯彻落实低保政策，切实了解、摸清低保对象的实际生活状况，准确掌握低保对象的基本信息，确保符合条件的困难居民实现动态管理，建业村开展了低保全覆盖摸底排查。此次排查主要是对辖区内的低保户进行排查清理，对已享受低保的家庭进行复查。民政办主任安排乡镇社会工作者小张也参加此次排查，因为小张的外婆是建业村的居民，小张小时候的寒暑假都在建业村度过，非常熟悉建业村的情况。而且小张外婆家是村里的大姓，围绕小张的外婆整个大家庭展开排查，工作会比较好开展。小张欣然答应，她也正好想着去建业村再了解了解，借排查之机进一步评估在建业村发展“银发生辉”志愿者服务队伍、发展妇女话事小组等工作的可能性。

小张想到外婆那个大家族、几个邻居婆婆和村口大树底下那一户婆婆，小时候都对自己很友好，于是自己花钱精心准备了几份礼物，准备入户的时候把礼物带给各位奶奶。小张是一片孝心，但是没想到这份孝心却给她带来了麻烦。村里来了乡政府的人是件大事，建业村人口相对比较集中，左邻右舍一眼望过去都能看得到。小张把礼物带到了几位老年人家里，可是当走到邱大爷家门口的时候，小张并没有为邱大爷准备礼物。

小张明显感觉到邱大爷女儿的不友好。小张站在门口跟邱大爷寒暄，但只收到了几句无关紧要的回应。邱大爷女儿心直口快，聊了没一会儿，直接问小张：“我看你去他们家都提了个大红的袋子，怎么到我们家就没有了呢？看不起我们家吗？”小张尴尬地解释道：“小时候我常常在这里玩，那几户是我外婆家族里的亲戚，我就当是顺道走了个亲戚……”邱大爷女儿不依不饶，继续追问道：“那你今天来排查，肯定就‘走后门’了咯，你肯定会把老五（小张的外公）他们那边的情况说得‘造孽’（凄惨）一些吧！”

很显然小张已经遇到了难题，她开始后悔自己准备礼物这一行为。这一事件的发生也直接影响了后续入户排查的工作进度。作为入户排查的工作人员，其代表着官方的公平性身份已经受到了质疑，邱大爷家会如此认为，其他低保户也会这样理解。

1. 此案例涉及的伦理困境议题

低保排查数据是否精准，关系国家低保政策的全面保障与动态管理。在该案例中，小张的身份是乡镇社会工作者，而且是去执行公务——低保排查；低保排查能够入户是最基本的工作策略，也只有入户才能精准掌握低保户的当下生活情况。小张作为工作人员，会去多家低保户家中，应该将工作身份放到第一位置，工作时间、工作安排最好只办工作上的事情，以免影响其工作身份的公平性，带来不必要的麻烦。虽然小张的确是出于感恩和尽孝，但是她将多重身份带来的多重关系交织在一起，却影响了工作正常开展。

2. 此案例伦理决定的决策模式（过程）

第一步：安抚邱大爷及其女儿的情绪，主动承认自己的一点私心，表明只是想借工作之便看望一下自己家的老年人，请其将心比心，争取理解自己，消除身份偏见与不信任感。

第二步：进一步说明入户排查的重要性——资料的精准程度涉及下一步低保金的发放，争取进入邱大爷家获取更多现场资料。

第三步：在进入邱大爷家后，可对自己的专业身份进行介绍，视入户所得的初级资料给邱大爷家提供建议。比如，可以帮助其女儿建立社会支持网络、扩大自己就业的竞争力，可以帮助邱大爷在社工站建档立卡，以及以后有类似的社会捐赠物品可按其需求给予发放等。

3. 此案例伦理决定的处理原则

通过筛选，后续处理原则是差别平等原则。即平等待人和个别化服务的理念，既要以平等的方式对待服务对象，又要尊重服务对象的差异性。在后续处理过程中，小张要表明自己入户做的是“低保排查”工作，是国家给所有困难人群应有的、一视同仁的保障政策。如果符合条件，可以继续享受政策支持；如果在低保政策之外，可以给予社会工作者专业能力范围内的专业化服务。

4. 给社会工作者的建议

一是要热情。俗话说，远亲不如近邻。在农村，不管是不是亲属，都要尽可能多地表现出晚辈的热情。二是要穿着朴素，能席地而坐。三是在困难人群面前要尽量同理，可以通过披露自己家庭的困难历史，迅速拉近与服务对象的距离。

### （四）知情同意伦理困境应对

案例分享

#### 善意谎言的纠结

小张是一名本地的乡镇社会工作者，最近在做老年群体救助服务相关工作。在下班回家的路上，小张发现黄奶奶坐在门前的石凳上面露苦涩，便上前询问发生了什么。黄奶奶说她很苦恼，自己的丈夫卧病在床，两个孩子过年才回来一次，平时也不打钱回家，因此家庭资金周转不过来，而丈夫的病情又在加重，实在不知道该怎么办。小张听了心里很是悲伤，想到自己最近在做老年群体救助服务的时候了解到的大病救助政策，说不定可以帮助黄奶奶。

于是，在了解了黄奶奶的家庭情况后，小张向黄奶奶说明了自己的工作方法，提到政府最近在推行的大病救助政策。黄奶奶听了十分欣喜，连忙询问小张如何才能享受到大病救助政策的优待。小张告诉了她具体的操作步骤，但是黄奶奶出于依赖的本能，想要小张帮助自己完成大病政策帮扶名额的申请。小张犹豫了，因为这种政策申请是不可以代办的，于是向黄奶奶说明实情，幸好黄奶奶也能理解。最后，在小张的指导下，黄奶奶成功申请了大病救助政策的优待。

在小张的帮助下，黄奶奶的丈夫被送入医院治疗，黄奶奶因为身体不便，就在家中等候消息。经过医生检查，发现其丈夫患有癌症，进行手术会有一定的风险，且需要一大笔费用；不进行手术，病情便会恶化。

黄奶奶的丈夫表示，不要将病情告诉黄奶奶，说她这一辈子太苦了。小张在想，病情及医生的建议是需要告诉黄奶奶的，但告知之后，黄奶奶是否能够承受得住？家庭成员的责任是否会得到实际的履行？两个子女是否有能力支付这笔费用？众多问题迎面而来，应当如何选择呢？

很显然小张已经遇到了难题，告诉服务对象实情是社会工作者的职责，但有时候出于人文的关怀，小张可能会选择将真相替之以善意的谎言；而隐瞒这一消息，对黄奶奶是否公平呢？

1. 此案例涉及的伦理困境议题

一是知情同意。在前期工作时，小张向黄奶奶说明了自己的专业工作方法，并告知其大病政策的申请不能由别人代办，这符合专业要求与原则。而在黄奶奶丈夫的真实病情方面，如果小张受其丈夫委托进行隐瞒，一旦黄奶奶得知真相，必定会埋怨小张。从专业的角度来看，这种选择没有让黄奶奶充分知情，没有做到尊重与平等，没有充分发挥服务对象的自我决定权。

二是专业关系。协助黄奶奶申请大病救助政策，是出于乡村社会中的“人情”，专业关系的界限将变得不那么明晰。出于专业的视角，需要帮助服务对象实现增能，可以协助，但不可代办。在该案例中，小张的身份是乡镇社会工作者，也是黄奶奶熟悉的晚辈，具备双重关系。如何厘清两者之间的界限，处理好价值介入与客观性的矛盾，做到中立，是其面临的重大问题。

2. 此案例伦理决定的决策模式（过程）

第一步：告知黄奶奶实情，安抚其情绪，并主动提议联系其家庭成员，集体讨论是否手术，尊重患者及其家属的知情同意权。

第二步：及时帮助黄奶奶及其子女与医院取得联系，在相互协商的情况下，平衡医患双方信息的不对称，用通俗易懂的话把手术的风险与各方案的利弊阐述清楚，以避免医疗纠纷，作出理智的决定。

第三步：医药费用可以咨询相关部门，争取获得相关政策支持，以减轻黄奶奶的家庭经济负担，使手术成功开展。

3. 此案例伦理决定的处理原则

通过筛选，后续处理原则是保护生命原则。即以保护服务对象以及他人的生命为第一原则，优先考虑。在后续处理过程中，小张应向黄奶奶说明实情，并进行情绪安抚，协助其进行全方面的利弊考虑；同时，要由其家庭成员决定是否进行手术，充分尊重服务对象的自决权。

4. 给社会工作者的建议

一是对于生命的尊重是社会工作者进行具体工作时需要遵循的第一原则，无论是服务对象的生命，还是第三者的生命，都需要受到相应的保护。二是与服务对象相关的事情，当事人有充分的知情同意权，先知情、后同意，才会有真正的自决。三是由于人情的存在，本地社会工作者介入相关案例时，不会那么轻易地做到价值中立，这需要在实践磨砺中慢慢成长。四是在乡土社会，老年人与其家庭是密不可分的，家人的支持是第一位的。

**（五）多元文化伦理困境应对**

案例分享：庄爷爷的"黄昏恋"（见前文，略）。

1. 此案例涉及的伦理困境议题

多元文化的伦理困境。小张认为老年人婚姻自由是大好事，这是出于其内化的文化参考框架而得出的结论；但在农村，老年人的婚姻一般都得不到支持，因为老年人再婚问题会被认为"老不正经"，羞于提及。这就涉及小张个人接受的现代文化与本地文化的冲突。如何平衡两者之间的关系，将是小张受到的考验。

2. 此案例伦理决定的决策模式（过程）

文化理解力的培养与践行，可以给予实际服务过程较大的助力。乡镇社会工作者必须了解在地文化及其对当地居民所产生的影响，注重在地文化的精神力量。在提供专业干预时，社会工作者应将服务对象对文化背景的敏感转化到服务策略与服务过程中。社会工作者应结合专业教育，在对服务对象的民族、宗教信仰、行为方式、认知模式、婚姻状况、生产能力等的逐步探索中，慢慢熟知和尊重在地文化，并对与服务实践相关的文化议题保持敏感性。

3. 此案例伦理决定的处理原则

在社会工作服务过程中，要想实现较好的同理心、发挥共情能力，就要对在地文化有深入了解。其作用体现在两个方面：一是能够更好地与服务对象建立良好的专业关系；二是能够较好地链接社区文化资源等，不至于违背当地的风俗习惯，甚至造成与服务对象之间的不信任。

4. 给社会工作者的建议

小张需要清楚农村老年人的婚姻禁忌，巧妙平衡现代文化与本地文化的冲突。一方面，要与庄爷爷沟通农村老年婚姻行为会造成的后果及其影响；另一方面，要在尊重服务对象自决的基础上，为其收集相关信息。既可以通过与子女沟通，传递老人的需求，也可以在社区内开展“黄昏恋”宣传活动，为其正名。总之，乡镇社会工作者需具备多元文化的理解能力，尤其是要注意了解服务对象所在周边的多元文化群。

**（六）专业能力伦理困境应对**

案例分享：“丧亲”的悲痛体验（见前文，略）

1. 此案例涉及的伦理困境议题

专业能力的伦理困境。小简作为一名专业社会工作者，在面对服务对象时应保持理性。即便赵奶奶的去世让她一度陷入悲伤之中，也不应影响自己对赵奶奶的亲属做哀伤辅导。她认为自己过于情绪化，在赵奶奶一事上，始终处理不好自己的情绪，不仅没有帮助服务对象从哀伤中走出来，还让自己被“反移情”，陷入了与服务对象同样的悲伤之中，影响了工作的开展。因此，她开始质疑自己的专业能力，甚至认为自己不是一名合格的社会工作者。

2. 此案例伦理决定的决策模式（过程）

第一步：整理自己的情绪，着手对赵奶奶的亲属进行哀伤辅导工作。

第二步：结合自身因赵奶奶去世而产生的一系列情绪——悲伤、不敢相信等，为赵奶奶的亲属制订一套行之有效的哀伤辅导方案，帮助他们尽快从悲伤的情绪中走出来，回归正常的生活状态。

第三步：在实施方案时，可以运用同理心适当地表达自己关于赵奶奶去世一事的情绪，以更好地感知服务对象的情绪，了解其需求，并建立良好的专业关系。

3. 此案例伦理决定的处理原则

通过筛选，后续处理原则是真诚原则。即在服务过程中社会工作者要坦诚对待服务对象，适当地呈现自我，以建立相互信任的工作关系。在后续处理过程中，小简要明白，专业能力的评价没有标准，专业能力并非绝对的理性，看似被反移情影响而停滞的工作不一定就真的无法再进行下去。在熟悉的人情社会里，比起在逝者面前的理智和专业，感同身受的悲伤才能更多地给予赵奶奶的亲属以支持。

4. 给社会工作者的建议

社会工作者应具备专业素养、保持中立、避免情绪化是没有错的，但也不必过于要求自己在面对每一位服务对象时都保持绝对的理性。一是要承认和正视自己的情感。作为社会工作者，首先他是一个有血有肉的人，然后才是专业服务的代名词。在面对服务对象时，尤其是面对自己熟悉的人情社会时，社会工作者可以适当地表达自己的情绪、适当示弱，并结合服务对象的特性，决定自己的服务应从何处入手。二是在面对需要临终关怀的服务对象时，应充分运用同理心，拉近与服务对象的距离，建立良好的专业关系。有时候，话不用太多，可以是简单的陪伴，正所谓“此时无声胜有声”。

**参考阅读：**


[1] 郑惠航．老年社会工作伦理困境及应对原则［J］．长江丛刊，2020（29）：66-67.

[2] 马金香．服务对象自决原则在老年社会工作实务中的伦理困境［J］．法制博览，2019（20）：275-276.

[3] 张志强．老年社会工作的伦理困境探析［J］．法制博览，2017（13）：296.

[4] 孔娜．老年社会工作的伦理困境及应对原则［J］．伦理学研究，2015（2）：123-126.

[5] 张会平，等．社会工作伦理案例分析［M］．北京：中国人民大学出版社，2019.

[6] 孟令君，贾丽彬．老年社会工作伦理与礼仪［M］．北京：北京大学出版社，2013.

[7] 李国珍．老年社会工作［M］．武汉：华中科技大学出版社，2022.

[8] 赵学慧．老年社会工作［M］．北京：北京大学出版社，2013.

[9] 吴华，张韧韧．老年社会工作［M］．北京：北京大学出版社，1995.

[10] 梅陈玉婵，齐铱，徐永德．老年社会工作［M］．上海：格致出版社，2009.

第8章

# 老年人服务百宝箱

社工站老年社会工作服务过程中，社会工作者既要储备专业理论知识，也要在当前法律框架下和政策范围内，结合老年人的需求，广泛整合社会资源，熟练运用专业手法和工具来提升老年服务质量，建立一个友好型老年服务支持网络。本章从法律、政策、服务工具 3 个方面为社工站老年社会工作服务提供参考和支持。

## 第一节 法律百宝箱

我国的宪法、民法典、老年人权益保障法等法律法规，均对老年人权益作出了具体规定。社工站社会工作者要充分依据法律法规，做好服务中的法律宣传、权益维护工作。

### 一、老年人享有生存权

#### （一）老年人享有受赡养扶助权利

成年子女有赡养扶助父母的义务，禁止虐待老年人。老年人养老以居家为基础，家庭成员应当尊重、关心和照料老年人。赡养人应当履行对老年人经济上供养、生活上照料和精神上慰藉的义务，照顾老年人的特殊需要。赡养人的配偶应当协助赡养人履行赡养义务。赡养人应当使患病的老年人及时得到治疗和护理；对经济困难的老年人，应当提供医药费用。对生活不能自理的老年人，赡养人应当承担照料责任；不能亲自照料的，可以按照老年人的意愿委托他人或者养老机构等照料。家庭成员应当关心老年人的精神需求，不得忽视、冷落老年人。与老年人分开居住的家庭成员，应当经常看望或者问候老年人。用人单位应当按照国家有关规定保障赡养人探亲休假的权利。

赡养人不得以放弃继承权或者其他理由，拒绝履行赡养义务。赡养人不履行赡养义务的，老年人有要求赡养人付给赡养费等权利。赡养人不得要求老年人承担力所不能及的劳动。经老年人同意，赡养人之间可以就履行赡养义务签订协议。赡养协议的内容不得违反法律的规定和老年人的意愿。基层群众性自治组织、老年人组织或者赡养人所在单位监督协议的履行。老年人与配偶有相互扶养的义务。由兄、姐扶养的弟、妹成年后，有负担能力的，对年老无赡养人的兄、姐有扶养的义务。赡养人、扶养人不履行赡养、扶养义务的，基层群众性自治组织、老年人组织或者赡养人、扶养人所在单位应当督促其履行。禁止对老年人实施家庭暴力。

具备完全民事行为能力的老年人，可以在近亲属或者其他与自己关系密切、愿意承担监护责任的个人、组织中协商确定自己的监护人。监护人在老年人丧失或者部分丧失民事行为能力时，依法承担监护责任。老年人未事先确定监护人的，其丧失或者部分丧失民事行为能力时，依照有关法律的规定确定监护人。国家建立健全家庭养老支持政策，鼓励家庭成员与老年人共同生活或者就近居住，为老年人随配偶或者赡养人迁徙提供条件，为家庭成员照料老年人提供帮助。老年人可以与集体经济组织、基层群众性自治组织、养老机构等组织或者个人签订遗赠扶养协议或者其他扶助协议。负有扶养义务的组织或者个人按照遗赠扶养协议，承担该老年人生养死葬的义务，享有受遗赠的权利。

**（二）老年人享有医疗权利**

国家通过基本养老保险制度，保障老年人的基本生活。国家通过基本医疗保险制度，保障老年人的基本医疗需要。享受最低生活保障的老年人和符合条件的低收入家庭中的老年人参加新型农村合作医疗和城镇居民基本医疗保险所需个人缴费部分，由政府给予补贴。有关部门制定医疗保险办法，应当对老年人给予照顾。

国家逐步开展长期护理保障工作，保障老年人的护理需求。对生活长期不能自理、经济困难的老年人，地方各级人民政府应当根据其失能程度等情况给予护理补贴。对经济困难的老年人给予基本生活、医疗、居住或者其他救助。老年人无劳动能力、无生活来源、无赡养人和扶养人，或者其赡养人和扶养人确无赡养能力或者扶养能力的，由地方各级人民政府依照有关规定给予供养或者救助。对流浪乞讨、遭受遗弃等生活无着的老年人，由地方各级人民政府依照有关规定给予救助。老年人依法享有的养老金、医疗待遇和其他待遇应当得到保障，有关机构必须按时足额支付，不得克扣、拖欠或者挪用。

## 二、老年人享有发展权

### （一）老年人享有政治权利

中华人民共和国公民享有选举权和被选举权，但是依照法律被剥夺政治权利的公民除外，另外，老年人还享有以下政治权利：言论、出版、集会、结社、游行、示威的自由；对于任何国家机关和国家工作人员，有提出批评和建议的权利；对于任何国家机关和国家工作人员的违法失职行为，有向相关国家机关提出申诉、控告或者检举的权利。

### （二）老年人享有人身自由权利

人身自由不受侵犯，非经人民检察院批准或者决定或者人民法院决定，并由公安机关执行，不受逮捕；禁止非法拘禁和以其他方法非法剥夺或者限制公民的人身自由，禁止非法搜查公民的身体。人格尊严不受侵犯，禁止用任何方法对公民进行侮辱、诽谤和诬告陷害。通信自由和通信秘密受法律的保护，除因国家安全或者追查刑事犯罪的需要，由公安机关或者检察机关依照法律规定的程序对通信进行检查外，任何组织或者个人不得以任何理由侵犯公民的通信自由和通信秘密。禁止歧视、侮辱、虐待或者遗弃老年人。

### （三）老年人享有社会经济权利

国家依照法律规定实行企业事业组织的职工和国家机关工作人员的退休制度。退休人员的生活受到国家和社会的保障。公民在年老、疾病或者丧失劳动能力的情况下，有从国家和社会获得物质帮助的权利。国家发展为公民享受这些权利所需要的社会保险、社会救济和医疗卫生事业。老年人有从国家和社会获得物质帮助的权利，有享受社会服务和社会优待的权利，有参与社会发展和共享发展成果的权利。享有基本养老保险，保障老年人的基本生活。国家建立和完善老年人福利制度，根据经济社会发展水平和老年人的实际需要，增加老年人的社会福利。鼓励地方建立80周岁以上低收入老年人高龄津贴制度。建立和完善计划生育家庭老年人扶助制度。农村可以将未承包的集体所有的部分土地、山林、水面、滩涂等作为养老基地，收益供老年人养老。根据经济发展以及职工平均工资增长、物价上涨等情况，适时提高养老保障水平。享有长期护理服务，保障老年人的护理需求，对生活长期不能自理、经济困难的老年人，地方各级人民政府应当根据其失能程度等情况给予护理补贴。享有社会救助和社会福利。享有慈善组织以及其他组织和个人为老年人提供物质帮助。

**（四）老年人享有财产所有权利**

老年人对个人的财产，依法享有占有、使用、收益和处分的权利，子女或者其他亲属不得干涉，不得以窃取、骗取、强行索取等方式侵犯老年人的财产权益。老年人有依法继承父母、配偶、子女或者其他亲属遗产的权利，有接受赠予的权利。子女或者其他亲属不得侵占、抢夺、转移、隐匿或者损毁应当由老年人继承或者接受赠予的财产。老年人以遗嘱处分财产，应当依法为老年配偶保留必要的份额。赡养人有义务耕种或者委托他人耕种老年人承包的田地，照管或者委托他人照管老年人的林木和牲畜等，收益归老年人所有。

**（五）老年人享有婚姻自由权利**

老年人婚姻受法律保护，禁止破坏婚姻自由。老年人的婚姻自由受法律保护。子女或者其他亲属不得干涉老年人离婚、再婚及婚后的生活。赡养人的赡养义务不因老年人的婚姻关系变化而消除。

**（六）老年人享有居住权**

住宅不受侵犯，禁止非法搜查或者非法侵入公民的住宅。赡养人应当妥善安排老年人的住房，不得强迫老年人居住或者迁居条件低劣的房屋。老年人自有的或者承租的住房，子女或者其他亲属不得侵占，不得擅自改变产权关系或者租赁关系。老年人自有的住房，赡养人有维修的义务。国家推动老年宜居社区建设，引导、支持老年宜居住宅的开发，推动和扶持老年人家庭无障碍设施的改造，为老年人创造无障碍居住环境。地方各级人民政府在实施廉租住房、公共租赁住房等住房保障制度或者进行危旧房屋改造时，应当优先照顾符合条件的老年人。

**（七）老年人享有继承权**

自然人依法享有继承权。自然人合法的私有财产，可以依法继承。夫妻有相互继承遗产的权利。老年人有依法继承父母、配偶、子女或者其他亲属遗产的权利，有接受赠予的权利。子女或者其他亲属不得侵占、抢夺、转移、隐匿或者损毁应当由老年人继承或者接受赠予的财产。

**（八）老年人享有文化教育权利**

国家和社会应当重视、珍惜老年人的知识、技能、经验和优良品德，发挥老年人的专长和作用，保障老年人参与经济、政治、文化和社会生活。老年人可以通过老年人组织，开展有益身心健康的活动。国家为老年人参与社会发展创造条件。根据社会需要和可能，鼓励老年人在自愿和量力的情况下，从事下列活动：对青少年和儿童进行社会主义、爱国主义、集体主义和艰苦奋斗等优良传统教育；传授文化和科技知识；提供咨询服务；依法参与科技开发和应用；依法从事经营和生产活动；参加志愿服务、兴办社会公益事业；参与维护社会治安、协助调解民间纠纷；参加其他社会活动。老年人有继续受教育的权利。国家和社会采取措施，开展适合老年人的群众性文化、体育、娱乐活动，丰富老年人的精神文化生活。

## 第二节　政策百宝箱

政策是行动的指南。与老年人相关的政策，一般是公共政策里的社会政策，目的是能够维护社会公平、解决老年人问题、满足老年群体需求，通过各种方式调动公共资源促进老年社会事业的发展。只有在政策的指引下，社工站老年社会工作服务才有方向可循、有文件可依。

## 一、综合性政策篇

“十四五”期间，我国进入中国特色社会主义现代化建设的新时期，国家层面出台了非常多的政策来促进养老事业和产业发展。本节从政策文件的功能和作用，对纲领性、支持性、监管性三大类政策进行梳理总结，供社会工作者参考（见表 8-1）。

**表 8-1 老年人服务综合性政策**

| 类型 | 条款 |
|---|---|
| 纲领性政策 | 1.《中华人民共和国国民经济和社会发展第十四个五年规划和 2035 年远景目标纲要》。在第四十五章“实施积极应对人口老龄化国家战略”的第三节“完善养老服务体系”中，指明了“十四五”期间养老服务体系建设的方向、目标和任务。<br>2. 中共中央、国务院《关于加强新时代老龄工作的意见》。该意见聚焦新时代、聚焦老龄工作、聚焦老年人的“急难愁盼”问题，把满足老年人需求和解决人口老龄化问题相结合，健全养老服务体系，完善老年人健康支撑体系，促进老年人社会参与，着力构建老年友好型社会，积极培育银发经济，强化老龄工作保障和实施，推动老龄事业高质量发展。<br>3. 民政部、国家发展和改革委员会《“十四五”民政事业发展规划》（民发〔2021〕51 号）。该规划对建设养老服务体系的总体思路、发展目标、重点任务、重大工程作出系统安排。明确指出新时期养老服务体系的建设目标，即“适应人口老龄化社会需求，持续完善居家社区机构相协调、医养康养相结合的养老服务体系，健全失能老年人长期照护服务体系，强化信用为基础、质量为保障、放权与监管并重的服务管理体系，优化供给结构、提升服务质量，有效强化基本养老服务，满足多样化、多层次养老服务需求”。部署了优化居家社区机构养老服务网络、壮大养老服务产业、加强养老服务人才队伍建设、提升综合监管水平等方面等 20 项具体任务 |
| 支持性政策 | 1. 民政部、国家开发银行《关于“十四五”期间利用开发性金融支持养老服务体系建设的通知》（民发〔2021〕94 号）。通知提出，支持各地有效利用国家开发银行养老服务体系建设专项贷款，支持居家社区机构养老服务网络建设、智慧养老服务发展、养老服务人才队伍建设等三大重点任务。优化养老服务投融资环境，支持项目投融资主体做优做强。<br>2. 工业和信息化部、民政部、国家卫生健康委《关于印发〈智慧健康养老产业发展行动计划（2021—2025 年）〉的通知》（工信部联电子〔2021〕154 号）。该行动计划围绕科技支撑能力显著增强、产品及服务供给能力明显提升、试点示范建设成效日益凸显、产业生态不断优化完善四大愿景，提出强化信息技术支撑，提升产品供给能力；推进平台提质升级，提升数据应用能力；丰富智慧健康服务，提升健 |

续表

| 类型 | 条款 |
| --- | --- |
| 支持性政策 | 康管理能力；拓展智慧养老场景，提升养老服务能力；推动智能产品适老化设计，提升老年人智能技术运用能力；优化产业发展环境，提升公共服务能力六大重点工作任务及智慧健康养老产品供给工程、智慧健康创新应用工程和智慧养老服务推广工程三个专项工程。<br>3. 民政部办公厅、财政部办公厅《关于组织实施 2021 年居家和社区基本养老服务提升行动项目的通知》（民办函〔2021〕64 号）。通知确定北京市朝阳区等 42 个地区实施 2021 年居家和社区基本养老服务提升行动项目，并给予中央专项彩票公益金支持。推动项目地区以项目实施为契机，整体撬动和推进本地区基本养老服务体系建设，形成符合本地实际的基本养老服务清单，探索建立居家和社区基本养老服务高质量发展制度机制，对周边地区起到辐射带动效应，为实现 2035 年全体老年人享有基本养老服务的战略目标打下坚实基础。<br>4. 国家发展和改革委员会、民政部、国家卫生健康委员会《关于印发〈"十四五"积极应对人口老龄化工程和托育建设实施方案〉的通知》（发改社会〔2021〕895 号）。该方案聚焦"一老一小"领域，提出了"十四五"时期四大建设任务，其中关于养老服务体系建设，提出三项具体工作：一是建设连锁化、标准化的社区居家养老服务网络，提供失能照护以及助餐助浴助洁助医助行等服务。二是建设公办养老服务机构，提升护理能力和消防安全能力，强化对失能失智特困老年人的兜底保障。三是扩大普惠性养老服务供给，支持培训疗养机构改革转型发展养老，支持医疗机构开展医养结合服务。<br>5. 国家医保局办公室、民政部办公厅《关于印发〈长期护理失能等级评估标准（试行）〉的通知》（医保办发〔2021〕37 号）。该标准分为 6 个部分，其中评估指标、评估实施和评估结果是核心。首先，在评估指标上分为 3 个一级指标和 17 个二级指标，一级指标主要分为日常生活活动能力、认知能力和感知觉和沟通能力。其次，在评估结果上对上述指标进行打分并根据分数进行 1~6 级的等级划分。最后，在实施上则明确了评估主体、对象、流程、地点和要求。评估主体明确为长护险定点评估机构和人员，以及其他符合医保局规定的评估机构和人员。地点则明确为就近原则，现场评估可在多个地点展开。流程则分为申请、审核、现场评估、复核与结论、公示与送达 |
| 监管性政策 | 1. 民政部、住房和城乡建设部、市场监管总局《关于推进养老机构"双随机、一公开"监管的指导意见》（民发〔2021〕86 号）。该意见确立了"双随机、一公开"监管作为养老机构监管基本手段和方式，改变了传统"地毯式""全覆盖"的检查方式。在双随机监管常态化的基础上，以重点监管为补充，一方面，严格落实总书记提出的"四个最严"要求，对涉及养老机构食品安全、消防安全的监督检查，继续按照现有方式实行最严格监管，牢牢守住安全底线；另一方面，坚持问题导向，对群众投诉举报、政府转办交办等途径反映的违法个案线索及时实施检查处置。<br>2. 民政部、市场监管总局《关于强化养老服务领域食品安全管理的意见》（民发〔2021〕73 号）。该意见要求各有关部门落实管行业必须管安全的要求，对主管领域的食品安全工作承担管理责任。养老服务领域食品安全管理是食品安全管理的重要方面和重点环节 |

## 二、与“四有”服务相关的政策

“老有所养、老有所医、老有所乐、老有所为”是我国老年工作的目标。为此，党和政府制定了养老、医疗、社会参与、精神文化娱乐等政策，对老年人社会救助、日常照顾、医疗护理、心理健康、文化教育、精神娱乐提供政策资源和工作指南。社会工作者充分了解这些政策，有助于为老年人提供社会权益保障。相关政策见表 8-2。

**表 8-2　与“四有”服务相关的政策**

| “四有”服务 | 相关条款 |
| --- | --- |
| 老有所养 | 1. 社会救助与保障<br>（1）国务院《关于进一步健全特困人员救助供养制度的意见》；<br>（2）《农村五保供养工作条例》（中华人民共和国国务院令第 456 号）；<br>（3）财政部、民政部、全国老龄办《关于建立健全经济困难的高龄失能等老年人补贴制度的通知》（财社〔2014〕113 号）；<br>（4）国务院办公厅《关于推动个人养老金发展的意见》；<br>（5）人力资源和社会保障部、财政部关于《2022 年调整退休人员基本养老金的通知》（人社部发〔2022〕27 号）；<br>（6）民政部等 10 部门《关于开展特殊困难老年人探访关爱服务的指导意见》（民发〔2022〕73 号）。<br>2. 机构养老<br>（1）国务院办公厅《关于推进养老服务发展的意见》；<br>（2）《养老机构服务安全基本规范(GB38600—2019)》(2022年1月1日)。<br>3. 社区居家养老<br>（1）民政部、国家发展和改革委员会《“十四五”民政事业发展规划》（民发〔2021〕51 号）；<br>（2）民政部办公厅、财政部办公厅《关于组织实施 2021 年居家和社区基本养老服务提升行动项目的通知》（民办函〔2021〕64 号）；<br>（3）国务院办公厅《关于印发“十四五”城乡社区服务体系建设规划的通知》；<br>（4）国务院办公厅转发国家发展改革委《关于推动生活性服务业补短板上水平提高人民生活品质若干意见的通知》；<br>（5）中国残联、住房和城乡建设部等 13 部门《无障碍环境建设“十四五”实施方案》；<br>（6）人力资源和社会保障部、财政部《关于 2021 年调整退休人员基本养老金的通知》；<br>（7）商务部等 12 部门《关于推进城市一刻钟便民生活圈建设的意见》（商流通函〔2021〕176 号）；<br>（8）民政部等 9 部委《关于进一步扩大养老服务供给　促进养老服务消费的实施意见》。 |

续表

| “四有”服务 | 相关条款 |
| --- | --- |
| 老有所养 | 4. 智慧养老<br>(1) 民政部等 9 部门《关于深入推进智慧社区建设的意见》(民发〔2022〕29 号);<br>(2) 国家卫生健康委等 11 部门《关于进一步推进医养结合发展的指导意见》;<br>(3) 工业和信息化部、民政部、国家卫生健康委《关于印发〈智慧健康养老产业发展行动计划(2021—2025 年)〉的通知》;<br>(4) 国务院办公厅《关于切实解决老年人运用智能技术困难实施方案的通知》;<br>(5) 交通运输部等 7 部门《关于切实解决老年人运用智能技术困难便利老年人日常交通出行的通知》(交运发〔2020〕131 号);<br>(6) 交通运输部办公厅《关于加快推广应用 95128 出租汽车约车服务电话号码的通知》(交办运函〔2021〕952 号);<br>(7) 人社部《关于进一步优化人社公共服务切实解决老年人运用智能技术困难实施方案的通知》(人社部发〔2020〕94 号) |
| 老有所医 | 1. 医疗(保)政策<br>(1) 国家医保局办公室、民政部办公厅《关于印发〈长期护理失能等级评估标准(试行)〉的通知》(医保办发〔2021〕37 号);<br>(2) 国家卫生健康委基层司《关于做好方便老年人在基层医疗卫生机构看病就医有关工作的通知》。<br>2. 大病救助<br>(1) 国务院办公厅《关于全面实施城乡居民大病保险的意见》;<br>(2) 国务院办公厅《关于健全重特大疾病医疗保险和救助制度的意见》。<br>3. 心理健康<br>国家卫生健康委、全国老龄办、国家中医药局《关于全面加强老年健康服务工作的通知》(国卫老龄发〔2021〕45 号)。<br>4. 安宁疗护<br>国家卫生计生委《关于印发安宁疗护中心基本标准和管理规范(试行)的通知》(国卫医发〔2017〕7 号)。<br>5. 康复医疗<br>《关于印发中医药康复服务能力提升工程实施方案(2021—2025 年)的通知》(国中医药医政发〔2020〕4 号) |
| 老有所乐 | 1. 老年教育<br>(1) 中共中央、国务院《关于加强新时代老龄工作的意见》(2021 年 11 月 18 日);<br>(2) 国务院办公厅《关于印发老年教育发展规划(2016—2020 年)的通知》。<br>2. 文化娱乐<br>文化和旅游部资源开发司《关于发布首批发展智慧旅游提高适老化程度示范案例名单的通知》(资源函〔2021〕66 号) |

续表

| “四有”服务 | 相关条款 |
| --- | --- |
| 老有所为 | 1. 社会参与<br>(1) 国务院《关于印发全民科学素质行动规划纲要（2021—2035年）的通知》；<br>(2)《教育部等九部门关于进一步推进社区教育发展的意见》（教职成〔2016〕4号）。<br>2. 志愿服务<br>中国老龄协会《关于开展2021年度全国老年志愿者和老年志愿服务组织典型事迹征集活动的启事》。<br>3. 再就业<br>(1) 教育部办公厅、财政部办公厅《关于做好2021年银龄讲学计划有关实施工作的通知》(教师厅函〔2021〕14号)；<br>(2) 国家卫生健康委办公厅《关于印发老专家服务基层健康行动方案的通知》(国卫办基层函〔2021〕399号)。 |

## 第三节　服务工具百宝箱

为提升社工站社会工作者老年人服务水平，结合老年人服务现状及工作开展需要，本节从老年人能力评估工具、服务辅助工具、安全保障工具方面提供服务指引及行业服务规范示范。

### 一、老年人能力评估工具

老年人能力评估的国家标准是《老年人能力评估规范）》(GB/T 42195—2022)。本标准从评估对象、评估指标、评估实施及评估结果等方面作出明确规定，为老年人能力评估提供统一规范和可操作的依据。社工站社会工作者在遇到老年人有养老需求或是因为服务需要开展评估时，可以将此标准作为依据。

#### （一）老年人能力评估指标

标准规定了老年人能力评估分为自理能力、基础运动能力、精神状态、感知觉与社会参与4个一级指标。一级指标下划分为26个二级指标，其中，自理能力 8 个、基础运动能力 4 个、精神状态 9 个、感知觉与社会参与 5 个（见表 8-3）。

表 8-3 老年人能力评估指标表

| 一级指标 | 二级指标 |
| --- | --- |
| 自理能力 | 进食、洗澡、修饰、穿/脱上衣、穿/脱裤子和鞋袜、大便控制、小便控制、如厕 |
| 基础运动能力 | 床上体位转移、床椅转移、平地行走、上下楼梯 |
| 精神状态 | 时间定向、空间定向、人物定向、记忆、理解能力、表达能力、攻击行为、抑郁症状、意识水平 |
| 感知觉与社会参与 | 视力、听力、执行日常事务、使用交通工具外出、社会交往能力 |

### （二）老年人能力评估实施

标准规定了评估人员需要取得评估资格，在开展评估实施时应注意环境、时间、评估方法等。社会工作者在开展评估时，还应在评估前、评估中、评估后做好相关工作（见表 8-4）。

表 8-4 老年人能力评估相关事项

| 评估过程 | 评估准备 |
| --- | --- |
| 评估前事项 | 1. 提前与家属和老年人对接好评估的时间和场地。<br>2. 保证安静、整洁及光线明亮的评估环境。<br>3. 准备好老年人生活的各类用具及评估所需物品。<br>4. 确定好 2 名评估人员，准备好相应的评估表格 |
| 评估中事项 | 1. 用词礼貌得体，声音洪亮，发音清晰，使用老年人容易理解的词句进行询问。<br>2. 过程中注意老年人活动安全，量力而行。<br>3. 按照评估表格进行询问，并及时填写相应分数。<br>4. 老年人不能正常回答问题时，需要与家属沟通后进行分析 |
| 评估后事项 | 1. 及时对老年人的各项指标进行统计，评估出结果。<br>2. 评估是一个动态的过程，需要根据老年人的身体情况来跟进评估。<br>3. 评估后发现老年人有其他特殊需求的，需要及时转介 |

### （三）老年人能力等级划分

老年人能力等级划分见表 8-5。可参照标准对老年人能力等级作出判定。

表 8-5　老年人能力等级划分表

| 能力等级 | 等级名称 | 等级划分 |
| --- | --- | --- |
| 0 | 能力完好 | 总分 90 |
| 1 | 能力轻度受损（轻度失能） | 总分 66~89 |
| 2 | 能力中度受损（中度失能） | 总分 46~65 |
| 3 | 能力重度受损（重度失能） | 总分 30~45 |
| 4 | 能力完全丧失（完全失能） | 总分 0~29 |
| 说明：1. 处于昏迷状态者，直接评定为能力完全丧失（完全失能）。若意识转为清醒，需重新进行评估。2. 有以下情况之一者，在原有能力级别上提高一个级别：①确诊为痴呆（F00~F03）；②精神科专科医生诊断的其他精神和行为障碍疾病（F04~F99）；③近 30 天内发生过 2 次及以上意外事件（如跌倒、噎食、自杀、自伤、走失）。<br>注：说明 2 中 F00~F99 是 ICD—10（国际疾病分类第 10 次修订本）精神和行为障碍诊断编码号 | | |

## 二、服务辅助工具

在老年人服务过程中，社会工作者一般会通过“身心社灵”来为老年人提供专业服务。那么，怎么才能更好地结合专业来开展服务呢？社会工作者需要运用服务载体，帮助在走访、关系建立、服务开展中获得有效支持，达到良好的服务效果，如游戏活动、兴趣爱好活动、心理关爱工具、培训方法、生命关怀工具等。

### （一）游戏活动

老年人游戏活动，需要注意评估老年人的参与能力，以及考虑参与风险等因素。常见的适合老年人的游戏见表 8-6。

表 8-6　常见的适合老年人的游戏

| 游戏名称 | 操作规范 |
|---|---|
| 击鼓传花 | 组织老年人围成圈，其中一人拿花，一人背着大家或蒙眼放音乐或击鼓，声响传花，声停花止。花在谁手中，谁就“中彩”；如果花束正好在两位游戏参与者手中，则两人可通过猜拳或其他方式决定胜负。道具：花（或者其他易传递物品）、音响 |
| 初相识热身游戏 | 进场时发给每位老年人一张纸条，纸条上已经写上数字，写有相同数字的纸条各有两张，让老年人随机抽取并把自己的名字、年龄写在数字旁边。社会工作者号召大家找寻与自己数字相同的伙伴并互相介绍自己，坐在一起。道具：纸、笔、椅子 |
| 套圈夺宝 | 将易拉罐摆成三排，老年人在一定距离处用铁圈套易拉罐，套中者加分。通过游戏丰富娱乐生活，提高老年人的活动参与积极性，加强老年人之间的交流互动，使老年人老有所乐，增强老年人的身心健康。道具：易拉罐若干、铁圈若干 |
| 猜谜会 | 老年人拿着谜底找谜面，找对者加分。这是一项智力游戏，在游戏中，老年人开动自己的脑力，主动参与活动，达到延缓衰老速度、降低患阿尔茨海默病概率的目的。道具：灯笼（也可直接由纸条代替）、纸条、笔 |
| 折纸花、送祝福 | 在折纸花、给纸花绘图上色的活动中，提高老年人活动参与的积极主动性、耐心，锻炼老年人的动手能力，延缓其衰老速度，降低多种病症的发生率。折纸花，由于步骤比较复杂，有些老年人学习速度较慢，所以先学会的老年人可以教还没学会的老年人，在互帮互助的过程中，加强彼此情感的联结。道具：纸、丝线、颜料、画笔 |
| 你画我猜 | 两人一组，可多组参加。游戏开始，表演的一组两人先要面对面（一人为表演者，一人为猜测者），然后由社会工作者把要表演的成语或词语写在一张纸上，让表演动作者做给猜测者看。当表演者表演完，猜测者能猜出表演者所做动作的成语或词语时，就算过关（注意：动作者可以用语言来解释，但不能说出动作中的字）。道具：纸、笔 |
| 造反游戏 | 10 人为宜，围成一个圆圈，社会工作者站中间。如当社会工作者说“右”，全部人就将头转向左；说“左”，所有人就将头转向“右”；说“前”则所有人的头转向后。也就是要做和口令相反方向的动作。社会工作者要仔细观察参加者，发现有人犯错，就要宣判其出局，最后剩下的人即为获胜者。道具：防滑垫 |

续表

| 游戏名称 | 操作规范 |
| --- | --- |
| 耳语传真 | 社会工作者先将一个成语或一句话、一个物品的名称写在纸上，将人员分成两列，分别对列头人耳语一句话，不让其他人听见，要求列头人照此往下传给队列其他成员，由列尾者报出自己所听到的成语或一句话、一个物品的名称。最后看两列队伍哪个保真度更高，以此分胜负。道具：纸、笔 |
| 天气预报 | 根据社会工作者发出的指令快速做出相应动作：小雨拍肩，中雨拍腿，大雨鼓掌，狂风暴雨跺脚。道具：椅子 |

### （二）兴趣爱好活动

在服务开展前期，兴趣爱好是推动老年人积极参与活动的最好渠道，一是发掘老年人原有的兴趣爱好，二是培养老年人的兴趣爱好，三是拓展老年人的兴趣爱好。通过活动的开展，在建立社会工作者与老年人良好服务关系的同时，发现骨干力量，解决相关问题。常见的适合老年人的兴趣爱好类活动见表 8-7。

表 8-7　适合老年人的兴趣爱好类活动

| 类型 | 操作说明 |
| --- | --- |
| 唱歌 | 动听的音乐既可以舒缓老年人的身心，又可以促使老年人通过记歌词来提升自身记忆力、预防老年痴呆。<br>你我的红歌：社会工作者在纸条上写下大家熟悉的短歌歌词，选 2~3 首，每一首歌可写多张字条。组员围成圆圈，社会工作者发给每人一张歌词，然后说开始，组员大声唱自己的歌，并寻找唱同一首歌的人。组员必须一边唱一边找人，不可说出歌名。社会工作者可突然叫“停”，所有组员归队，最早结成队伍的获胜。道具：写上歌名的纸条 |
| 跳舞 | 舞蹈既可以丰富老年人的业余生活、社交生活，又可以帮助他们锻炼身体的协调能力、提升记忆力。道具：平整且宽敞的场地、音响、舞蹈老师 |
| 棋牌 | 打麻将或者玩纸牌，下象棋、五子棋、军棋、跳棋、围棋等活动也是广大老年人的兴趣爱好，这类活动既可以丰富老年人的精神文化生活，又可以帮助他们延缓衰老、预防老年痴呆。道具：各类棋牌 |

续表

| 类型 | 操作说明 |
| --- | --- |
| 手工 | 社会工作者或者志愿者通过带领老年人做手工，如丝网花、小首饰、布娃娃等，既可以拓展老年人兴趣爱好，又可以锻炼老年人的动手能力，帮助老年人延缓衰老、预防老年痴呆。道具：纸、丝线、针线、串珠等 |
| 书法 | 社会工作者或者志愿者带领老年人学习、练习书法，可以帮助老年人修身养性、愉悦身心。道具：笔、墨、纸、砚、桌子、椅子 |

### （三）心理关爱工具

针对部分老年人服务对象难以或不愿意通过语言表达情绪与想法的情况，社会工作者可以与机构的心理咨询师一起，运用心理咨询方面的工具，了解和认识服务对象的心理状况和需求，为更好地开展服务提供帮助。常见的心理咨询工具见表 8-8。

**表 8-8 常见的心理咨询工具**

| 心理咨询工具 | 操作说明 |
| --- | --- |
| 沙盘疗法 | 来访者在治疗师的陪伴下，使用微缩的玩具或模型，比如小士兵、小玩偶或小汽车类的玩具，将小玩具放在沙盘上进行游戏，让来访者自由地组合，甚至描绘出一个场景、说出一个故事。由心理咨询师解读来访者内心深处的无意识或潜意识的想法，最终达到治疗的目的。道具：微缩的玩具或模型、沙盘 |
| 欧卡治疗 | 欧卡是一套心理投射工具，由 88 张图像卡和 88 张文字卡构成。通过这个工具，我们可以剖析出老年人内在的想法、信念、情绪，或是与老年人进行深度沟通，提升老年人联想的能力。道具：88 张图像卡和 88 张文字卡 |
| 园艺疗法 | 一种辅助性的治疗方法（职能治疗、代替医疗），运用园艺材料，维护、美化植物或盆栽和庭园，可以帮助老年人通过接触自然环境而疏解压力与复健心灵。道具：绿植、花盆、水壶、剪刀 |
| 音乐疗法 | 通过生理和心理两个途径来治疗疾病。一方面，音乐声波的频率和声压会引起生理上的反应；另一方面，音乐的频率、节奏和有规律的声波振动会引起人体组织细胞发生和谐共振现象，能使颅腔、胸腔或某一个组织产生共振，能使老年人的身心更为放松、愉悦。道具：安静的环境、音乐播放设备、合适的舒缓音乐，必要时准备舒适的椅子 |

续表

| 心理咨询工具 | 操作说明 |
|---|---|
| 绘画治疗 | 心理艺术治疗的方法之一，是让绘画者通过绘画的创作过程，利用非言语工具，将潜意识内压抑的感情与冲突呈现出来，并且在绘画的过程中获得疏解与满足，从而达到诊断与治疗的良好效果。道具：安静的环境、画笔、纸，必要时准备桌椅 |

### （四）培训方法

1. 线下教学

随着新时代老龄化的到来，各社区开办了社区老年大学、社区居民活动中心，社工站社会工作者可以结合当前社区场地优势，以老年人公益讲堂等形式，开展各类琴棋书画兴趣班，提供养生调理、智能学习、心理疏导、隔代教育、法律维权等方面的学习，充分发挥现有资源、挖掘志愿资源，丰富老年人的精神生活，实现老有所乐、老有所学、老有所教、老有所为的目标。

2. 线上教学

除了线下教学外，也可以开展网络课堂，通过腾讯会议、钉钉、抖音、微视频等形式开展线上学习，以促进老年人在知识、技能、特长方面的学习，从而提升自我效能，适应周围的生活环境。如养生课堂可以为老年人开展中医养生、健康用药、营养食疗，以及应对突发疾病的自救方法等内容。

### （五）生命关怀工具

了解老年人灵性需求，促进老年人灵性成长，让老年人内心幸福感、价值感得到满足和提升是老年社会工作者的重要服务内容。

1. 生命回顾

社会工作者可以通过绘制老年人的生命线来分析老年人的生命成长历程，回顾老年人生命中重要的时刻。方法：把一张 A4 纸横放，靠近左边，画一条竖的坐标轴，代表情感起伏；在它中间向右，画一条横的坐标轴，代表老年人的年龄。两条坐标轴交叉处写上 O，代表老年人的出生和正、负情感的分界点。竖轴越往上，越表示高兴愉悦的情感；越往下，越表示伤心郁结。从老年人最初有记忆开始，把所能想到的有触动或认为重要的事情按照年龄和情感画成坐标上的一个点，一件事情为一个点。道具：A4纸、笔。

2. 哀伤辅导

帮助丧亲家属疏导哀伤情绪、处理过世亲人的身后事，并可以通过具有纪念意义的物品来寄托丧亲家属的哀思。道具：老年人生前照片、衣物、亲自撰写的书籍、手稿，以及其他纪念品。

## 三、安全保障工具

社工站老年社会工作服务中，社会工作者与老年人的安全保障均十分重要。下面主要简述上门走访、活动开展两类安全保障工具。上门走访类安全保障工具一般包括常规用品、防疫物品、急救药品、记录物品，并需做好走访前的社会工作者人员分工、资料收集工作、走访时的记录工作，以及特殊情况应对方案。活动开展类安全保障工具一般包括活动场地设置、常规物品、医疗药品、防疫物品等。值得注意的是，活动开展中可能出现的风险以及制定风险预案尤为重要。老年人服务中安全保障类工具及说明见表 8-9。

表 8-9 老年人服务中安全保障类工具及说明

| 安全保障类工具 | 说明 |
|---|---|
| 上门走访 | 1. 上门走访需要准备的物品<br>（1）常规用品：矿泉水或水杯、鞋套、纸巾、笔记本、笔、工作证。<br>（2）防疫物品：口罩、消毒液或酒精、体温计。<br>（3）急救药品：速效救心丸、创可贴、风油精等。<br>（4）记录物品：录音笔、手机等。<br>2. 其他注意事项<br>（1）建议两位工作人员一起开展家访。<br>（2）提前了解老年人身体、心理状况及家庭情况。<br>（3）走访时家里除了老年人最好有其他家庭成员在场。<br>（4）如果没有其他家庭成员在场，可以做好录音。<br>（5）走访时，请穿着工作服装，表明身份，出示工作证。<br>（6）如遇到特殊情况，及时联系 110、120，进行报警和救治。 |

续表

| 安全保障类工具 | 说明 |
| --- | --- |
| 活动开展 | 1. 活动开展安全保障措施<br>(1) 活动场地：通风、明亮，建议将活动安排在一楼（或有电梯）的活动室，注意防滑、没有尖锐的物品。<br>(2) 常规物品：防滑垫、轮椅、拐杖、消防器材。<br>(3) 医疗必备：血压计、老年药品（降压、降血糖、心脏、哮喘类药物等）、必备消炎清创药品、活血化瘀药品、止痛类药品、防暑药品。(如有条件，可邀请专业医护人员参与)<br>(4) 防疫物品：口罩、消毒液或酒精、体温计。<br>2. 活动开展风险防控<br>(1) 根据活动的大小规模确定参与工作人员及志愿者数量。<br>(2) 报名时应当了解老年人日常病史和注意事项，详细填写老年人报名信息表。<br>(3) 活动现场应该有紧急疏散标志以及其他警示标志。<br>(4) 应当为参与户外活动的老年人购买意外险。<br>(5) 为参与活动的志愿者提供老年人照护培训。 |

**参考阅读：**

[1] 郑功成. 实施积极应对人口老龄化的国家战略 [J]. 人民论坛·学术前沿，2020 (22)：19-27.

[2] 韩烨，付佳平. 中国养老服务政策供给：演进历程、治理框架、未来方向 [J]. 兰州学刊，2020 (9)：187-198.

[3] 党俊武，李晶. 中国老年人生活质量发展报告 [M]. 北京：社会科学文献出版社，2019.

[4] 任兰兰. 中国老龄事业发展指标体系研究 [M]. 北京：知识产权出版社，2017.